恩格斯《家庭、私有制和国家的起源》研究

——以性别理论为视角

朱晓慧 著

人民出版社

目 录

下编 马克思主义在当代西方妇女解放中的复兴

导论　恩格斯与妇女解放理论再探讨

　　《家庭、私有制和国家的起源——就路易斯·亨·摩尔根的研究成果而作》（以下简称《起源》）是恩格斯阐发历史唯物主义理论的重要著作，是马克思主义唯物史观学说发展史上的一座丰碑，是运用历史唯物主义来分析原始社会的一部系统、全面的马克思主义经典著作。同时，这本书也比较系统地论述了妇女受压迫、性别不平等的起源、家庭的历史演变，以及妇女解放的条件和路径，是马克思主义妇女理论的重要著作。从1884年出版至今，这部著作不仅在马克思主义阵营受到高度评价和重视，而且也是国外学术界研究马克思主义，尤其是马克思主义妇女解放理论的代表著作。

　　《起源》于1884年10月在霍廷根—苏黎世以单行本形式出版，恩格斯为第一版写了序言。1886年和1889年在斯图加特重新装订出版，并注明是"1886年斯图加特第二版"和"1889年斯图加特第三版"。1890年，恩格斯根据新出版的人类学文献，对《起源》做了修改和补充，1891年在斯图加特出版了第四版，恩格斯为第四版写了序言。第四版发行后，又于1892年和1894年发行了第五版和第六版，这两版都是在第四版的基础上重印的。第六版发行后不久，恩格斯就逝世了。

　　恩格斯本人对这本书极为重视，他认为这本书是完成马克思的遗愿。恩格斯认为马克思发现并高度评价了摩尔根的《古代社会》，这本书在论述原始社会状况方面的重要性可以像达尔文的著作之于生物学的重要性一样。马克思生前对《古代社会》进行了长达 10 个月的深入研究，写下很多批注，而且曾经打算把《古代社会》介绍给德国读者。可惜马克思没有能够完成自己的计划。恩格斯结合马克思的研究，以及他自己对大量文献的研究成果，写作了《起源》。恩格斯对这部书的评价很高，在给考茨基的信中，恩格斯指出，"这篇东西（《起源》——作者注）对于我们共同的观点，将有特殊的重要性。摩尔根使我们能够提出崭新的观点，因为他通过史前史为我们提供了前所未有的事实根据"[①]。

德国工人运动的著名活动家和德国社会民主党的创始者与领导人倍倍尔（August Bebel）创作的《妇女与社会主义》一书，是马克思主义发展史上第一部专门研究妇女问题的著作，书中展示了各个历史时期的妇女社会生活图景，尤其是资本主义社会妇女的地位，揭示了资本主义国家是如何运用国家权力对妇女进行压迫的，并指出妇女解放运动同无产阶级解放事业的密切关系，以及妇女在创立社会主义社会中的重要作用。此书出版于 1879 年，从时间上说早于《起源》。这部著作截止到 1973 年，仅仅在德国就出版了 62 版，并被译为多种文字，可见影响之大。在《起源》发表后，倍倍尔对自己的书进行了修订。在修订版中，倍倍尔多次引用恩格斯的研究成果，并且对《起源》给予高度评价，他说："弗·恩格斯在其出色的著作中对摩尔根的书作了明确而有说服力的阐述，从而澄清了一些令人费解的问题及一部分在具有较高和较低文化发展的各国人民生活中看来是荒谬的问题。"[②]

列宁对《起源》一书的评价很高，1894 年春，当《起源》俄文版在俄国第一次出版后，列宁立即进行了研读，并在同年写的《什么是"人民之友"以及他们如何攻击社会民主主义者?》一书中，批判了民粹派对《起

---

① 《马克思恩格斯文集》第 10 卷，人民出版社 2009 年版，第 516 页。

② ［德］奥古斯特·倍倍尔：《妇女与社会主义》，葛斯等译，中央编译出版社 1995 年版，第 6 页。

源》一书的歪曲和攻击，坚决捍卫《起源》的主要思想。1917 年春，列宁再一次研读了《起源》以及马克思、恩格斯论国家的其他著作，做了大量笔记，并以这些笔记为基础，写出了《国家与革命》一书，他在《国家与革命》中，大量引用了恩格斯对国家起源的研究。十月革命胜利后，列宁在斯维尔德洛夫大学发表了《论国家》的讲演，列宁指出：国家问题是一个最复杂最难弄清的问题，也可说是一个被资产阶级的学者、作家和哲学家弄得最混乱的问题。但国家问题非常重要，因为这是全部政治的基本问题、根本问题。他建议人们研究国家问题的时候看看恩格斯的著作《家庭、私有制和国家的起源》，这部著作是现代社会主义的基本著作之一，其中每一句话都是可以相信的，每一句话都不是凭空说的，而是根据大量的史料和政治材料写成的。①

《起源》自发表至今已经有一百多年的历史了，这本书的影响是巨大的，在历史进程中，不同学派的学者、社会活动家甚至政党领袖，从不同的角度对这本书提出的理论观念进行研究、批判和发展。由于立场不同、时代变迁、文化与社会发展阶段不同，人们关注的焦点问题也不一样。

一、国外学者研究《起源》关注的焦点问题

20 世纪 60 年代以来，随着大规模的妇女解放运动以及妇女权利运动的兴起，欧美学者对《起源》中的一些观点重新进行解读，特别是恩格斯提出的妇女压迫的根源、家庭的变迁、妇女解放的条件等理论，在学界掀起了研究《起源》的热潮。主要聚焦在以下几个方面：

（一）阶级压迫与性别压迫

从历史上看，妇女争取权利的斗争是在法国大革命前后开始的，所

---

① 参见《列宁选集》第 4 卷，人民出版社 2012 年版，第 24—27 页。

恩格斯《家庭、私有制和国家的起源》研究
——以性别理论为视角

秉承的原则是"天赋人权",即人人在权利方面是自由平等的,但这里的人仅仅指男性,是不包括女性在内的。经过上百年的艰苦奋斗,妇女先后获得了选举权、教育权等权利。在这个过程中,妇女解放运动出现了很多流派,最早是以自由主义理念为主,然后是社会主义理论,从那时起,阶级与性别关系就成为自由主义与社会主义在妇女解放理论中争论的焦点问题。《起源》是恩格斯论述妇女解放思想比较集中的经典著作,分析了妇女遭受歧视压迫的根源,这对许多妇女解放论者启发很大,这些学者从马克思主义那里学来了分析工具和理论武器,试图运用马克思主义的理论对妇女问题进行分析,并提出妇女解放的途径。

齐拉·艾森斯坦(Zillah Eisenstein)指出:马克思主义的分析方法对研究妇女压迫问题的贡献体现在两方面:一是在研究权力方面提供了阶级分析的方法,二是贡献了历史唯物主义和辩证唯物主义。虽然辩证法经常被马克思主义者用于分析阶级,但它同样适用于分析父权制社会中男性对女性的统治和压迫,以及由此而来的妇女解放的潜力。恩格斯认为男性与女性之间的冲突就像阶级之间的冲突一样,他在《起源》中正确地指出,在历史上出现的最初的阶级对立,是同个体婚制下夫妻间对抗的发展同时发生的,而最初的阶级压迫是同男性对女性的压迫同时发生的。在艾森斯坦看来,恩格斯在《起源》中提出了一个重要的思想,从历史上看,家庭结构决定了社会结构,通过家庭可以理解父权制的社会结构以及父权制的意识形态。家庭和社会、再生产和生产决定了妇女的生活。①

苏珊·马塔雷塞(Susan Matarese)比较了约翰·斯图尔特·穆勒(John Stuart Mill)的《妇女的屈从地位》与恩格斯的《起源》,指出作为

---

① Zillah Eisenstein,"Developing a Theory of Capitalist Patriarchy and Socialist Feminism", in Zillah R. Eisenstein (ed.), *Capitalist Patriarchy and the Case for Socialist Feminism*, New York: Monthly Review Press,1979, pp.6-8.

一个自由主义者，穆勒是从个人自由和机会平等的角度出发来分析妇女受压迫的现象，这种分析有很多弱点，穆勒是用法律的概念定义平等的，把妇女从家庭的社会关系中抽象出来，而实际上，妇女的平等依赖于公共领域与私人领域的改变才能达到。恩格斯则要深刻得多，他意识到妇女受压迫的根源在于经济问题，在于公私领域的对立，法律不过是社会经济结构的反映而已。权利平等并不会导致性别平等，只有社会、经济和政治结构彻底地变革，妇女才能获得解放。①

（二）历史唯物主义在分析妇女遭受压迫方面的长处与不足

法国存在主义哲学家西蒙·德·波伏瓦（Simone de Beauvoir）认为，历史唯物主义阐明了十分重要的真理，即人类不是一种动物，而是一个历史现实。根据这种观点，恩格斯在《起源》中描述了女人的历史，而这历史本质上取决于技术史。女性具有世界历史意义的失败是由于随着新工具的发明，劳动分工带来的变化。父权制就是在私有制基础上建立起来的，女人遭受的社会压迫是她遭受的经济压迫的后果，妇女的解放，只有在妇女可以大量地参加生产才有可能。这样，妇女的命运和社会主义的命运便紧密结合在一起了。恩格斯的上述观点比在他之前的理论前进了一步。然而，恩格斯没有解决历史是怎样从群体制过渡到私有制的，恩格斯虽然断定私有制必然导致妇女的奴役地位，但并没有作出任何解释。因此，恩格斯的陈述仍然是表面的，他发现的真相是偶然的。这就是历史唯物主义的局限性，不超越历史唯物主义，就不可能深入真相。②

美国人类学家埃莉诺·柏柯·利科克（Eleanor Burke Leacock）认为，

---

① Susan Matarese, "Liberal and Marxist Perspectives on the 'Woman Question,': A Critical Analysis of John Stuart Mill and Frederick Engels", in *Southeastern Political Review*, Volume 11, Issue 1, March 1983, pp.61-63.

② ［法］西蒙·波伏瓦：《第二性》第1卷，郑克鲁译，上海译文出版社2011年版，第76—79页。

恩格斯《家庭、私有制和国家的起源》研究
——以性别理论为视角

《起源》简短地讨论了社会的规律，提出除非规律经过人们努力研究和认识，否则就是作为异己的、起初甚至是莫名其妙的力量支配着世界。马克思、恩格斯在进行研究时，所使用的方法就是辩证唯物主义和历史唯物主义，因而他们能够进行很多具有开创性的研究，西方学者在批评马克思、恩格斯的观点时，往往不了解这种方法，犯了很多错误。[1]

英国学者朱丽叶·米切尔（Jeuliet Mitchell）指出，19 世纪所有伟大的社会主义思想家都认识到妇女的从属性问题，并意识到她们自身解放的必要性。恩格斯《起源》一书在前人研究的基础上，系统地论述了这一问题，并提出了一些有价值的见解。然而，在恩格斯的著作中，对于妇女地位的讨论与对于家庭的讨论是相互脱离的，或者前者只是后者的补充，而家庭则仅仅被视为私有制的前提。[2]

舒拉米斯·费尔斯通（Shulamith Firestone）在 1970 年出版的《性的辩证法》中指出，父权制根植于人类的生育关系（主要存在于家庭）之中。马克思和恩格斯虽然超越于其他社会主义者，但是他们的经济分析方法不能解释一切，妇女解放需要新的革命。[3]

麦金农（Catharine A. Mackinnon）认为，马克思与恩格斯对待妇女的态度是有区别的。马克思对妇女是从自然而不是社会角度来定义的，在马克思的笔下，妇女首先是母亲、家庭主妇和弱势性别的成员。恩格斯则相反，认为妇女的地位是一种需要加以解释的社会现象，他试图用阶级关系中家庭的历史发展理论来解释妇女的从属地位。从这一点来看，恩格斯比马克思要全面得多，然而恩格斯并没有对妇女在家庭中的劳动和性别角色

---

[1]　参见［美］埃莉诺·柏柯·利科克：《保卫恩格斯》，何国强译，《青海民族大学学报》2015 年第 2 期。

[2]　转引自李银河主编：《妇女：最漫长的革命》，生活·读书·新知三联书店 1997 年版，第 13 页。

[3]　参见 Shulamith Firestone, *The Dialectic of Sex: The Case for Feminist Revolution,* New York: Farrar, Straus & Giroux, 2003, pp.3-5.

进行批判性的思考。①

（三）亲属制度与母权制社会的问题

亲属制度对于人类学就像逻辑对于哲学一样重要，原始社会的亲属制度研究是人类学从历史学和哲学中脱离出来，成为一门独立学科的关键。恩格斯的《起源》在这方面作出了突出贡献。人类学家克里斯·奈特（Chris Knight）指出，英国探险家约翰·莱德勒（John Lederer）是最早注意到母系氏族制度存在的人，50 年后，拉菲托（Lafitau）神父在印第安人部落发现妇女享有很高的地位，她们是部落会议的灵魂人物。摩尔根更加彻底地研究了母系制度，恩格斯在摩尔根研究的基础上进一步指出，母权制被推翻，乃是女性的具有世界历史意义的失败。丈夫在家中也掌握了权柄，而妻子则被贬低，被奴役，变成丈夫淫欲的奴隶，变成单纯的生育工具了。克里斯·奈特认为，一些人类学家注意到了人类早期存在着母系社会，而一旦恩格斯把摩尔根的发现与社会主义联系在一起时，这些学者就无法客观地对待恩格斯的著作，进而歪曲马克思和恩格斯的发现。②

（四）关于国家的理论

恩格斯通过研究在理论上表明，历史唯物主义的基本原理不仅适用于现代资本主义社会，而且对于古代社会也有着同样的解释力。

利科克指出，西方学者在谈论国家问题时，很少有人提到恩格斯的《起源》，这是西方学者对待马克思主义的怯懦态度。恩格斯在对比原始社会的群体关系和从那个社会脱胎而来的剥削关系方面，提出了有说服力的证据，强化了家庭作为经济单位的性质，强调了国家是剥削阶级的暴力机关，指出实现人民内部的自由关系之时便是废除家庭和国家之日的结论。

---

① 参见［美］佩吉·麦克拉肯主编：《女权主义理论读本》，广西师范大学出版社 2007 年版，第 3—4 页。

② Chris Knight,"Early Human Kinship was Matrilineal", in N. J. Allen, H. Callan, R. Dunbar and W. James (eds.), *Early Human Kinship*, Oxford: Blackwell, 2008, pp.61-82.

恩格斯的理论具有很大的原创性。①

约翰·F.亨利（John F. Henry）认为，在社会主义理论和实践的领域中出现了一些对马克思和恩格斯的国家理论庸俗化，甚至歪曲的理解，因此有必要回到马克思、恩格斯国家理论的源头，特别是恩格斯的《起源》。在阶级社会中，在给定的生产关系中，建立在不同的经济利益基础上的政治利益是不同的。如果有占统治地位的利益，那么就有被统治的利益，这就要求强制力，而强制力就需要国家。因此，当恩格斯指出，国家的出现是由于存在着不可调和的对立面，这些经济利益相互冲突的对立面——阶级时，恩格斯关于国家的思想是非常深刻的。②

（五）生产与再生产

盖尔·卢宾（Gayle S. Rubin）认为，《起源》从现在的人类学理论来看是一部令人气馁的书，尽管如此，人们不应该因为它的短处和局限而忽视此书的真知灼见。恩格斯最重要的直觉就是"性文化关系"能够而且必须同"生产关系"区分开来，也就是恩格斯提出的历史中的决定性因素，归根到底是直接生活的生产和再生产。这个理论显示了一个重要认识——一个人群必须从事的不只是为自己的温饱而改变自然世界的活动，性与生育的需要同吃的需要一样必须满足。性就是性，但什么算性则是由文化所决定和获取。每个社会有一个性/性别制度——在一整套组织安排中，人的性与生育的生物原料既被人与社会的干预所塑造，又在习俗的方式中获得满足。恩格斯的贡献就是指出了社会生活中的性/性别制度领域的存在及其重要性。③

---

① Eleanor Burke Leacock, *Myths of Male Dominance,* Chicago: Haymarket Books, 2008, pp.24-27.

② John Henry, *The Theory of the State: The Position of Marx and Engels,* Forum for Social Economics,2008, Vol.37, pp.13-25.

③ 王政、杜芳琴主编：《社会性别研究选译》，生活·读书·新知三联书店1998年版，第29—30页。

二、中国学者对《起源》研究的特色概述

《起源》传入中国是在 19 世纪末 20 世纪初。1899 年 2 月至 5 月，在上海的《万国公报》上连载了英国传教士李提摩太节译、中国人蔡尔康笔述的《大同学》，谈到马克思、恩格斯，这是最早介绍到中国来的马克思、恩格斯。此后翻译、介绍马克思、恩格斯的著作文章逐渐增多，《起源》也陆陆续续被翻译过来，成为研究讨论的对象，并逐渐为一些马克思主义者所接受，用来作为传播唯物史观、分析中国社会、倡导妇女解放的理论武器。1908 年，这部著作的中译文首次以片段摘译的形式，发表在上海《天义报》；1920 年，《起源》的部分内容由恽代英译成中文，发表在上海《东方杂志》上；1929 年，上海新生命书局出版了李膺扬的中译本；1941 年，学术出版社又出版了张仲实的中译本。

（一）1949 年 10 月以前的研究

西方争取妇女权利的思想在 20 世纪初传入中国，成为影响中国的社会思潮之一，马君武在向国人介绍西方女权主义理论方面最具代表性。1902 年马君武翻译斯宾塞《社会静力学》第 16 章，与达尔文的《物竞篇》合刊，发表了《斯宾塞女权篇达尔文物竞篇合刻》，论证男女同权是自然之真理。革命派在宣传中大力倡导男女平等，邹容在《革命军》中提出"全国无论男女皆为国民"；孙中山主张女子应在政治、经济、社会、教育等各方面都享有与男子同等的权利，在建设国家方面也要与男子一样承担责任和义务。无政府主义者十分关注妇女问题，他们的报刊刊登大量讨论妇女问题的文章，并且介绍马克思、恩格斯的著作。在这个过程中，《起源》开始引起人们的关注和研究。

《起源》传入中国后，一些早期的马克思主义者运用书中的理论来分析中国社会、阶级、妇女和家庭问题，旨在理解社会现实，寻找救国救民的道路，其中影响比较大的是蔡和森与郭沫若。

恩格斯《家庭、私有制和国家的起源》研究
——以性别理论为视角

　　蔡和森是中国共产党早期重要的领导人之一，他的著作《社会进化史》发表于 1924 年。当时摩尔根的《古代社会》和恩格斯的《起源》都没有完全翻译过来，蔡和森在该书绪论、家族、财产、国家之起源与进化四部分中，大量地转述了《起源》一书的有关内容。蔡和森认为，摩尔根的《古代社会》是非常伟大的一部著作，然而其他的史学家和人类学家要么攻击他的理论，要么剽窃他的观点，直到恩格斯《起源》的发表，才客观地评价了摩尔根，并且奠定了历史学的科学基础。蔡和森运用《起源》的方法和观点，结合中国革命和实际，预言了近世社会必然崩溃。由于第一次世界大战的影响，各个国家的阶级斗争空前尖锐，"不仅在各大工业国内有农人阶级中等阶级及资产阶级的落伍分子和进步分子为之呼应，而且有全世界殖民地和半殖民地的国民革命运动为之呼应。世界革命的成功，只是时间迟早的问题"。[①]《社会进化史》从 1924 年到 1929 年共出版过五次，并被各地农民运动讲习所和一些党的基层组织列为教材与学习读物，引导许多人走上革命道路。

　　郭沫若是中国最早把《起源》一书的基本理论应用于中国历史研究的。在 1930 年出版的《中国古代社会研究》一书的导论"中国社会之历史的发展阶段"中，郭沫若指出：中国人早就知道母系社会的存在，不过中国的古人只知道有那种生活的现象而没有人详细地去研究过原始社会，要感谢摩尔根和恩格斯给人们带来了原始社会各种结构的理论。恩格斯把古代社会的秘密——特别是氏族社会转移到国家组织的变迁剖发了出来。[②] 郭沫若认为他本人是以《起源》为向导研究中国古代社会的。郭沫若的《中国古代社会研究》在中国史学界发生过相当大的影响，开了用马克思主义观点研究中国古代史之先河。

---

① 　蔡和森：《社会进化史》，东方出版社 1996 年版，第 214 页。
② 　参见郭沫若：《中国古代社会研究》，商务印书馆 2011 年版，第 9—13 页。

总的来说，1949 年以前对《起源》的详细研究不是很多，主要是两方面：一方面是翻译、介绍《起源》；另一方面是运用《起源》的原理和理论作为分析方法，结合中国的历史和现状，对中国社会进行分析，揭露妇女受压迫的根源，为中国共产党的妇女理论奠定了理论基础。

（二）20 世纪 90 年代以来《起源》研究成果综述

《起源》是马克思主义重要的组成部分，在马克思主义发展史上占据着重要的地位，从传入中国以来就一直受到高度重视。随着时代的发展，社会的变迁，对《起源》的研究一直没有间断，并且不断结合其他学科的发展以及实践的需要，研究成果不断创新。特别是近些年来，出版了一些对《起源》从不同方面解读的专著，如顾保国著《国家的本质与消亡的必然：〈家庭、私有制和国家的起源〉新读》（2020）；江洋著《恩格斯〈家庭、私有制和国家的起源〉研究读本》（2017）；荣鑫、刘志洪编著《〈家庭、私有制和国家的起源〉导读》（2017）；陈培永著《女性的星空：恩格斯〈家庭、私有制和国家的起源〉如是读》（2016）；崔立莉著《人类早期历史的科学审视：〈家庭、私有制和国家的起源〉解读》（2016）；吴江著《解读〈家庭、私有制和国家的起源〉》（2014）；刘澄著《〈家庭、私有制和国家的起源〉导读》（2009）；张彦修著《婚姻·家族·氏族与文明：〈家庭、私有制和国家的起源〉研究》（2007）；李永采等著《驱拨谬雾究真谛：恩格斯著〈家庭、私有制和国家的起源〉新辨释》（1993）。这些著作中，有的对《起源》做了通俗的讲解，对普及《起源》的核心观点作出了贡献；有的则从不同的侧重点着手，对《起源》进行了深入的探讨；有的对一些流行的观点进行了辨析，把一些问题引向深入。可见，《起源》的研究是一个常谈常新的课题。

这里以发表在知网上的文献为主，综合起来对一些主要问题进行梳理。

1. 关于两种生产理论的探讨

"两种生产"理论是恩格斯在《起源》第一版序言中阐明的重要观点，

虽然恩格斯对两种生产理论本身的叙述并不多，只有寥寥数百字，但是产生的影响却是非常深远的，不仅在马克思主义内部，而且在其他领域，尤其是近些年来在性别研究以及女权主义领域产生了广泛而深刻的影响。

（1）两种生产的关系问题

围绕着"人自身的生产"与"物质生活资料的生产"两者的关系问题，国内学者在这个问题上主要有四种观点：一是"两种生产依次决定论"，即在早期原始社会乃至原始社会的多数历史时期，"人自身的生产"所起的制约作用更为重要，居于主要地位；只是到了原始社会后期，随着生产力本身的发展，"物质生活资料的生产"才取代"人自身的生产"的地位，成为制约社会制度、社会发展的主要力量。① 二是"两种生产共同决定论"，即"人自身的生产"与"物质生活资料的生产"，共同构成社会发展的决定因素。② 三是"两种生产一体论"即"物质生活资料的生产"与"人自身的生产"，与其说是"两种不同类型的生产"，不如说是"同一生产的两个方面和要素"。③ 四是"物质生活资料的生产"与"人自身的生产"之间固然存在某种联系、关联性，但毕竟是两种截然不同的生产类型，决不能简单地归为一类。④

---

① 参见王贵明：《试论人类自身生产的历史作用——对马克思主义两种生产理论的探讨》，《探索》1986 年第 5 期；陈思：《两种生产理论与唯物史观》，《探索》1991 年第 5 期。

② 严国珍：《关于"人类自身的生产"理论的重新探讨》，《复旦学报》（社会科学版）1989 年第 2 期；孙美堂：《关于"两种生产"真正含义的辨析》，《东岳论丛》1986 年第 3 期；申文元：《"两种生产"理论新探》，《晋阳学刊》1986 年第 1 期；崔新京：《两种生产理论的哲学探讨》，《辽宁大学学报》（哲学社会科学版）1990 年第 6 期。

③ 李宏伟：《历史上关于"两种生产"理论的争论及思考》，《云南省委党校学报》2007 年第 5 期。

④ 林峰：《"两种生产一体论"究竟是不是恩格斯的思想？》，《东岳论丛》2018 年第 1 期；梅荣政、陈留根：《唯物史观的丰碑——读恩格斯〈家庭、私有制和国家的起源〉》，《高校理论战线》2008 年第 4 期。

（2）两种生产理论的多角度阐释

张三元认为，可以把两种生产合乎逻辑地概括为生产力的两个方面，即物质生产力和文化生产力。在《起源》中，恩格斯通过对人类社会从野蛮时代向文明时代变迁的考察，揭示了人类社会发展的一般规律。而这种考察和揭示，是通过对两种生产特别是对"人自身的生产"的考察和揭示来实现的。在这里，"人自身的生产"超越了作为自然存在物的、纯粹的人类种的繁衍的狭隘界限，成为人类社会从野蛮时代向文明时代跃迁的动力，其中，文化是核心因素。在这个意义上，人是一种文化存在物。①

（3）两种生产理论与妇女解放

由于男女两性在生物学上的差异，人自身的生产只能由女性承担。在现代社会，妇女承担人自身生产的同时，却又不得不从事物质生产，这在一定程度上造成了妇女必须要承担双重任务的困境。此困境的缓解，需要在关注物质生产的同时，重视人类自身生产的社会意义并给予相应的价值补偿。②

2. 关于婚姻家庭的探讨

20 世纪 90 年代以来，把《起源》中的对婚姻家庭问题的观点与社会现实相结合的研究逐渐成为热点，此外就是对家庭变迁的深入探讨。

有论者指出：恩格斯认为只要女性能够大量参加社会劳动，男女在地位上就能达到真正的平等。在今天，随着科技的进步以及整个社会认知的进步，广大女性已经投入到社会大生产中，这为男女平等创造了客观条件，但目前仍然有一些男性不能正确对待婚姻家庭关系，将女性当成婚姻家庭的附属品。恩格斯对一夫一妻制的起源、本质及其历史发展进行了详细的考察和分析，只有准确理解恩格斯真正意义上的一夫一妻制有利于推

---

① 参见张三元：《两种生产理论的当代阐释》，《湖北行政学院学报》2013 年第 4 期。

② 参见罗月婵：《"两种生产"视域下的马克思主义妇女解放理论——重读〈家庭、私有制和国家的起源〉》，《求索》2012 年第 7 期。

动婚姻家庭伦理的发展，才能创造良好的家庭伦理关系。①

有学者认为，中国学者对《起源》中的恩格斯关于"对偶制家庭"的理解有误，恩格斯不是否认典型氏族社会中存在基于个体婚的家庭。恩格斯认为，在氏族社会中，最小的经济单位不是这种家庭，也不是氏族，而是由一组家庭组成的"家户经济"，是氏族社会最基本的经济单位。实行共产制的单位是家户经济，而不是氏族。相当多的学者因而将氏族视为共产制的最小单位，这显然是不符合恩格斯的观点的。②

3. 关于马克思主义与女权主义关系的探讨

马克思、恩格斯本人没有系统地论述女性问题的专著，在马克思主义经典作家那里，只有德国的奥古斯特·倍倍尔于 1879 年写作了《妇女：过去、现在和未来》（后改名为《妇女与社会主义》）。然而，在《起源》中恩格斯比较详细地阐述了最初的性别分工，母权制社会存在，私有财产的产生及父权制的出现，女性遭受压迫的原因以及妇女获得解放的条件等等，这些理论观点后来成为女权主义，特别是社会主义／马克思主义女权主义的研究基础。

早期的马克思主义女权主义宣称把马克思主义的妇女解放理论作为自己的思想源泉，她们用马克思在《资本论》中分析资本主义商品经济的方法，来分析妇女所从事的家务劳动问题，并从恩格斯的《起源》关于家庭和妇女问题的论述中吸取营养，通过对家务劳动的分析，从另一个方面揭示了妇女受压迫的根源，并提出了妇女解放的相应策略。③

---

① 参见白燕妮：《〈家庭、私有制和国家的起源〉导读及当代价值》，《求知》2018 年第 7 期；林君一、毛维国：《论婚姻家庭对女性地位的影响——从恩格斯〈家庭、私有制和国家的起源〉看女性解放》，《重庆交通大学学报》（社会科学版）2014 年第 3 期；高兰天：《恩格斯婚姻家庭伦理思想及其现代价值——以〈家庭、私有制和国家的起源〉文本解读为依据》，《南京医科大学学报》（社会科学版）2011 年第 1 期。
② 参见杨军：《对恩格斯"起源论"的三个误解》，《吉林大学社会科学学报》2006 年第 2 期。
③ 闫薇：《马克思主义女权主义：概念、发展与意义》，《吉林师范大学学报》2009 年第 3 期。

关于阶级和性别的关系，恩格斯始终认为无产阶级妇女及妇女运动应该从属于工人运动，无产阶级女性应该加入工人运动，而不是"特殊的妇女运动"，也就是资产阶级女性运动。恩格斯在《起源》中进一步阐明了无产阶级妇女对于革命运动的重要意义，指出妇女问题的解决与无产阶级革命运动具有同一性，与资本主义私有制之间有着天然的矛盾。①

4. 马克思主义的国家观及其当代意义

《起源》是系统地阐发马克思主义国家理论的一部著作。恩格斯提出，国家不是从来就有的，国家是社会发展到一定阶段的产物，国家是被社会分工及其后果催生出来的。国家是最强大的、在经济上占统治地位的阶级的国家，这个阶级借助于国家而在政治上也成为占统治地位的阶级，国家的本质特征是一种与大众相分离、与社会相异化的公共权力。此外，恩格斯还特别强调了共产主义社会取代存在阶级和阶级对立的社会形态的必然性。近些年来，学者们把《起源》当中阐发的国家理论与共产主义的理论、国际共产主义运动，以及当代中国的国家治理的影响与启发联系起来，从多个角度进行讨论和研究。

《起源》告诉我们在社会主义与资本主义仍然处于竞争的时代，国家职能决不能削弱，而是要加强。国家很重要的职责就是缓和冲突，把冲突保持在"秩序"的范围以内。可以说，国家越强大，缓和冲突的能力就越强。②

按照恩格斯的观点，国家是逐渐消亡的。人类社会发展至今，已经经历或者正在经历的有五种社会文明形态：原始社会文明、奴隶社会文明、封建社会文明、资本主义社会文明以及社会主义社会文明。当今时代，人

---

① 吴枞：《〈家庭、私有制和国家的起源〉写作缘起新探——将无产阶级女性纳入革命运动》，《安阳师范学院学报》2019 年第 3 期。

② 参见辛向阳：《〈家庭、私有制和国家的起源〉中的国家理论及其思想意义》，《思想理论教育导刊》2015 年第 7 期。

类社会的发展表现为两种文明的对立与合作，这两种文明即：资本主义文明和社会主义文明。从制度上来讲，社会主义生产关系的先进性，为生产力的解放和发展提供了无限的可能性，社会主义文明完全可以利用制度优势、后发优势、前人成果，实现后发而先至，提前一步进入共产主义社会。①

---

① 李亚强：《对人类文明演进历程的探析——〈家庭、私有制和国家的起源〉文本研读》，《云南社会主义学院学报》2017 年第 2 期。

上 编 《起源》的文本思想研究

　　上编的主要内容围绕《起源》一书展开，主要探讨其文本思想，并在探讨文本思想中，从性别视角出发，分析研究这些文本与妇女解放的关系。

第一章　时代的脉络

《家庭、私有制和国家的起源——就路易斯·亨·摩尔根的研究成果而作》是恩格斯晚年写作的马克思主义代表著作之一，是运用唯物史观分析与阐释家庭、私有制和国家的起源及发展的一部杰作，在马克思主义发展史上具有重要的地位。这一章将恩格斯作为唯物史观的共同创立者和发展者，聚焦于唯物史观的形成与演变。此外，本章也将探讨在这一时代背景下妇女解放运动的兴起与发展。通过这些方面的分析，建立起对《起源》时代背景的全面理解，为深入研究恩格斯的思想奠定基础。

第一节　开创新思想的先驱

尽管恩格斯的名字常常与马克思紧密联系在一起，他本身也被公认为是马克思主义理论体系的重要创立者，然而，恩格斯却始终保持着谦逊和朴素，认为自己注定要做的事，就是拉第二小提琴，而马克思是出色的第一小提琴手。[①] 实际上，恩格斯不仅在与马克思共同合作的重要著作如《共产党宣言》中留下了深刻的印记，而且在他自己的著作中，也以独特的学术风格和深刻的洞察力熠熠生辉。

---

① 参见《马克思恩格斯选集》第 4 卷，人民出版社 2012 年版，第 571—572 页。

恩格斯《家庭、私有制和国家的起源》研究
——以性别理论为视角

一、唯物史观的共同创立者

恩格斯在马克思墓前的讲话中，指出马克思一生有两大贡献，一是发现了人类历史的发展规律，即唯物史观，"人们首先必须吃、喝、住、穿，然后才能从事政治、科学、艺术、宗教等等；所以，直接的物质的生活资料的生产，从而一个民族或一个时代的一定的经济发展阶段，便构成基础，人们的国家设施、法的观点、艺术以至宗教观念，就是从这个基础上发展起来的"。[①] 另一个重大发现是剩余价值，即马克思发现了现代资本主义生产方式和它所产生的资产阶级社会的特殊的运动规律。恩格斯强调，任何一个人一生中能有这样两个发现已经足够了，即使只能作出一个这样的发现，也已经是幸福的了。其实，唯物史观的创立，恩格斯也作出了很大的贡献，甚至可以说是两人共同完成的。

恩格斯 1820 年 11 月 28 日出生于莱茵省巴门市，父亲是一位工厂主。恩格斯中学毕业离开学校，到他父亲的工厂工作。由于他实际接触到工业和商业，恩格斯很快就对社会问题产生了兴趣，开始自学经济学和哲学，并成为一名青年黑格尔派的成员。1841 年在柏林服兵役期间，他撰写了从青年黑格尔派立场出发批判谢林的三本小册子。1842 年年底，他来到曼彻斯特的工厂，在这里，他花了大量时间去考察英国工人阶级的状况，研究政治经济学和社会主义。

1845 年恩格斯在莱比锡发表了研究成果《英国工人阶级状况》，在书中，他揭露了城市工人阶级严重贫穷以及处于饥饿和生活无望的处境。他指出，工人阶级将通过自己的努力发起社会主义革命。恩格斯的预言不是建立在关于人的本质的一般观念或者人的存在与人的本质相一致的需求之上，而是建立在对工人阶级的状况和发展趋势的实际认识之上的，可以明

---

① 《马克思恩格斯选集》第 3 卷，人民出版社 2012 年版，第 1002 页。

显看出，恩格斯所使用的方法就是唯物史观。

目前学界普遍把马克思写于 1859 年《〈政治经济学批判〉序言》中对新的历史观的表述作为唯物史观的经典内容，即：

> 人们在自己生活的社会生产中发生一定的、必然的、不以他们的意志为转移的关系，即同他们的物质生产力的一定发展阶段相适合的生产关系。这些生产关系的总和构成社会的经济结构，即有法律的和政治的上层建筑竖立其上并有一定的社会意识形式与之相适应的现实基础。物质生活的生产方式制约着整个社会生活、政治生活和精神生活的过程。不是人们的意识决定人们的存在，相反，是人们的社会存在决定人们的意识。社会的物质生产力发展到一定阶段，便同它们一直在其中运动的现存生产关系或财产关系（这只是生产关系的法律用语）发生矛盾。于是这些关系便由生产力的发展形式变成生产力的桎梏。那时社会革命的时代就到来了。随着经济基础的变更，全部庞大的上层建筑也或慢或快地发生变革。①

而实际上，早在恩格斯和马克思合作的《德意志意识形态》中两人就已经表述过类似的观点。

恩格斯和马克思的合作开始于 1844 年。写于 1845—1846 年的《德意志意识形态》中，两人指出：

> 这种历史观就在于：从直接生活的物质生产出发阐述现实的生产过程，把同这种生产方式相联系的、它所产生的交往形式即各个不同阶段上的市民社会理解为整个历史的基础，从市民社会作为国家的

---

① 《马克思恩格斯选集》第 2 卷，人民出版社 2012 年版，第 2—3 页。

活动描述市民社会,同时从市民社会出发阐明意识的所有各种不同理论的产物和形式,如宗教、哲学、道德等等,而且追溯它们产生的过程。……这种历史观和唯心主义历史观不同,它不是在每个时代中寻找某种范畴,而是始终站在现实历史的基础上,不是从观念出发来解释实践,而是从物质实践出发来解释各种观念形态。①

这个表述虽然与马克思在 1859 年《〈政治经济学批判〉序言》中的表述相比,没有使用诸如生产关系、经济基础、上层建筑等更准确的概念,然而,他们反复强调了这种历史观与唯心主义历史观的不同,这种历史观就是唯物史观。

1859 年马克思在《〈政治经济学批判〉序言》中明确指出,这种新的历史观在他与恩格斯合作之前,恩格斯已经通过《英国工人阶级状况》表现出来了,可见,恩格斯是当之无愧的唯物史观的共同创立者。

二、唯物史观的发展者

马克思、恩格斯创建的唯物史观开始于《德意志意识形态》,此后马克思、恩格斯运用唯物史观研究政治、经济、历史等各个领域,发表了一系列研究成果,在此过程中,唯物史观不断得到丰富和发展。1883 年 3 月 14 日马克思逝世后,恩格斯为唯物史观的继续完善和发展作出了巨大努力,这一突出贡献主要表现在恩格斯晚年所著的《家庭、私有制和国家的起源》、《路德维希·费尔巴哈和德国古典哲学的终结》,以及一系列的通信中。

首先,运用唯物史观对古代社会形态进行全面、深入的研究及阐发,

---

① 《马克思恩格斯选集》第 1 卷,人民出版社 2012 年版,第 171—172 页。

使得唯物史观作为方法论具有了普遍性，极大地丰富了唯物史观。

1848 年马克思、恩格斯在《共产党宣言》开篇指出："至今一切社会的历史都是阶级斗争的历史"，恩格斯在 1888 年《共产党宣言》英文版上对当时做出的这个判断进行了说明，在 1847 年，社会的史前史、成文史以前的社会组织，几乎还没有人知道。对进入文明时期的人们来说，阶级及阶级斗争已经是显而易见的事实，马克思曾经总结道："无论是发现现代社会中有阶级存在或发现各阶级间的斗争，都不是我的功劳。在我以前很久，资产阶级历史编纂学家就已经叙述过阶级斗争的历史发展，资产阶级经济学家也已经对各个阶级作过经济上的分析。"① 特别是在资本主义社会，阶级与阶级斗争更是推动社会前进的直接动力，可见，1848 年的这个判断是有事实依据的。

马克思晚年对古代社会进行了大量研究，试图运用唯物史观对前资本主义社会包括原始社会的发展规律进行深入探索，虽然没有来得及在这一领域写出系统性的著作，但他通过对某些著作的摘录、评注、改造和补充，阐明了他的很多深刻的观点。

马克思逝世后，留下来大量的人类学笔记，包括对摩尔根《古代社会》一书的大量批注，但是，这些笔记仅仅是以手稿的形式存在的。如何弥补唯物史观留下的短板，并结合新的科学研究与发现，对古代社会进行研究，就成为恩格斯非常重要的工作。

恩格斯本人对原始社会问题进行过多年卓有成效的研究，他十分熟悉希腊、罗马的古代典籍，以及有关克尔特人和德意志人的历史材料，在《论俄国的社会问题》、《德国古代的历史和语言》、《马尔克》等论著中，不同程度上探讨了人类起源、氏族组织、婚姻家庭制度、原始公社制度及其解体、私有制和阶级的产生、国家的起源及其阶级实质和发展前途等重

---

① 《马克思恩格斯选集》第 4 卷，人民出版社 2012 年版，第 425—426 页。

大问题。

恩格斯根据摩尔根的《古代社会》以及其他学者的一些人类学考古学著作，结合马克思的批注，写作了《家庭、私有制和国家的起源》，用唯物史观阐释家庭、私有制和国家起源，填补了以往唯物史观在研究古代社会方面的空白。恩格斯通过考察氏族制度，提出生产发展、财产差别的扩大，导致氏族制度的崩溃及私有制的产生，为了使社会分裂为阶级的现象永久化，国家被发明出来了。因此资产阶级所崇拜的国家不是自然的产物，而是历史的产物，注定是要消亡的，这一观点是恩格斯对唯物史观作出的巨大贡献。

其次，强调唯物史观揭示了现代社会的动力就是阶级斗争，阶级斗争推动了社会的发展。

恩格斯的《路德维希·费尔巴哈和德国古典哲学的终结》一书写于1886年，1888年作为单行本出版，这本书的出版在马克思主义发展史上有着极其重要的意义。恩格斯总结了唯物史观产生、发展的规律，论证了马克思主义哲学的产生是哲学史上伟大的革命。

恩格斯指出，我们要在历史本身中去寻找它的发展规律和动力。从表面上看，在社会历史领域内进行活动的，是具有意识的、经过思虑或凭激情行动的、追求某种目的的人，是受着偶然性支配着的，但实际上，在表面上是偶然性起作用的地方，始终是受内部隐蔽着的规律支配的，这些规律就是唯物史观揭示出来的历史的真正的起决定性作用的动力，在现代社会，就是阶级斗争。恩格斯说：

> 在现代历史中至少已经证明，一切政治斗争都是阶级斗争，而一切争取解放的阶级斗争，尽管它必然地具有政治的形式（因为一切阶级斗争都是政治斗争），归根到底都是围绕着经济解放进行的。因此，至少在这里，国家、政治制度是从属的东西，而市民社会、经济

关系的领域是决定性的因素。①

即使是更远离物质经济基础的意识形态，归根到底，也是受着经济基础、物质条件决定的。

最后，恩格斯反复强调正确理解作为基础的经济活动及上层建筑之间关系的重要性。

马克思与恩格斯创立的唯物史观有时会被人们做简单化的理解，恩格斯晚年不得不经常与这种倾向做斗争。他在致康·施米特的信中说：

> 对德国的许多青年著作家来说，"唯物主义"这个词大体上只是一个套语，他们把这个套语当做标签贴到各种事物上去，再不作进一步的研究，……必须重新研究全部历史，必须详细研究各种社会形态的存在条件，然后设法从这些条件中找出相应的政治、私法、美学、哲学、宗教等等的观点。②

全部历史当然是包括史前史在内的。

恩格斯反对人们把他们的观点曲解为经济决定论或者经济唯物主义，他多次反复强调，马克思和他的首要功绩与其说是发现了经济生产和经济关系对于社会发展的意义，不如说是用这一发现成功地解释了历史事件。经济关系只是社会历史的决定性基础，而不是唯一的基础。恩格斯提出历史发展的合力论，指出：

> 经济状况是基础，但是对历史斗争的进程发生影响并且在许多情

---

① 《马克思恩格斯选集》第 4 卷，人民出版社 2012 年版，第 257—258 页。
② 《马克思恩格斯选集》第 4 卷，人民出版社 2012 年版，第 599 页。

况下主要是决定着这一斗争的形式的，还有上层建筑的各种因素：阶级斗争的各种政治形式及其成果——由胜利了的阶级在获胜以后确立的宪法等等，……这里表现出这一切因素间的相互作用，而在这种相互作用中归根到底是经济运动作为必然的东西通过无穷无尽的偶然事件向前发展。①

这也是恩格斯"两种生产"理论的基础，不仅是物质资料的生产对人类发展起着决定性作用，人自身的生产同样也起着决定性的作用。

第二节　时代与社会的交织

马克思逝世后，恩格斯毅然放下手头一切工作，包括他多年来进行的《自然辩证法》的创作，全身心投入整理马克思《资本论》的遗稿中。自1883 年 3 月中旬开始，恩格斯开始这项繁重的工作，耗费了他大量的时间和精力。经过不懈努力，1885 年 7 月，由恩格斯整理加工的《资本论》第 2 卷正式出版。尽管恩格斯一贯谦虚地表示他只是对文稿进行了选择，并未做其他工作，但实际上，没有恩格斯的整理、加工和创作，《资本论》第 2 卷和第 3 卷是不可能完成出版的。

与此同时，随着各国工人运动的兴起和高涨，恩格斯又肩负着指导国际无产阶级革命运动的重任。全世界无产者联合起来，是马克思、恩格斯最大的愿望。1889 年 7 月 14 日，第二国际代表大会在巴黎召开。尽管恩格斯没有参加这次大会，但他为大会的召开殚精竭虑，付出了巨大的努力。

---

① 《马克思恩格斯选集》第 4 卷，人民出版社 2012 年版，第 604 页。

　　这期间，恩格斯既需要完成《资本论》的整理、加工和出版工作，又要指导工人运动。在这样的情况下，我们或许会问，为何恩格斯还要花费大量时间来创作《起源》呢？对于这个问题，恩格斯在《起源》中没有直接回答，但他在写作《起源》之前、之中，以及在许多通信中都提到了这个问题，从中我们可以窥见其主要原因。

一、唯物史观发展的需要

　　探索人类社会从原始社会向阶级社会，再到无阶级社会的历史发展及其规律，构成了唯物史观的核心内容。当时在历史领域里唯心史观占据着主导地位，很多学者对唯物史观进行大肆攻击。即使像费尔巴哈这样一位受到马克思高度评价的伟大的唯物主义者，在历史领域也未能将唯物主义贯彻到底，马克思、恩格斯在《德意志意识形态》中指出："当费尔巴哈是一个唯物主义者的时候，历史在他的视野之外；当他去探讨历史的时候，他不是一个唯物主义者。在他那里，唯物主义和历史是彼此完全脱离的。"①

　　历史唯物主义揭示了人类社会发展的一般规律。然而，由于社会历史条件的限制，对原始社会的研究一直是一个相对薄弱的环节。因此，原始社会是否符合整个人类社会发展的一般规律，以及唯物史观是否能解释这一社会阶段，成为恩格斯需要回答的主要问题。如果不能解答这些问题，唯物史观就会变得不完整，只是一个理论假设，难以对唯心史观进行全面批判。

　　特别是在人类发展进入资本主义阶段后，资产阶级学者往往将资本主义生产方式视为社会生产发展的最终和完美形式，为资本主义辩护。马克

---

① 《马克思恩格斯选集》第 1 卷，人民出版社 2012 年版，第 158 页。

思虽然在《资本论》中运用唯物史观论证了资本主义必然灭亡,共产主义必然胜利的规律,但唯物史观是否能够作为一般方法论,适用于原始社会的研究还是一个未知数。马克思在晚年写作了大量的"人类学笔记",就是要努力丰富和发展唯物史观,其中就有摩尔根的《古代社会》一书的摘要,似乎表明马克思曾经有过要用唯物史观的基本方法来分析摩尔根的研究成果的计划。

恩格斯要完成马克思未竟的事业,在《起源》第一版序言就明确指出,写作本书的目的就是在某种程度上执行遗言,完成马克思未能完成的工作。恩格斯在研究《古代社会》一书时,发现了这本书的价值,即"摩尔根在美国,以他自己的方式,重新发现了40年前马克思所发现的唯物主义历史观,并且以此为指导,在把野蛮时代和文明时代加以对比的时候,在主要点上得出了与马克思相同的结果。"① 这就证明了唯物史观的正确性。

为了说明资本主义社会的出现是一个历史现象和过程,同样会受到经济基础的制约,私有制也不是永恒存在的,而是历史发展的结果,就必须探索原始社会的奥秘,运用唯物史观揭示人类社会发展的一般规律。因此,《起源》的出版更加完整地概括了包括原始社会在内的人类社会发展的一般规律。

二、新兴学科的出现为研究史前社会提供了条件

新兴学科的出现和发展,为运用唯物史观对古代社会形态进行全面、深入、历史、唯物的研究及阐发创造了条件。

19世纪中叶开始,一些人类学家如毛勒、巴霍芬、麦克伦南等展开

---

① 《马克思恩格斯选集》第4卷,人民出版社2012年版,第12页。

了整理文献和进行民族志研究的工作，逐渐产生了一系列研究成果，为揭开古代社会历史的神秘面纱创造了条件。美国人类学家摩尔根相继发表《人类家族的血亲和姻亲制度》、《古代社会》等论著，是其中非常重要的研究成果。

摩尔根主要是通过实证研究提出问题，并从历史理论的层面进行概括。摩尔根在系统广泛研究人类上古社会史时，采用了以各种生存技术的顺序相承为标准的方法，实质上是以生产力的发展作为分期的基础。他将生产力视为社会进步的决定因素，从这个角度出发，深入研究了氏族部落的构成和发展、家庭和婚姻关系的演化，以及私有制和国家等一系列重要问题。

除了摩尔根的《古代社会》，还有一批研究家庭史的著作，巴霍芬的《母权论》、麦克伦南的《古代史研究》等。这些学者进行的各种研究揭开了人类最早期发展史的面纱。马克思、恩格斯一直非常关注自然科学和人文社会科学的发展，总是在自己的研究中借鉴参考吸收其他学科的成果。这一系列研究成果的涌现为运用唯物史观对古代社会形态进行全面、深入的研究及阐发提供了丰富的历史资料。恩格斯结合摩尔根的《古代社会》，以及马克思关于这本书做的摘要，系统阐述了婚姻家庭、氏族、私有制、阶级和国家的起源及其发展规律。

三、指导工人运动的需要

从理论上系统地阐明马克思主义关于家庭、私有制，尤其是国家起源的学说，科学地阐明原始社会的动力、结构及其发展的一般规律，是当时意识形态领域里阶级斗争的需要。恩格斯在谈到《起源》写作的主旨时指出："如果只是'客观地'叙述摩尔根的著作，对它不作批判的探讨，不利用新得出的成果，不同我们的观点和已经得出的结论联系起来阐述，那就没有意义了。这对我们的工人不会有什么帮助。"①

19世纪70年代，德国工人阶级虽然处于国际工人运动的前列，但思想理论水平仍相对较低，对国家存在一种盲目的迷信和崇拜。1891年，恩格斯在为马克思的杰作《法兰西内战》再版写作的长篇序言中指出："正是在德国，来自哲学的对国家的迷信，已经进入到资产阶级甚至很多工人的一般意识之中。"②很多工人相信资产阶级所宣扬的阶级制度和私有财产的永恒性，也相信一夫一妻制家庭作为经济单位自古有之，否认家庭的历史演变，替父权做辩护。他们认为母系社会、母权制的遗迹是神话传说和陋习，甚至盲目崇拜国家，认为国家在人类社会各个阶段都是不可或缺的存在。《起源》的一个非常显著的特点就是历史的观点，它是从叙述私有制和国家产生的历史开始的，证明这些事物的存在并不是永恒的。

19世纪时，德国工人阶级运动受到拉萨尔派和杜林派的理论影响较大，这两派理论在阶级与国家问题上引起了一定混乱。杜林以暴力论来解释私有制、阶级和国家的起源。他认为，社会划分为阶级以及国家的产生，是由于社会上一部分人对另一部分人施加暴力、强制奴役的结果。杜林声称，这种暴力和奴役构成了到现在为止的全部历史的出发点和基本事实，即使在资本主义社会，通行的全部"基于暴力的所有制"也是以这种原始奴役为基础的。杜林的理论以其激进的言辞在大学生以及许多社会民主党人中间引起了轰动，应社会民主党的领袖李卜克内西的请求，恩格斯在《反杜林论》中给予了回击。恩格斯指出："暴力仅仅是手段，相反，经济利益才是目的。目的比用来达到目的的手段要具有大得多的'基础性'，同样，在历史上，关系的经济方面也比政治方面具有大得多的基础性。"③

---

① 《马克思恩格斯全集》第36卷，人民出版社1974年版，第144页。
② 《马克思恩格斯文集》第3卷，人民出版社2009年版，第111页。
③ 《马克思恩格斯选集》第3卷，人民出版社2012年版，第539页。

南斯拉夫马克思主义理论家弗拉尼茨基是这样评价《反杜林论》的："虽然文章是论战性的，也就是说，不是系统地分析哲学、社会学和经济学的问题，但这本书尽管有不足之处，在一定程度上仍然是马克思主义基本原理的扼要概述。同样，这本书在大多数国家里起到了普及马克思主义的最好的作用。"[1]

为彻底破除对国家的迷信和崇拜，使无产阶级正确认识私有制、阶级和国家等问题，必须从理论上阐明国家的实质及其产生的历史根源。恩格斯正是在《起源》中出色地完成了这一工作，他系统论证和阐述了唯物史观关于原始社会的基本观点，揭示了家庭、私有制发生和发展的历史规律，阐述了在私有制基础上形成的阶级对抗，分析了作为统治阶级工具的国家的起源和本质，指出私有制、阶级和国家的历史性质，论证和深化了社会主义必然代替资本主义的历史必然性。

四、妇女解放运动的兴起与展开

大规模的有组织的妇女运动是从法国大革命开始的，尽管法国大革命之后颁布的宪法没有给予妇女公民权利，并且解散了妇女组织，然而妇女运动只是进入了低潮，并没有消失；相反，关于妇女问题的辩论一直在公共视野中进行着。

19 世纪后期，世界各地的妇女组织和运动有了显著的增长。这些运动在倡导妇女权利方面发挥了至关重要的作用，不但以自由主义为理论武器争取妇女的教育权、选举权的斗争持续着，而且由于大工业的发展，女工也逐渐组织起来，为自己的权益而奋斗。

---

① 　[南] 普雷德拉格·弗拉尼茨基：《马克思主义史》第 1 卷，胡文建等译，黑龙江大学出版社 2015 年版，第 212 页。

恩格斯《家庭、私有制和国家的起源》研究
——以性别理论为视角

恩格斯的《起源》出版于 1884 年，第四版序言写于 1890 年，在这个时期，女工们已经有了自己的组织，在各国工人党之中也开始就妇女问题展开讨论和争辩。尽管没有直接证据表明恩格斯亲自参与了这些讨论，但由于他参加了第一、第二国际的工作，并且恩格斯与德国工人党的领导人、妇女运动的领袖克拉拉·蔡特金（Clara Zetkin）保持密切联系，认为恩格斯应该知道关于妇女问题的讨论是合理的。况且恩格斯在《起源》中对男女不平等起源的分析，对妇女受压迫地位的同情，对妇女解放的期盼，都表明了恩格斯对妇女问题的态度。

1848 年欧洲无产阶级革命过程中，就出现了女工要求平等的主张，当时圣西门主义者、傅立叶主义者都呼吁妇女正式参与公共事务，废除男性特权。同年 7 月，在美国纽约塞内卡福尔斯（Seneca Falls）举行第一场关于妇女权利的大会，大会通过的《感伤宣言》（Declaration of Sentiments）指出：人类的历史就是一部男人对女人反复伤害和掠夺的历史，其直接目的是在女人身上建立绝对的暴政。宣言呼吁，既然造物主给了女人相同的能力和责任，那么女人显然和男人一样平等地负有权利和责任，去以各种公正的手段去推动公正的事业。[1] 19 世纪 60 年代以后，由于交通的改善，美国与欧洲各国的联系愈加紧密，特别是妇女运动更是相互支持，所以这篇宣言对欧洲的妇女运动起到了激励的作用。

在 1866 年至 1867 年召开的国际工人协会大会上，对妇女问题展开了辩论。然而，由于工人普遍支持蒲鲁东的观点，即认为妇女应该留在家里、照顾家庭，而不是加入社会劳动的大军，女工的要求没有得到充分支持。

在 1871 年的巴黎革命中，妇女的活动引起了广泛关注。她们组织了

---

[1] Elizabeth Cady Stanton, "Declaration of Sentiments and Resolutions", in Estelle B. Freedman (ed.), *the Essential Feminist Reader*, New York: The Random House Publishing Group, 2007, pp.58-62.

流动医院，照顾受伤的工人，建立托儿所、女子职业学校，甚至为女工建立了生产合作社。这些措施随着巴黎公社的失败而告终，尽管存在的时间短暂，但对妇女解放运动产生了深远的影响。

1878年在法国巴黎召开了第一次国际妇女权利大会，为期2周。来自很多国家的妇女权利倡导者参加了会议，为了避免分裂，大会回避了妇女选举权的议题，讨论了包括政府管制娼妓业、双重道德标准、同工同酬、家政、政府对母亲的补贴、工会化、战争与妇女从属地位的关系等议题。从这些议题中可以看到，女工面临的剥削及困境不是这些大会关注的焦点。然而，这些妇女运动，使得各国的工人阶级政党看到了必须重视妇女问题、倾听妇女的呼声才能进一步推进无产阶级事业的发展。

1879年在恩格斯《起源》发表之前，奥古斯特·倍倍尔的《妇女与社会主义》出版，这在当时代表了工人阶级政党对妇女解放的意见。倍倍尔坚持阶级相对于性别的政治优先性，认为只是要求法律和经济平等，以及增加妇女进入各种职业的机会，在现存的秩序中不会改变妇女受压迫的地位，妇女要想获得解放，只有推翻资产阶级统治。

在19世纪末的社会背景下，马克思主义者面临制定妇女解放理论和纲领的迫切需求，以回应和领导当时增长迅速的妇女运动。恩格斯的《起源》一书的出版为工人阶级政党制定妇女政策提供了有力的指导，这本书不仅奠定了马克思主义妇女解放理论的基础，而且与当时自由主义者对妇女解放的主张有所不同。

恩格斯在《起源》中对妇女的社会地位和家庭结构进行了深入的剖析，揭示了私有制对妇女地位的影响，以及家庭制度在阶级社会中的作用。这为马克思主义者提供了一个全面的理论框架，更深入地理解妇女受压迫的根源和解放的途径。同时，恩格斯的观点强调了消除私有制对于实现妇女解放的重要性，鼓励工人阶级团结起来争取社会主义革命，创造一个更公平、更平等的社会。这一立场与当时自由主义者主张的个人权利和平等观念有所不同，为马克思主义妇女解放理论阐明了独特的立场，并指明了方向。

通过恩格斯的理论贡献，马克思主义者开始将妇女解放纳入其政治议程，并建立了更加全面和系统的妇女解放理论和纲领，这为后来的妇女解放运动提供了有力的思想支持，并为妇女争取平等权利和社会地位奠定了深远的理论基础。这种与自由主义者不同的理论取向，使马克思主义妇女解放理论成为当时社会运动中的重要思想力量。

第二章 《起源》序言探究

我们目前读到的《起源》版本有两个序言，分别是 1884 年第一版序言和 1891 年第四版序言。

《起源》1884 年版的序言并不长，一共只有 4 段，但却非常重要，说明写作《起源》的动因，阐述贯穿全书的基本原理——两种生产理论，评述摩尔根的伟大功绩，指明《起源》和《古代社会》的关系。

恩格斯首先提到这本书是要实现马克思的遗愿，即用唯物史观得出的结论来阐述摩尔根的研究成果，因为摩尔根用自己的方式证明了唯物主义历史观的正确并以此为指导进行研究，在主要观点上得出了与马克思相同的结果。接着恩格斯阐述了历史中的决定性因素归根结底是直接生活的生产和再生产，这是唯物史观的基本观点，也是序言的核心。生产本身有两种，即"物质生活资料的生产"与"人自身的生产"；并简要概括了由于私有制的出现，从而产生了阶级对立，继而出现了国家，在国家中阶级对立和阶级斗争构成了全部成文史的内容。然后，恩格斯指出摩尔根的伟大功绩，就在于他通过对史前的研究，找到了一把解开希腊、罗马和德意志上古史中那些极为重要而至今尚未解决的哑谜的钥匙。最后恩格斯说明了自己的研究并不是简单地阐释摩尔根的观点，而是补充了大量的材料，并在这些材料的基础上做出了自己的结论。

在第四版序言中，除了说明进行修订和补充的原因外，恩格斯还结合 19 世纪家庭史的研究，对自巴霍芬至摩尔根对于家庭史的观点的发展变化做了一个简短的评述，对巴霍芬的贡献做了恰如其分的评价，指出家庭史的研究是从巴霍芬的《母权论》出版开始的。巴霍芬正确地看到家庭的发展变化，但对于导致变化的原因却做了唯心主义的解释。巴霍芬的后继者麦克伦南的功绩在于指出了所谓外婚制流行的重大意义，以及认定母权制的世系制度是人类社会最初的制度。紧接着就是摩尔根，他从亲属制度出发，恢复了与之相应的家庭形式，开辟了一条新的研究途径及进一步追溯人类史前史的可能。

第一节　两种生产理论

《起源》1884 年版序言虽然短，但由于简明扼要地说明了唯物史观的基本原理，一直引起人们的关注。其中，生产本身又有两种，即物质生活资料的生产和人自身的生产，被概括为恩格斯的"两种生产"理论。两种生产理论在马克思主义领域与非马克思主义领域都受到广泛关注，也引起了许多争论，这一争论甚至延续到了 21 世纪。

一、唯物史观的核心观点与两种生产理论的关系

根据唯物主义观点，历史中的决定性因素，归根结底是直接生活的生产和再生产。但是，生产本身又有两种。一方面是生活资料即食物、衣服、住房以及为此所必需的工具的生产；另一方面是人自身的生产，即种的繁衍。①

————————————

① 《马克思恩格斯选集》第 4 卷，人民出版社 2012 年版，第 13 页。

（一）唯物史观的核心观点

唯物史观的核心观点是历史中的决定性因素，归根结底是直接生活的生产和再生产。马克思和恩格斯在19世纪40年代经过不断地探索和研究，创立了唯物史观，并在《德意志意识形态》中做了初步的阐述，马克思、恩格斯指出：全部人类历史的第一个前提无疑是有生命的个人的存在："这是一些现实的个人，是他们的活动和他们的物质生活条件，包括他们已有的和由他们自己的活动创造出来的物质生活条件。"①"这种历史观就在于：从直接生活的物质生产出发阐述现实的生产过程，把同这种生产方式相联系的、它所产生的交往形式即各个不同阶段上的市民社会理解为整个历史的基础，从市民社会作为国家的活动描述市民社会，同时从市民社会出发阐明意识的所有各种不同理论的产物和形式，如宗教、哲学、道德等等，而且追溯它们产生的过程。"② 因此，"新哲学"——唯物史观就是在《德意志意识形态》中逐渐建构起来的。

其后马克思、恩格斯运用唯物史观指导自己的研究，取得了非凡的成就。唯物史观也在这一过程中不断得到完善和发展，马克思在1859年《〈政治经济学批判〉序言》中对唯物史观做了更简练、更精确的表述。

唯物史观的创立是马克思、恩格斯划时代的贡献，也是马克思主义区别于之前存在的所有学说的标志。在《起源》第一版的序言中，恩格斯指出，摩尔根在美国，以他自己的方式，重新发现了40年前马克思所发现的唯物主义历史观，并在主要观点上得出了与马克思相同的结果，这证明了唯物史观的科学性与生命力。

（二）两种生产的关系

生产本身又有两种。一方面是生活资料即食物、衣服、住房以及为此

---

① 《马克思恩格斯文集》第1卷，人民出版社2009年版，第519页。
② 《马克思恩格斯文集》第1卷，人民出版社2009年版，第544页。

所必需的工具的生产；另一方面是人自身的生产，即种的繁衍。恩格斯的这个论述，长期以来被概括为"两种生产"的理论。在整个序言中，这个理论是引起较大争议的地方，争论的焦点是两种生产理论的关系如何？是决定与被决定的关系，还是二元论？还是同一种生产的两个方面或者两个因素？这一争论甚至上升到了恩格斯的这个观点是对历史唯物主义的丰富和发展，还是背叛的程度。

苏联学者一般对两种生产理论持批评的态度，1954 年苏联外国文书籍出版局出版的中文版《马克思恩格斯文选》中，收录了《起源》，该书在第一版序言两种生产理论的地方做了一个注："恩格斯在这里将种属蕃衍和生活资料生产同等当作决定社会及社会制度发展的原因来看是不确切的。"① 苏联学者认为恩格斯两种生产的理论是二元决定论，并对其进行了批评。这个意见对我国学者影响也是比较大的，一直到 20 世纪 80 年代以后才开始重新思考两种生产理论，逐渐形成了四种主要观点，综述部分已经概述。

毫无疑问，两种生产理论是恩格斯独创的理论，尽管其中有马克思的影响，但恩格斯首次明确地概括并在对史前社会实证研究的基础上得出的结论，是对唯物史观的丰富和发展。这一理论的独创性就是引入了对人类自身的生育、社会化和教育的思考。人类的再生产不仅仅是数量的增长，还包括对下一代人的培养和社会化的过程。两种生产是两种不同类型的生产，不存在谁决定谁的问题，也不是简单的同一类型生产的两个方面。"物质生活资料的生产"与"人自身的生产"具有各自的独立性，共同对人类历史的发展起着决定作用。

"物质生活资料的生产"起着推动历史发展的决定作用，那么，"人自身的生产"呢？与物质生活资料的生产一样，同样是作为推动历史发展的

① 参见《马克思主义来源研究论丛》第 4 辑，商务印书馆 1983 年版，第 173 页。

决定性因素存在的。人自身的生产主要涉及家庭，按照恩格斯在《起源》中对家庭的分析，不同的家庭结构不仅影响了个体的发展，还在更大范围上塑造了社会结构。

两种生产理论中论及的人类自身生产不是作为一般的人口问题提出来的，人自身的生产不能简单地等同于人口问题，或人口增长。按照唯物史观，影响社会物质生活的因素很多，其中地理环境与人口都是非常重要的因素。在古代社会，地理环境对生存影响是非常大的，由于东大陆和西大陆自然条件的不同，从野蛮时代中级阶段开始，两个半球上的居民便各自循着自己独特的道路发展。此外，影响人类生存和发展的另一个非常重要的条件，就是人口的增长，即种的繁衍。社会要存在，物质生产要实现，必须进行经常的人类再生产。这里的人口增长，是社会物质生活的一个必要条件。分工的程度、经济联系发达的程度、生产的增长一般说来最终并不取决于人口的密度，而取决于经济规律所确定的社会经济制度的性质。因此，人口的增长与否，不会起到决定性的作用，由此可知，人自身生产不仅仅是人口问题。

"人自身的生产"具有独立性，对人类历史的发展起着决定作用，是否违背了唯物史观的基本原理，生产力决定生产关系，经济基础决定上层建筑？从对《起源》的研究中可以肯定地得出否定的结论。

我们不能抽象地理解生产力决定生产关系这一原理，恩格斯通过对《古代社会》的研究，认为对氏族组织的形成起决定作用的是人自身的生产，在此过程中，自然选择也起着非常重要的作用。恩格斯把这一生产包括在唯物史观的基本范畴，直接生活的生产与人类再生产之中，用两种生产来说明原始社会发展的规律，这是恩格斯对唯物史观的独特贡献，是对唯物史观的进一步发展。历史的发展是多因素相互作用的结果，在这个框架下，人自身的生产可以被看作是对社会历史的多层面影响的非常重要的一部分。

"人自身的生产"不仅仅是生育问题，也涉及性别角色和劳动分工的物质基础。生育和家庭不仅仅是个体生理的活动，还涉及社会中的性别角色分配和劳动分工的形成。这些因素对社会结构和关系的形成产生了实际的、物质性的影响。

二、社会制度与两种生产

恩格斯指出：

> 一定历史时代和一定地区内的人们生活于其下的社会制度，受着两种生产的制约：一方面受劳动的发展阶段的制约，另一方面受家庭的发展阶段的制约。劳动越不发展，劳动产品的数量、从而社会的财富越受限制，社会制度就越在较大程度上受血族关系的支配。①

从这段话中可以看出：首先，劳动的发展阶段制约着社会制度。

马克思、恩格斯在《德意志意识形态》中指出："全部人类历史的第一个前提无疑是有生命的个人的存在。"手稿中删去了这句话："这些个人把自己和动物区别开来的第一个历史行动不在于他们有思想，而在于他们开始生产自己的生活资料。"②"开始生产自己的生活资料"就意味着劳动。接着，他们又进一步说明：

> 人们用以生产自己的生活资料的方式，首先取决于他们已有的和需要再生产的生活资料本身的特性。这种生产方式不应当只从它是个人肉体存在的再生产这方面加以考察。更确切地说，它是这些个人的

---

① 《马克思恩格斯选集》第 4 卷，人民出版社 2012 年版，第 13 页。
② 《马克思恩格斯选集》第 1 卷，人民出版社 2012 年版，第 146 页。

一定的活动方式，是他们表现自己生命的一定方式、他们的一定的生活方式。个人怎样表现自己的生命，他们自己就是怎样。因此，他们是什么样的，这同他们的生产是一致的——既和他们生产什么一致，又和他们怎样生产一致。①

"怎样生产"就说明，劳动从一开始就是处在一定的关系之中的，就是受到一定的物质的、不受劳动者任意支配的界限、前提和条件制约的。

摩尔根根据生存技术也就是劳动的不同，把史前各文化阶段分为蒙昧时代、野蛮时代和文明时代，同时又把蒙昧时代和野蛮时代分为低级、中级和高级阶段。制陶术的发明标志着野蛮时代的开始。从野蛮时代中级阶段开始，东西两个半球就开始了相对独立的发展。东半球饲养动物，使肉类和乳类成为永恒的食物，终于促成了田野农业；此外又开始对天然金属进行试验，生产出青铜。西半球凭自己的经验生产出青铜，并采用灌溉方法种植玉蜀黍及其他作物。东西两半球劳动方式不同，造成了不同的社会制度，形成了不同的发展阶段。

从摩尔根划分史前社会发展方式的标志来看，他不是用宗教或者人们的思想观念来划分的，而是用劳动作为划分的依据，这体现了鲜明的唯物主义特点。马克思在《哲学的贫困》中指出："社会关系和生产力密切相联。随着新生产力的获得，人们改变自己的生产方式，随着生产方式即谋生的方式的改变，人们也就会改变自己的一切社会关系。手推磨产生的是封建主的社会，蒸汽磨产生的是工业资本家的社会。"② 恩格斯在《起源》序言中肯定了摩尔根划分史前社会所使用的方法。

其次，家庭的发展阶段制约着社会制度。

---

① 《马克思恩格斯选集》第 1 卷，人民出版社 2012 年版，第 147 页。
② 《马克思恩格斯选集》第 1 卷，人民出版社 2012 年版，第 222 页。

人自身的生产，指的是人自身生产的方式，它是一种社会关系，体现在不同的历史发展阶段，表现为"血族关系"、"亲属制度"或者"家庭"。恩格斯将人自身的生产与生育联系起来，强调了生育对社会结构的物质性影响。他分析了母系社会向父系社会的转变，指出这一转变与家庭结构、继承制度等方面的物质变化密切相关。

人自身的生产与动物有了很大的区别，人类种的繁衍，已经超越了自然存在物的狭隘界限，体现了人类文明独有的特征，即人类是生活在特定的社会关系之中的。

摩尔根认为，没有一成不变的家族形态，家族观念是经历了五个顺序相承的发展阶段才成熟的，即血婚制家族、伙婚制家族、偶婚制家族、父权制家族以及专偶制家族，其中偶婚制家族和父权制家族是中间的过渡阶段，没有能够产生独特的亲属制度。因此，与此相对应的亲属制度是马来亚式亲属制度，婚姻集团是按照辈分来划分的；土兰尼亚式亲属制度，排除了亲兄弟姊妹通婚，改变了早先的亲属制度，使得氏族的建立成为可能；第三种亲属制度，摩尔根称之为雅利安式，或闪族式，或乌拉尔式。这种亲属制度对人类社会影响非常深远，摩尔根说：

> 当希腊部落初出现于历史舞台之时，即已有了专偶制家族；但是，要等到制订成交法规定这种家族的法律地位及其权利以后，它才完全建立起来。财产观念在人类心灵中的成长过程，包括财产的创始、财产的享有，特别是包括对财产继承权的法定，凡此均与专偶制家族的建立密切有关。财产力量之强大从此开始足以影响社会肌体的结构。①

---

① [美]路易斯·亨利·摩尔根：《古代社会》（下），杨东莼等译，商务印书馆2009年版，第443页。

恩格斯在《起源》序言中指出，一定历史时代和一定地区内的人们生活于其下的社会制度，也受到家庭发展阶段的制约，这是对摩尔根研究成果的总结性说明。恩格斯说："由于亲属关系在一切蒙昧民族和野蛮民族的社会制度中起着决定作用，因此，我们不能只用说空话来抹杀这一如此广泛流行的制度的意义。"①"父亲、子女、兄弟、姊妹等称呼，并不是单纯的荣誉称号，而是代表着完全确定的、异常郑重的相互义务，这些义务的总和构成这些民族的社会制度的实质部分。"②

最后，两种生产共同制约着社会制度。

在古代社会，由于物质生产水平很低，人们在生产过程中所结成的经济关系的作用就不显著，而人自身的生产及其形成的血缘亲属关系、婚姻家庭关系就显得特别重要，以至于直到文明时代人们只有依赖血缘亲属关系，才能结合成一定的社会组织，建立一定的社会制度，并依赖这种亲属制度而形成的血亲集团，才能从事物质生产活动。

社会制度受着两方面的制约，一是劳动的发展阶段，二是家庭的发展阶段，在生产力水平低下的阶段，家庭的发展阶段也就是血族关系或亲属关系对社会制度的制约更大一些。所以，蒙昧时代完全受着亲属制度的影响，而野蛮时代向文明时代的过渡，亲属关系就越来越居于次要地位了。

这一观点同时也说明了马克思主义为什么非常关注生产力的发展。尽管随着生产力的发展和社会分工的复杂化，出现了私有财产以及阶级，出现了压迫者和被压迫者，然而，这一发展阶段的社会制度更多地受到劳动的发展阶段和所有制的支配，阶级对立和阶级斗争也由此充分展开，最终，社会会进入一个在更高的发展阶段上的无阶级社会。马克思、恩格斯指出：没有蒸汽机和珍妮走锭精纺机就不能消灭奴隶制；没有改良的农业

---

① 《马克思恩格斯选集》第 4 卷，人民出版社 2012 年版，第 36—37 页。
② 《马克思恩格斯选集》第 4 卷，人民出版社 2012 年版，第 37 页。

就不能消灭农奴制；当人们还不能使自己的吃喝住穿在质和量方面得到充分保证的时候，人们就根本不能获得解放。① 因此，人的解放的前提条件必须是生产力有一定的发展，否则"如果没有这种发展，那就只会有贫穷、极端贫困的普遍化；而在极端贫困的情况下，必须重新开始争取必需品的斗争，全部陈腐污浊的东西又要死灰复燃"②。

三、历史发展的一般演进过程

在《起源》中，恩格斯写道：

> 然而，在以血族关系为基础的这种社会结构中，劳动生产率日益发展起来；与此同时，私有制和交换、财产差别、使用他人劳动力的可能性，从而阶级对立的基础等等新的社会成分，也日益发展起来；这些新的社会成分在几个世代中竭力使旧的社会制度适应新的条件，直到两者的不相容性最后导致一个彻底的变革为止。以血族团体为基础的旧社会，由于新形成的各社会阶级的冲突而被炸毁；代之而起的是组成为国家的新社会，而国家的基层单位已经不是血族团体，而是地区团体了。在这种社会中，家庭制度完全受所有制的支配，阶级对立和阶级斗争从此自由开展起来，这种阶级对立和阶级斗争构成了直到今日的全部成文史的内容。③

这一段话是正文各章的总的纲目，是运用唯物史观研究家庭、私有制、国家产生和发展的结论。

---

① 参见《马克思恩格斯选集》第 1 卷，人民出版社 2012 年版，第 154 页。
② 《马克思恩格斯选集》第 1 卷，人民出版社 2012 年版，第 166 页。
③ 《马克思恩格斯选集》第 4 卷，人民出版社 2012 年版，第 13 页。

唯物史观创立后首先在对资本主义的研究中取得了重大成果，在《资本论》中，马克思全面揭示了资本主义发生、发展和必然灭亡的过程，使唯物史观在阶级社会的经济形态发展中得到了科学验证。由于人类学的发展和研究古代史成果的出现，运用唯物史观研究整个人类社会，包括史前社会成为可能，恩格斯在仔细考证研究这些成果的基础上，描绘出了一幅完整的人类历史发展图景，揭示出人类社会发展的一般规律。

在以血族关系为基础的社会结构中，生产力极端落后，分工是基于性别基础上自然产生的，男子作战、打猎及捕鱼，获取食物的原料，并制作为此所必需的工具；女子管家，制备衣食。这时的家户经济是共产制的，土地在当时为部落所有，公共住宅则由占据者所共有，人们对于财产的价值、财产的欲望、财产的继承等方面的观念很是淡薄。

随着畜牧业和农业的第一次社会大分工的出现，各个不同部落的成员之间开始了有规律的交换，为了便于交换，牲畜获得了货币的职能，这样对货币商品的需要就迅速发展起来了。与蒙昧社会相比，这时财产的种类和数量都增多了，个人的财产也有了一定数量的增加。房屋、土地、牛羊群，以及可用以交易的商品大量增多，并且在个人所有之后，继承财产就成为人们关注的问题。

摩尔根在《古代社会》中指出：最早的土地所有法是部落共有；在开始耕种土地之后，一部分部落土地为各氏族分得，每一氏族共享其份额；随着时间的推移，土地又被分配给个人，而这种分配最终便导致了个人所有权。

到了这时，人类的财产就开始了新的历程。这种情况在低级野蛮社会之末就已充分完成了。稍事回顾便会使任何人相信，到了这时财产已开始给人类的头脑产生强烈影响，财产必然导致的人类性格上新因素的大觉醒。许多方面都有证据表明：蒙昧人头脑中的微微冲动已在英雄时代的伟大的野蛮人中变成了极强的欲望。不论是原始的还是较晚的习俗都不能在这种进步状况中维持原状了。在专偶制家族确定了子女的生父之时，它要求并维持子女对于已故父亲的财产的绝对继承权的日子现在已到来了。①

随着农业取得的成就，劳动工具的不断改进，必须要不断吸收新的劳动力，战争的俘虏不再像以前一样被杀掉，或者吸收入族，而是成为奴隶。新的阶级出现了，恩格斯说："从第一次社会大分工中，也就产生了第一次社会大分裂，分裂为两个阶级：主人和奴隶、剥削者和被剥削者。"②

新的社会因素不断出现，土地私有制的产生，奴隶劳动的出现，父权制取代母权制，世袭王权和世袭贵族的基础奠定下来。在这种社会变革中，氏族制度显得软弱无力，氏族制度只有在一个氏族或部落成员共同生活在纯粹由他们居住的同一地区中才能起作用，而这些新的社会成分不但与旧的氏族制度格格不入，而且还千方百计破坏它。恩格斯说："由于分工而产生的手工业集团的利益，城市的对立于乡村的特殊需要，都要求有新的机构；但是，每一个这种集团都是由属于极不相同的氏族、胞族和部落的人们组成的，甚至还包括外地人在内；因此，这种机构必须在氏族制度以外，与它并列地形成，从而又是与它对立的。"③缓慢地，以血族团体为基础的旧社会，由于新形成的各社会阶级的冲突而被炸毁，代之而起的是组成为国家的新社会。

在新社会中，家庭的地位或者血缘亲属制度的重要性大大降低了，不再是社会发展的决定性因素了，与新社会相适应的是，彻底确立了自己统

---

① ［美］路易斯·亨利·摩尔根：《古代社会》（下），杨东莼等译，商务印书馆 2009 年版，第 630—631 页。

② 《马克思恩格斯选集》第 4 卷，人民出版社 2012 年版，第 178 页。

③ 《马克思恩格斯选集》第 4 卷，人民出版社 2012 年版，第 185 页。

治地位的家庭形式是专偶制、男子对妇女的统治，以及作为社会经济单位的个体家庭。在这种社会中，家庭制度完全受所有制的支配。

马克思、恩格斯早在《德意志意识形态》中按照分工的各个不同发展阶段，把前资本主义的所有制形式分为部落所有制、公社所有制和国家所有制、封建的或等级的所有制。部落所有制阶段，是以家户共有制经济为主，社会结构只限于家庭的扩大，然而到了国家所有制阶段，私有制已经确定下来了，家庭形式随着发生了改变，摩尔根把这一阶段看作是古代社会家族发展的最后形式——专偶制家庭，这种家庭确认了子女与父亲的关系，以动产和不动产的个人所有权代替了共同所有权，以子女的绝对继承权代替了父方的继承权。①

出现了私有财产，就有了阶级和阶级斗争，从此，阶级斗争就成为推动历史发展的动力，"自由民和奴隶、贵族和平民、领主和农奴、行会师傅和帮工，一句话，压迫者和被压迫者，始终处于相互对立的地位，进行不断的、有时隐蔽有时公开的斗争，而每一次斗争的结局都是整个社会受到革命改造或者斗争的各阶级同归于尽。"②阶级斗争最终的结果会导致恩格斯高度评价的摩尔根在《古代社会》中讲的一段话的实现："社会的瓦解，即将成为以财富为唯一的最终目的的那个历程的终结，因为这一历程包含着自我消灭的因素。管理上的民主，社会中的博爱，权利的平等，教育的普及，将揭开社会的下一个更高的阶段，经验、理智和科学正在不断向这个阶段努力。这将是古代氏族的自由、平等和博爱的复活，但却是在更高级形式上的复活。"③

---

① 参见［美］路易斯·亨利·摩尔根：《古代社会》（下），杨东莼等译，商务印书馆2009年版，第589页。
② 《马克思恩格斯选集》第1卷，人民出版社2012年版，第400页。
③ 《马克思恩格斯选集》第4卷，人民出版社2012年版，第195页。

第二节　古代社会家庭史的研究

在《起源》出版的 1884 年，历史唯物主义的基本原理已经基本完备，特别是运用这一原理对资本主义社会的分析取得了巨大的成果，具体体现在马克思的《资本论》一书的完成与出版。然而，在 19 世纪 70 年代之前的很长一段时间内，运用唯物史观对史前家庭发展进行研究，实证资料明显不足。在 19 世纪 70 年代后，一批有影响力的著作相继出版，提出人类家庭延续 / 亲属制度是通过母系维持的观点。1861 年出版的约·雅·巴霍芬的《母权论》是这种观点的代表性著作。4 年之后出版的约·弗·麦克伦南的《原始婚姻》也证实了母权的统治。1870 年出版了拉伯克的《文明的起源》，基本论点也是从母权制出发。1877 年摩尔根《古代社会》出版，在书中摩尔根记述了以母权为基础的氏族组织。恩格斯在 1891 年《起源》第四版序言中，对人类学领域的研究成果给予了充分的重视，并运用唯物史观对这些学者的研究成果进行了分析和评价，这是第四版序言的主要内容。

一、恩格斯的研究基础及研究原则

19 世纪 70 年代以前，家庭历史方面的研究还停留在摩西五经的支配下，但在之后的年代里，史前史的研究发展非常迅速，发表了一批研究成果，如研究俄国土地制度中的公社所有制的普鲁士的奥古斯特·哈克斯特豪森的《俄国的农村制度》，德国历史学家格奥尔格·路德维希·毛勒研究古代日耳曼社会制度的《德国马尔克制度史》和《德国领主庄园、农户和农户制度史》等著作，俄国历史学家马克西姆·马克西莫维奇·柯瓦列夫斯基的《公社土地占有制，其解体的原因、进程和结果》。巴霍芬的《母权论》和摩尔根的《古代社会》是众多著作中的两本，然而，这两本著作当时都没有引起学术界的重视，《母权论》的价值被严重低估了，《古代社会》则被漠视了。

恩格斯的《起源》也是这众多研究成果中的一种，而且是非常重要的一种。然而因为立场的不同，其他学者或是忽视这本书，或是批评恩格斯的《起源》仅是从历史哲学的立场出发进行分析的，对于历史发展的详情细节研究得不够，过多地依赖于摩尔根的《古代社会》。

恩格斯在世时，《起源》在德国已经发行 11000 册，并被翻译成多种语言出版，但在学术界却没有引起重视。根据阿姆斯特丹现存恩格斯的遗稿来看，恩格斯得到的唯一一个评论材料，是在 1886 年 8 月 15 日《文学水星》第 21 号上一篇讨论《起源》的文章，评论说，从恩格斯这部著作的题目来看，似乎要论述许多，但其内容却不是这样，尽管如此，这本书仍然值得对社会问题感兴趣的人一读。① 这个评论是站不住脚的。

恩格斯 1884 年在《起源》第一版序言中就说明了，在关于希腊和罗马历史的章节中，补充了自己所掌握的材料，关于凯尔特人和德意志人的章节，基本上是自己研究的结果，摩尔根对经济方面的论证，恩格斯则全部重新改写过了。

恩格斯在写作《起源》的时候，已经对前资本主义社会做过深入的研究，留下了很多遗稿：如 1. 关于爱尔兰历史已经写出来的一些章节；2. 于 1881—1882 年写作而未能完成的《论日耳曼人的古代历史（草稿）》；3. 与此相关的《法兰克时代》的手稿；4.1882 年 9 月写的《古代马尔克制度，据民族法，直至卡罗林王朝时代》的草稿；5. 大量的读书笔记和文献摘录等。从恩格斯留下的手稿和书信中，可以证明恩格斯在民族学、史前史方

---

① 参见 ［德］汉斯-彼得·哈斯蒂克：《恩格斯〈家庭、私有制和国家的起源〉在亲笔遗稿中的反映》，转引自《马克思主义来源研究论丛》第 15 辑，商务印书馆 1993 年版，第 231 页。

面有着深厚的研究基础和丰富的文献知识。

在恩格斯的个人藏书中，仅仅有关民族学和史前史课题的专著就十分丰富，包括爱·伯·泰罗的《人类古代历史的研究》、约·弗·麦克伦南的《古代史研究》、柯瓦列夫斯基的《家庭及所有制的起源和进化》等。马克思去世后，恩格斯又继承了马克思的藏书，这样在写作《起源》之前，恩格斯已经有了坚实的资料基础。在《起源》1891年出第四版时，恩格斯又写了一篇序言，描述了自第一版发表以来，在古代家庭史方面研究的新成果，并且在正文中对于法的历史和制度史的观点做了一些修正，对家庭一章做了重要补充。这都说明，恩格斯一直持续地关注相关领域的发展，并不断用新资料补充修正自己的观点。这正是一个严肃的负责任的学者的态度。

恩格斯在1881—1882年曾经计划写作《论日耳曼人的古代历史》，为此做了大量的研究工作，虽然最终没有完成，然而留下了很多札记、批注和手稿，与日耳曼人的古代历史相关的还有《法兰克人》的手稿。从这些手稿中，恩格斯描述了日耳曼民族在民族大迁徙以前的历史状况，在封建社会初期的所有制关系和法律关系，说明了土地所有制的产生和国家权力的形成，系统阐述了德国土地所有制的产生和发展。

早在《起源》第一版写作之前，恩格斯就对考茨基的文章《婚姻和家庭的起源》进行了批评。恩格斯指出：考茨基首先否定共妻是原始现象，硬把它说成是派生的，这是错误的。凡有共有制的地方——不管是土地的、或者妻子的、或者任何东西的共有制——，共有制必定是原始的、来源于动物界的。其次，考茨基认为人类两性关系的最早形态就是一夫一妻制，或者是松弛的一夫一妻制，而导致一夫一妻制形成的原因是因为人们的嫉妒心理作祟。这个理由是完全讲不通的。最后，考茨基认为妇女自由在第一阶段促进了一夫一妻制，因为当时还谈不到压迫，恩格斯反对这一点。恩格斯指出："性的共有制是以压迫为基础，这一论据本身就是错误的；这是现代的歪曲，其前提是只讲男性和按照他们的意愿共有女性。这是与原始状态格格不入的。性的共有制是对两性而存在的。"①

《起源》出版后，恩格斯并没有放弃对史前家庭的研究，而是不断关注这一领域新的研究成果，在 1891 年出版第四版之前，恩格斯同一年在考茨基主编的《新时代》杂志上发表了以《关于原始家庭的历史（巴霍芬、麦克伦南、摩尔根）》为题的文章。

值得注意的是，恩格斯关注史前史，关注古代家庭史，不是作为一个人类学家，而是从马克思主义的基本原理出发，始终站在唯物史观的立场，讨论这一领域中问题的。恩格斯指出，摩尔根的发现具有革命性，然而英国的史前史学家几乎没有一个公开承认这一点。这种故意保持沉默的抵制行为表明，摩尔根作为美国人的发现伤害了英国人的"民族自尊心"。摩尔根的发现摧毁了麦克伦南的错误观点，这是英国学者难以接受的。另一个原因是，摩尔根不仅批判了文明、商品生产社会以及现代社会的基本形式，还用了只有卡尔·马克思才能表达的话语来探讨对社会未来的改造，这也是资产阶级学者所无法容忍的。

二、巴霍芬《母权论》的主要观点

巴霍芬是家庭史研究的开拓者。在巴霍芬的《母权论》出版之前，家庭史的研究几乎是无法找到的。当时人们普遍认为，家长制度是最古老的家庭形式，从古代社会一直延续到资本主义社会，家庭并没有经历任何历史的演变。即使有所变化，也只是在原始时代可能存在过一些混乱的性关系，或者在东方社会出现的一夫多妻制以及印度和西藏存在的一妻多夫制。而且，这些不同形式之间被认为没有任何联系。

---

① 《马克思恩格斯全集》第 35 卷，人民出版社 1971 年版，第 449 页。

恩格斯《家庭、私有制和国家的起源》研究
——以性别理论为视角

巴霍芬出生于瑞士巴塞尔一个富裕的家庭，从小接受了良好的教育，曾先后在巴塞尔、柏林、巴黎、伦敦和剑桥学习法律和法学史。1841年至1845年巴霍芬被巴塞尔大学聘为罗马法教授，在教授罗马法过程中，他开始对认为人类社会的开端就是父系社会的观点产生质疑。此后，他多次赴意大利进行考察，并于1861年发表了《母权论：对古代世界母权制宗教性和法权性的探究》。

人类社会的开端是母系社会还是父系社会，这是当时学术界争论的焦点问题。英国法学家梅因在1861年出版了《古代法》，梅因认为，人类历史上的任何种族都以父权制作为开端，父权制不仅是最初的家庭模式，也是政治社会的组织模式。这个观点招致一些学者的批评，这些学者认为在父系社会之前存在着一个母系社会。不过巴霍芬的著作出版后，起初并没有受到学术界的关注，主张母系社会的学者大多是从自己的研究出发得出的结论，直到恩格斯在《起源》中对巴霍芬的发现做了高度评价，他的观点才逐渐产生了越来越大的影响。

巴霍芬在探讨人类社会发展动力时认为，人类的宗教本性在文化演进中发挥了决定性作用。因此，在他的著作中，除了广泛引用普鲁塔克、亚里士多德、柏拉图等人的著作外，他还大量运用神话来证明母权制的存在。巴霍芬认为神话与历史的关系，就是形式与内容的关系，"神话传统可以被看作是对远古时代人类生活的忠实反映。神话是人类最原初思维的体现，是对远古时代最直接的写照，因此，神话也是了解历史高度可靠的材料"。[1] 由于人类历史的根源存在于神话之中，要深入探讨人类古代历史，就必须以神话为出发点。神话蕴含了人类的起源，通过考察和研究神话的内容，从中得出历史结论，这是《母权论》的一个鲜明的特色。

《母权论》正文包括导论、吕基亚、雅典、利姆诺斯、埃及、印度以

---

① ［瑞士］巴霍芬：《母权论》，孜子译，生活·读书·新知三联书店2018年版，第7—8页。

及莱斯波斯共七个章节。

巴霍芬指出：母权现象并不仅限于哪个民族，而是标志着一个人类文化发展阶段。从这些民族历史中可以得出结论，第一，母权属于父权制体系出现前的文化阶段；第二，随着父系体系的兴起和发展，母权才逐渐衰落。[1]巴霍芬高度评价了母权制时代，认为母权制是历史的诗：这个时代高尚，有着英雄般的恢宏气势；这个时代的女人们因为激励男人们成为勇者和侠义之士而让女性美达到了新的高度；这个时代的女人们赋予了女人的爱以意义，并将年轻男子塑造成了具有纯洁和克制品质的人。

为什么这个时代女人在体力上不如男人，但地位却比男人高呢？巴霍芬认为，主要是宗教所起的作用。女人比男人更加虔诚，女人通过对超自然力量和神的力量，以及对非理性和奇迹的偏爱，对男性及所属民族的教育和文化发挥着巨大的影响力。希腊古典时期前的文化拥有可以结出高尚成就之硕果的种子，孕育了这粒种子的是德墨忒尔的神秘主义和母亲身份在宗教及世俗事务中的支配地位。因此，母权制与女人的宗教性有着紧密的联系，母权制深深地植根于女性喜欢宗教生活的天性。

巴霍芬在导论中还提出了一个重要的观点，即人类的家庭婚姻是不断发展变化着的，婚姻制度是漫长的人类社会发展过程中的产物。巴霍芬把婚姻制度划分为群婚制、母权制、父权制三个阶段。恩格斯在《起源》第四版序言中对巴霍芬的这一观点进行了总结：1.最初人们实行着毫无限制的性关系；2.这种关系排除了任何可以确切认知的父亲，因此，世系只能依照女系——依照母权制——计算，古代的一切民族，起初都是如此；3.因此，妇女作为母亲，作为年轻一代的唯一确切知道的亲长，享有高度的尊敬和威望，甚至上升到了完全的妇女统治；4.向一个女子专属于一个

---

[1] 参见［瑞士］巴霍芬：《母权论》，孜子译，生活·读书·新知三联书店2018年版，第4页。

男子的个体婚制的过渡，含有对远古宗教戒律的侵犯，这种侵犯要求由女子暂时有限地献身于外人来赎罪或赎买对这种行为的容忍。①

巴霍芬深受黑格尔哲学的影响，他指出，历史已经反复证明，民族生活中最早时期出现的现象，到了发展阶段的晚期有重新出现的趋势。此外，尽管他高度评价母权制时代，但是，他认为人类社会从母系观念发展到父系观念是一个进步，他说：

> 随着父亲的胜利，人类不再依赖自然现象的昭示，获得了精神上的解放，人类超越物质生活法则实现了升华。母系原则普遍存在于自然万物，相对于此，男性则通过让女人受孕的男性生殖力位居主导地位，从这种关系中现身，并开始意识到上天赋予他的更高的使命。精神生活超越了肉身的存在，人类与更低级的自然法则之间的关系被限制在了身体层面。现在，母系原则只涉及人类的身体，这也是人类和动物之间现在唯一具有的共性：父系精神原则则仅属于人类。人类冲破了原始自然法的束缚，抬起头将眼光投向了宇宙的更高区域。②

巴霍芬在导论中使用了大量神话来说明人类发展的三个阶段，第一个阶段为大地原则阶段，主神是阿芙洛狄忒，这一阶段人类居无定所，过着混乱的性杂交的群婚生活，男女性交完全受欲望驱使，与野兽无异，也没有婚姻形式。第二阶段为德墨忒尔原则阶段，主神是地母神德墨忒尔，这一阶段是母权制，父亲相对于母亲来说处于从属和次要的地位，婚姻开始出现。第三阶段是阿波罗原则阶段，主神是阿波罗，父亲取代母亲成为占支配地位的人，这一阶段是父权制阶段，相应地，人类的注意力从关注肉

---

① 参见《马克思恩格斯选集》第 4 卷，人民出版社 2012 年版，第 17 页。
② ［瑞士］巴霍芬：《母权论》，孜子译，生活·读书·新知三联书店 2018 年版，第 60—61 页。

体和物质转向了关注心灵和精神。这三个阶段中还有很多中间阶段。

在吕基亚章中，巴霍芬开始详细分析母权制的特征，并进一步用神话来解读这一阶段。巴霍芬通过对吕基亚人的考察，发现吕基亚人给孩子取名时采用母姓，家谱完全根据母系来记录，只有女儿才有继承权，这种家庭与希腊、罗马的父系家庭不同，也不是对父系家庭的偏离，而是与父系原则并存的一种家庭组织，巴霍芬把这种家庭称作母权制。他采用历史学家普鲁塔克的神话故事，说明因为母亲能够繁衍后代，父亲只不过是播种者，因此，母亲的地位高于父亲，只要宗教承认生育繁衍原则的重要性，母权就高于父权。

这一阶段产生了婚姻概念，人类开始受到婚姻的约束，人类不再可以随意与他人发生性关系，群婚的状态逐渐结束了，起到决定性作用的正是女人。巴霍芬说：

> 母权制正是从女性反抗无节制无约束的性交行为中产生的，最早反抗这种普遍存在的野蛮群婚状态的是女人，通过谋略或武力结束这种低贱状态的也是女人。象征男人权利的节杖被夺走了，女人成了主宰者。没有个体婚姻的出现，这样的转变是不可想象的。①

母权制的形成代表着人类文明向前迈进了一步，它代表着人类从完全像动物一样交配的野蛮生活的束缚中获得了解放。

在雅典章中，巴霍芬探讨了母权制的失败。他引用了埃斯库罗斯的戏剧《复仇女神》的故事。在故事中，母权由复仇三女神代表，父权由阿波罗和雅典娜代表，俄瑞斯忒斯为了替父报仇，杀死了自己的母亲。在决

---

① ［瑞士］巴霍芬：《母权论》，孜子译，生活·读书·新知三联书店 2018 年版，第110 页。

定他是否犯了弑母罪时，最终结果是父权战胜了母权，俄瑞斯忒斯被判无罪。这一判决标志着原先存在于孩子与母亲之间的主导型关系被废弃了，男人被提升到了高于女人的地位。

在利姆诺斯章中，巴霍芬描述了极端母权制的情况，在这里尚武善战高于一切，这就违背了女人的天性。对女人来说，结婚和生子才是女人的天性和最高职责。利姆诺斯的女人杀光男人以雪他们背叛婚姻誓约之仇，并且还杀死了情敌，甚至将情敌的族人也杀光，这是母权制的极端，也预示着母权的衰败。

而埃及则是处在群婚制和父权制之间的阶段。巴霍芬分析了俄狄浦斯神话故事，指出俄狄浦斯代表着无节制自然交配中的过度肉体享受的男性生殖原则，标志着人类向更高阶段的迈进。

在印度章中，巴霍芬使用了坎迪斯和亚历山大的故事。坎迪斯是一个印度王国的王后，她和亚历山大的相遇，标志着不同地区、不同观念和不同文明之间的碰撞，也是亚历山大代表的父权制与坎迪斯代表的母权制的遭遇。

值得注意的是，在莱斯波斯章中，巴霍芬讨论了"同性之爱"。他赞同古希腊人对男性同性之爱的看法，认为这种爱使男人摆脱了群婚生活，摆脱了肉欲，并升华到更高级存在的阶段。女人之间的爱也一样，也体现了纯洁的心灵之美，体现了精神的存在。他以女诗人萨福为例，指出："她的诗中情意绵绵的倾述并非流淌自母亲的关怀，而是从爱的激情中涌出。这种激情对感官和超感官、身体和心灵的捕捉同样热烈，而宗教是其根源所在，是其无尽的宝库。爱与性别认同，这两样曾经似乎完全互相排斥的元素，现在被结合在了一起"。[①]

恩格斯对巴霍芬的《母权论》评价很高，认为这部著作是家庭史研究

---

① ［瑞士］巴霍芬：《母权论》，孜子译，生活·读书·新知三联书店 2018 年版，第 211 页。

的开端。恩格斯指出：

> 他头一个抛弃了关于性关系杂乱的尚未认知的原始状态的空谈，而证明古代经典著作向我们提出了大量的证据，这些证据表明，在希腊人及亚洲人那里，在个体婚制之前，确实存在过这样的状态，即不但一个男子与几个女子发生性的关系，而且一个女子也与几个男子发生性的关系，都不违背习俗；他证明，这种习俗在消失的时候留下了一种痕迹，即妇女必须在一定限度内献身于外人，以赎买实行个体婚的权利；因此，世系最初只能依女系即从母亲到母亲来计算；女系的这种唯一有效性，在父亲身份已经确定或至少已被承认的个体婚制时代，还保存了很久；最后，目前作为自己子女的唯一确实可靠的亲长的这种最初的地位，便为她们，从而也为所有妇女保证了一种自此以后她们再也没有占据过的崇高的社会地位。诚然，巴霍芬并没有这样明确地表述这些论点——他的神秘主义的观点妨碍他这样做。但是他证明了这些论点，而这在 1861 年是一个完全的革命。①

即使对于巴霍芬大量使用神话来论证自己的观点，恩格斯也认为有其合理之处。恩格斯指出，巴霍芬在《母权论》中使用《奥列斯特》三部曲来描写没落的母权制和发生于英雄时代并日益获得胜利的父权制之间的斗争，是巴霍芬全书中最美妙精彩的地方之一。

与此同时，恩格斯指出：由于深受神学的影响，巴霍芬在没有充分的事实材料的情况下，企图说明整个原始社会的状况时，不免用头脑中想象的联系去代替尚未发现的客观的历史的联系，有时会仍然求助于神学。巴霍芬认为，并不是人们的现实生活条件的发展，而是这些条件在这些人们

---

① 《马克思恩格斯选集》第 4 卷，人民出版社 2012 年版，第 19 页。

头脑中的宗教反映，引起了男女两性相互的社会地位的历史性的变化。恩格斯批评说，认为宗教是世界历史的决定性杠杆的观点，归根到底必然导致纯粹的神秘主义。

三、内婚制与外婚制及麦克伦南与摩尔根的争论

1865 年英国历史学家约翰·弗格森·麦克伦南发表《原始婚姻》一书，他发现在古代及近代的许多蒙昧民族、野蛮民族和文明民族中间，有这样一种结婚形式，即新郎必须一个人或者和朋友们一起假装用暴力把新娘从她的亲属手里抢过来。通过对这种"抢劫婚姻"的分析，麦克伦南认为，在原始时代，部落分为两类，一类实行内婚制，是内婚制集团，即这一集团的男子只能在自己本集团内娶妻；一类实行外婚制，是外婚制集团，即男子必须在本集团以外娶妻。

那么外婚制的习俗是从哪里来的呢？按照麦克伦南的说法，主要是蒙昧人中间广泛流行的杀死女婴的习俗，导致部落内男子过剩，其直接后果就是几个男子共有一个妻子，即一妻多夫制，这样的话，人们只能知道谁是孩子的母亲，而不知道谁是孩子的父亲，因此，亲属关系只能依照女系，这就是母权制。

恩格斯指出，麦克伦南在外婚制流行及其意义以及认定母权制的世系制度是最初制度方面作出了重要贡献。然而，尽管麦克伦南提出了这些关键观点，他在解释时却显得相当混乱。麦克伦南只知道三种婚姻形式，一夫多妻制、一妻多夫制和个体婚制，他断言群婚是纯粹的虚构，他反对摩尔根所说的亲属制度，认为这种制度不过是纯粹的社交礼仪而已。恩格斯认为，对麦克伦南人为编造的理论进行彻底推翻的人正是摩尔根。

麦克伦南的全部体系所依据的外婚制部落与内婚制部落的对立理论，影响很大，被公认为是全部家庭史的基石。摩尔根在阅读了《原始婚姻》

后，对麦克伦南进行了批评。他指出，"外婚制"和"内婚制"是两个麦克伦南杜撰的术语，这两个术语和他的结论都没有什么价值。

摩尔根说：

> 《原始婚姻》未能把氏族与部落或由它们所代表的群体视为一系列有机的组织中的不同单位，而把它们区别开来，从而无法使人知道"外婚制"或"内婚制"究竟系指哪种群体而言，这是《原始婚姻》的主要困难之所在。举例来说，在同一部落的八个氏族中，某一氏族就其本身而言可能是"外婚的"，但就其余七个氏族而言，则是"内婚的"。不仅于此，在这种场合，这种术语即使运用得当，也容易引起误解。麦克伦南先生似乎是想提出两大原则以表示曾影响过人类事务的不同社会状况。事实上，"内婚制"几乎不适用于《原始婚姻》所讨论的社会状况，而"外婚制"指的是一个氏族即一种组织的规则或规律，这种氏族组织就是一种社会制度的组织单位。影响人类事务的是氏族，氏族才是首要事实。①

此外，麦克伦南使用"仅有女系亲属系统"的术语断言，凡是流行这种亲属关系的地方都仅承认这种亲属关系，这个断言是错误的。土兰尼亚式、加诺万尼亚式和马来亚式亲属制明确地表明男系亲属像女系亲属一样始终受到承认。子女的生母可以确定，生父不能确定，然而并没有因此就否认男系亲属。在氏族组织之前，女系亲属无疑较男系亲属更为优越一些，而且无疑是低级部落群借以组织起来的主要基础，但是，《原始婚姻》中所提到的各种事实与氏族之前的人类状况没有多少关系，或根本没有

---

① ［美］路易斯·亨利·摩尔根：《古代社会》（下），杨东莼等译，商务印书馆2009年版，第596页。

关系。

至于麦克伦南推断说尼尔人的一妻多夫制具有普遍性，是没有证据的，杀女婴的现象并没有使一妻多夫制成为普遍的形式。摩尔根指出：

> 他企图用来解释马来亚式亲属制的起源的婚姻制，是在尼尔人的多夫制中找到的；而他企图用来解释土兰尼亚式和加诺万尼亚式亲属制的起源的婚姻制，则是西藏人的多夫制所提供的。但是他既没有尼尔人的亲属制，又没有西藏人的亲属制可以解释或证明他的假说。他就这样在没有任何得自尼尔人或西藏人的原始材料的情况下，依据具有类别式亲属制的部落和氏族中从未存在过的婚姻制形式，来开始他的论证。这样我们在一开始就发现：他对问题所作的解释，不过是信口开河的臆说而已。①

恩格斯也批评麦克伦南的理论，认为他的理论好像讲得头头是道，然而即使在麦克伦南本人看来，也缺乏牢固的根据，麦克伦南用来解释事实的方法是明显矛盾的，他只能用新的更加混乱的假说来反驳它们。

麦克伦南在新版《原始婚姻》中为自己的理论辩护，恩格斯不无讽刺地说他"只根据完全人为地编造出一套家庭史，却要求拉伯克和摩尔根不仅要对他们的每一个论点提出证据，而且要提出只有在苏格兰法庭上才会要求的那种不可争辩的确凿证据。而提出这种要求的同一个人，却根据德意志人中的舅甥之间的密切关系，根据凯撒关于布列吞人每 10 人或 12 个男子有共同的妻子的记述，根据古代著作家关于野蛮人共妻的其他一切记述，毫不犹豫地作出结论说，所有这些民族都盛行过一妻多夫制！这就好

---

① ［美］路易斯·亨利·摩尔根：《古代社会》（下），杨东莼等译，商务印书馆 2009 年版，第 603 页。

像在听这样一位检察官讲话，他在起诉时可以信口开河，然而却要求辩护人每句话都要有最明确的、有法律效力的证据"①。

四、恩格斯对母系社会研究的意义

1861 年，巴霍芬发表了《母权论》，提出了关于母权制社会的一系列观点，主张人类社会先经历了母系社会，然后演变为父系社会。由于巴霍芬采用的是非实证方法，主要基于对神话、原始宗教和哲学等的研究，未引起学术界重视。

1877 年，摩尔根发表《古代社会》，通过实地考证的方法证明印第安人存在着以女性为本位的世系。没有确切的证据表明摩尔根在他的《古代社会》写作之前就已经知道巴霍芬《母权论》的内容。考虑到巴霍芬的著作在当时并没有引起广泛的关注，生活在北美的摩尔根应该不知道巴霍芬的主要观点。这两位学者虽然是同一时期的人类学家，都对古代社会和家庭结构进行了深入的研究，但他们的研究方法完全不一样。然而，他们通过各自不同的研究方法，都认为人类社会是从母系社会发展到父系社会的。

恩格斯通过研究认为，巴霍芬和摩尔根关于母系社会的论断是正确的，并且对他们的这一发现给予了高度肯定和评价。巴霍芬认为，早期人类社会经历了一段母权制的时期，其中女性拥有社会和家庭的主导地位。这种社会结构被他称为"母权社会"。他强调了母系制度在母权社会中的作用，其中血缘关系和家族纽带主要通过母亲传递。家庭结构以女性为中心，而男性的地位相对较低。巴霍芬提出了历史发展的观点，认为社会从最初的母权社会经历了向父权社会的过渡，包括家庭结

---

① 《马克思恩格斯选集》第 4 卷，人民出版社 2012 年版，第 24 页。

构、性别角色和社会组织的变化。恩格斯认为这些观点在 1861 年是一场革命。

摩尔根在《古代社会》中确定原始的母权制氏族是文明民族的父权制氏族以前的阶段，恩格斯认为这个发现对于研究原始社会来说具有极其重要的意义："母权制氏族成了整个这门科学所围着旋转的轴心；自从它被发现以来，人们才知道，应该朝着什么方向研究和研究什么，以及应该如何去整理所得的结果。"①

恩格斯对母系社会的肯定与强调在妇女解放理论中具有重要意义。巴霍芬提出古代社会曾是母系社会，其中女性占主导地位，这一观点引起争议，因其与当时盛行的父权社会观念相悖。恩格斯从唯物史观出发，使用了很多实证的资料，证明了母系社会确实存在过。在母系社会妇女享有崇高的威望和地位，继承是按照母系一方的。

恩格斯说明人类历史曾经存在过母系社会，不仅是贯彻了唯物史观的原则，而且也是为了反驳贬低女性、歧视女性，把女性排除在公共事务之外的言论。这一观点建立在已发现的事实基础上，而非意识形态虚构。美国学者辛西娅·埃勒批评母系神话是马克思主义者与共产主义者宝贵的财富，因为他们利用这一神话要求革命与复兴古老的社会关系。

马克思主义长期关注的经济发展问题，后来总是（断断续续地）与性别和妇女解放问题联系在一起。母系氏族神话也永远不会是一样的，恩格斯用一些灵巧的笔触，把这个故事重新塑造成一个成熟的黄金时代神话。在人类历史的痛苦时期的两端，是舒适地和平、富足和自由的时代。史前母权制被描绘成一种理想，它的被破坏被描绘成一场悲剧，而它的回归——尽管当然是以一种极大的重塑形式——是一

① 《马克思恩格斯选集》第 4 卷，人民出版社 2012 年版，第 26 页。

种热切渴望的乌托邦。①

这种批评是站不住脚的。

唯物史观认为，家庭与社会制度的结构不是意识形态的虚构，而是历史的产物。恩格斯从来不认为史前的母系社会就是妇女的黄金时代，而是强调在人类社会的起源时期，性别对立和性别压迫是不存在的。由于这种压迫现象并非永恒存在，它有可能被消除。恩格斯主张用历史的方法来看待社会的发展，认为如果妇女受到的压迫不是源自古代，那么未来就有妇女解放的可能性。

为什么有些人会否认母系社会的存在？著名人类学家克里斯·奈特的观点值得我们重视。他认为早期人类的亲属关系就是母系社会。现代的人类学家对亲属关系不是特别重视，不是因为这一理论是错误的，而是这一问题被其他问题所掩盖了。奈特指出，为了推进人类学的发展，有必要对经典文献进行回顾，而其中的经典就包括摩尔根的《古代社会》和恩格斯的《起源》。奈特认为摩尔根的亲属关系理论是有价值的。

奈特根据人类学的发展，肯定母系氏族是存在的。

世纪之交，几乎所有帮助创立人类学学科的人都围绕着巴霍芬、摩尔根理论的基本原理展开了讨论。正如默多克后来所言，支持这一理论的"极为可信"的论据包括（a）母子关系在生物学上的必然性，（b）确定生物学父子关系的内在困难，（c）母系传统在父系血统社会中的大量明显存留。这一假说如此合乎逻辑，推理如此严密，而且明显符合所有已知事实。以至于从 1861 年巴霍芬率先提出这一假说到

---

① Cynthia Eller, *Gentlemen and Amazons: the Myth of Matriarchal Prehistory,1861-1900,* CA: University of California Press, 2011, p.106.

19 世纪末，几乎所有的社会科学家都接受了这一假说。[①]

那么，后来是什么改变了大家的想法呢，使得人们转而否定母系社会的存在？奈特深刻地指出，是政治原因。恩格斯早在《起源》中就指出，摩尔根的研究非常有价值，为什么会被人类学家漠视呢？除了英国学者的沙文主义情绪外，主要是因为摩尔根批判了资本主义制度，这就是政治上的原因了。

恩格斯对母系社会的研究与私有制的产生联系在一起，强调了私有财产和国家的出现是使父权制结构永久化，并导致妇女地位低下的关键因素。家庭是一种动态的发展过程，而且也不像人们想象的那样美好，妻子是最早的家庭奴隶。家庭内部性别分工的不平等，限制了妇女的自主权，在家庭中延续了不平等的性别角色和期望。

恩格斯用历史唯物主义分析父权结构的起源和女性的从属地位，为后来的妇女解放理论提供了分析方法，后人则利用这一框架来理解基于性别的压迫和不平等的历史根源，强调基于性别的权力失衡如何深深植根于社会、政治、经济及家庭结构中，以及这些结构如何继续边缘化和压迫女性。恩格斯研究母系社会的意义不仅为我们揭示了过去社会结构的多样性，更为妇女争取解放树立了信心，为未来的性别平等奠定了基础。

---

①   Knight, C., "Early Human Kinship Was Matrilineal", in N. J. Allen, H. Callan, R. Dunbar and W. James (eds.), *Early Human Kinship*, Oxford: Blackwell, 2008, p.69.

第三章　家庭的历史辩证法

　　家庭是原始社会中最早形成的一种社会制度，恩格斯对家庭的研究十分重视，不仅在《起源》第四版序言中对婚姻家庭的历史做了系统的阐述，而且正文中"家庭"一节占全书篇幅的三分之一，又在第四版中做了大量补充，其他各节也有关于家庭的论述。在这一章中，恩格斯说明了人类婚姻家庭的起源及其发展过程，分析了各类不同形态的婚姻家庭的主要特点，揭示了婚姻家庭的本质及其发展规律，系统阐述了马克思主义关于婚姻家庭的基本观点。

　　恩格斯在《起源》中使用了摩尔根和自己收集的资料，用了大量的例子说明古代社会的家庭与恩格斯时代的一夫一妻制的家庭是完全不同的，说明家庭是一个历史现象。《起源》中，恩格斯运用历史唯物主义的分析方法，通过对家庭的研究，阐明了家庭的出现与阶级社会、妇女地位的变化以及妇女受压迫之间的密切关系。类似于国家的产生，家庭是少数统治阶级为了维护和控制私有财产而形成的现象。

第一节　亲属制度

一、摩尔根发现的亲属制度

　　路易斯·亨利·摩尔根 1818 年 11 月 21 日出生于美国纽约州，在他从事律师职业时，参加了一个研究印第安人的学会，其宗旨在于促进美国白人对印第安人的感情，并协助他们解决一些问题。摩尔根是这个协会的积极分子，他屡次访问印第安人居留地，观察他们的生活方式，研究他们的风俗习惯。

1851 年摩尔根发表了他的第一部研究印第安人的重要著作，即《易洛魁联盟》，这是第一部以科学态度来研究印第安人的著作。1856 年，摩尔根开始对印第安人的亲属称谓发生兴趣，他收集了大量文献，并精心设计了调查表格，分寄给在美国各地印第安人中的传教士或某些印第安人，以及远在太平洋各岛屿、远东、非洲等地的一些人，委托他们调查各地土著居民的亲属称谓；与此同时，他本人也连续四年每年外出一次进行实地调查。以此为基础，1862 年摩尔根出版了第二部重要著作《人类家族的亲属制度》。

此后，摩尔根扩大了研究视野，开始探讨整个人类的原始社会，并于 1877 年出版了《古代社会》一书，在这本书中，他阐述了人类原始社会发展的一般规律。

摩尔根在研究大量文献和实地考察的基础上，发现原始人的亲属制度是独特的，有别于他生活的时代。在《古代社会》一书中，摩尔根专门用了一编《家族观念的发展》来进一步阐述他在《人类家族的亲属制度》中的研究成果。

摩尔根认为，在古代社会极端原始的情况下，亲属关系无论是实际存在的或可能存在的，都会被人们理解，并创造出一些称谓来表达它们。不断地使用这些称谓来称呼由此而形成一个亲属团体的那些人，久而久之，便产生了一套亲属制度。因此，亲属制度就是表明社会中现有的亲属关系（父亲、母亲、兄弟、叔叔，等等）的名称总和，是奠基在婚姻形态和家族形态基础上的。摩尔根通过对历史上前后相继的五种家族形态，即血婚制家族、伙婚制家族、偶婚制家族、父权制家族和专偶制家族的研究发现，其中第一种、第二种和第五种形态是最重要的，因为它们建立了三种不同的亲属制度，所有这些亲属制度在摩尔根的时代仍在通行。先有家族形态，然后有亲属制度，这些亲属制度不是无谓的名称，而是有着实质的内容。这些亲属制度证明了家族的发展是一个先后相继的历史过程，这是非常重要的一个发现。

摩尔根把亲属制度分为不同的两大类，一类是"类别式"，这类制度对亲属从不加以说明，而是把他们区分为若干范畴，不论其与"自身"的亲疏如何，凡属同一范畴的人即以同一亲属称谓统称之，如我的亲兄弟，与我父亲的兄弟之子，均称为我的兄弟。另一类是"说明式"，对于亲属，或用基本亲属称谓来说明，或将这些基本称谓结合起来加以说明，由此使每一个人与自身的亲属关系都各各不同，如父之兄弟、父之兄弟之子等。

最原始的亲属制度，摩尔根称之为马来亚式亲属制，这是类别式亲属制。这种亲属制是随着第一种家族形态血婚制家族而产生的。在这种制度下，所有的血缘关系，不论远近亲疏，一律归纳到下列几种亲属关系中的某一种之内，那就是：父母、子女、祖父母、孙子孙女、兄弟、姊妹，此外还有姻亲关系。

第二种亲属制度是土兰尼亚式亲属制度，这也是一种类别式亲属制。这种亲属制度是从马来亚式亲属制演变出来的，起源于集团婚配的伙婚制和氏族组织，氏族组织的兴起遏制了血族间的通婚，使亲兄弟姊妹之间不得再发生婚媾关系。

在土兰尼亚式亲属制度下，所有亲属，无论远近，都分成各个类别；根据该制度所特具的方法，其亲属关系的追溯范围远远超出雅利安式亲属制的正常范围之外。在日常寒暄和正规问候中，人们彼此均以亲属关系称呼，而从不用个人名字；这种方式，自然不仅使最疏远的亲族之间得以保持亲属关系，并且有助于向外界推广这种亲属制度的知识。当双方不存在任何亲属关系之时，问候的方式就只简单地互称"我的朋友"。①

第三种亲属制度是雅利安式，这种制度是说明式亲属制度。这种亲属制度在此后进入文明阶段的主要民族中大概取代了土兰尼亚式亲属制度，专偶制家族中亲属关系就是由这种亲属制度规定下来的。

通过对这些亲属制度的分析，摩尔根得出了以下几个重要结论。

第一，人类历史上存在过三种亲属制度，这三种亲属制度是先后相继的，体现了家族从血婚制到专偶制的全部发展过程，因此，家族是一个历史的现象。

尽管摩尔根生活的时代，血婚制家族已经不存在了，然而反映这种婚姻习俗的亲属制度依然存在，这就证明了这种家族形态确实在人类历史上存在过，决不是想象的产物。这是摩尔根的伟大之处，是他高于"庸人"（恩格斯语）的地方。在摩尔根的时代，亲属关系一般是指血缘亲属关系，是生物学的、自然的关系，然而，当摩尔根在研究易洛魁人的部落时，他惊奇地发现，易洛魁人的亲属关系并不是这样的，在那里，亲属关系不仅仅具有生物学的意义，而且体现了一种社会关系、婚姻形式。恩格斯指出："传统的观念只知道有个体婚制，以及和它并存的一夫多妻制，至多还有一妻多夫制，同时，正如满口道德的庸人所应当做的那样，还把实践偷偷地但毫不知耻地逾越官方社会所定的界限这一事实隐瞒起来。反之，原始历史的研究却向我们展示了这样一种状态，在这种状态下，男子过着多妻制的生活，而他们的妻子同时也过着多夫制的生活，所以，他们两者的子女都被看作大家共有的子女"②。亲属制度并不是一开始就是那样

① [美] 路易斯·亨利·摩尔根：《古代社会》（下），杨东莼等译，商务印书馆 2009 年版，第 441—442 页。
② 《马克思恩格斯文集》第 4 卷，人民出版社 2009 年版，第 38 页。

的，而是经历了一个发展过程，摩尔根发现了家庭演化的规律。

第二，亲属制度落后于家庭的变迁，在群婚条件下产生的亲属制度即使在新的婚姻形式已经代替了这种群婚后，也仍然作为传统而存在着。

亲属制度是对亲属关系的反映，当一种家庭形式确立起来，相应的亲属制度也随之发生变化，然而在家庭形式发生变动后，亲属制度不会马上随之发生变化，还会保持着以往的方式。当某种形式的亲属制被普遍采用以后，其称谓业已构成，其方法已经确定，根据这种情况的自然道理，它要发生改变当然是极其缓慢的。

每一种亲属制度表达了该制度建立时所存在的家族的实际亲属关系，因此，它也就反映了当时所流行的婚姻形态和家族形态，不过这两种形态都可能进展到更高的一个阶段而其亲属制度仍保持不变。这说明摩尔根注意到了意识往往落后于社会发展，当一种新的社会关系已经产生，反映这种社会关系的意识还没有出现，有时还需要比较长的时间。摩尔根指出：

> 家族表现为一种能动的要素；它从来不是静止不动的，而是随着社会从低级阶段向高级阶段的发展，本身也从低级形态向高级形态发展，最后脱离一种形态而进入另一种较高的形态。反之，亲属制度却是被动的；它把家族每经一段长久时间所产生的进步记录下来，并且只是在家族已经急剧变化了的时候，它才发生急剧的变化。①

马克思在《古代社会》一书摘要中，这段话之后补充说：“同样，政治的、宗教的、法律的以至一般哲学的体系，都是如此。”②说明马克思对摩尔根的这一观点是赞成的。

---

① ［美］路易斯·亨利·摩尔根：《古代社会》（下），杨东莼等译，商务印书馆 2009 年版，第 497 页。
② 《马克思恩格斯全集》第 45 卷，人民出版社 1985 年版，第 354 页。

第三，亲属制度的改变标志着某种对社会体制影响深刻的制度出现。

伙婚产生伙婚制家族，然而，原来存在的亲属关系不一定会改变，血缘家族时代的马来亚式亲属制要改变为土兰尼亚式亲属制，除了伙婚群之外，还需要别的条件，那就是氏族。

> 要改变任何一种亲属关系都是极其困难的。这些亲属制度是自然产生的而不是人工制造的，它们之所以存在主要依靠习俗而不是依靠法律规定，因此，必须要有一种与习俗同样普遍的动力才能改变它们；这一点更有助于使它们维持长久的稳定性。既然每一个人都是亲属制的当事人，所以亲属制的传导途径就是血缘。由此，当每一种亲属制所由产生的社会状况已经改变或已经完全消逝以后，还存在着使这种制度维持不变的强大影响。①

夏威夷人具有伙婚制家族，然而由于没有氏族，也就没有土兰尼亚式亲属制度，因此，亲兄弟姊妹仍然包括在伙婚群中，旧的亲属制度没有改变。而在那些普遍存在着氏族组织的社会中，亲属制度基本上是土兰尼亚式的。

二、恩格斯对古代社会婚姻家庭研究的深化

马克思、恩格斯创立唯物史观后，马上就运用这一原则指导自己的研究，在《共产党宣言》中，马克思、恩格斯基于自己的研究成果和当时人文社会科学的发展，指出："至今一切社会的历史都是阶级斗争的历史。"②此后，由于人类学的发展，对古代社会研究的著作陆续发表，恩格斯在

---

① ［美］路易斯·亨利·摩尔根：《古代社会》（下），杨东莼等译，商务印书馆 2009 年版，第 452 页。
② 《马克思恩格斯文集》第 2 卷，人民出版社 2009 年版，第 31 页。

《共产党宣言》1883 年德文版序言中写道：

> 每一历史时代的经济生产以及必然由此产生的社会结构，是该时代政治的和精神的历史的基础；因此（从原始土地公有制解体以来）全部历史都是阶级斗争的历史，即社会发展各个阶段上被剥削阶级和剥削阶级之间、被统治阶级和统治阶级之间斗争的历史，而这个斗争现在已经达到这样一个阶段，即被剥削被压迫的阶级（无产阶级），如果不同时使整个社会永远摆脱剥削、压迫和阶级斗争，就不再能使自己从剥削它压迫它的那个阶级（资产阶级）下解放出来。[①]

这里恩格斯明确阶级斗争的历史是自原始土地公有制解体以来，也就是说之前人类有很长一段时间是处于无阶级状态。在 1888 年英文版《共产党宣言》中，恩格斯又特意加了一个注，说明"一切社会的历史"是指有文字记载的全部历史。

> 在 1847 年，社会的史前史、成文史以前的社会组织，几乎还没有人知道。后来，哈克斯特豪森发现了俄国的土地公有制，毛勒证明了这种公有制是一切条顿族的历史起源的社会基础，而且人们逐渐发现，农村公社是或者曾经是从印度到爱尔兰的各地社会的原始形态。最后，摩尔根发现了氏族的真正本质及其对部落的关系，这一卓绝发现把这种原始共产主义社会的内部组织的典型形式揭示出来了。随着这种原始公社的解体，社会开始分裂为各个独特的、终于彼此对立的阶级。[②]

---

① 《马克思恩格斯文集》第 2 卷，人民出版社 2009 年版，第 9 页。
② 《马克思恩格斯文集》第 2 卷，人民出版社 2009 年版，第 31 页。

恩格斯在这个长注中，解释了 1848 年发表《共产党宣言》时，为什么会断言"至今一切社会的历史都是阶级斗争的历史"，以及后来进行修订的根据。

既然在阶级社会中，推动历史发展的是各个阶级间的斗争，那么，在无阶级社会中，推动历史发展的动力是什么呢？恩格斯在《共产党宣言》发表 30 多年后，通过对摩尔根《古代社会》以及其他一些学者观点的研究，在《起源》中指出，亲属制度在一切蒙昧民族和野蛮民族的社会制度中起着决定作用。

古代社会生产力十分低下，人们谋取生活资料的方式是共同劳动，因而共同占有生产资料和劳动产品，共同分配和消费。社会关系主要表现为奠基在家庭基础上的亲属制度，不同的亲属制度决定了社会发展的不同阶段。

恩格斯对古代社会家庭婚姻及其亲属制度的研究是非常认真和严谨的。在《起源》出版后，恩格斯又不断收集新的资料，持续关注这些问题。在 1891 年 5 月 29 日致保尔·拉法格的信中，恩格斯提到自己的手头有一本吉罗-特龙 1884 年在巴黎和日内瓦出版的《婚姻与家庭的起源》。在这本书中，吉罗-特龙声称摩尔根的发现不是什么新的东西，他早就提出来了。恩格斯非常想搞清楚这是否是事实，然而这本书在英国已经脱销了，所以恩格斯想请保尔·拉法格在法国想办法找一本。恩格斯甚至认为，如果没有这本书，新修订的《起源》就无法出版。恩格斯特别点出了他想要了解的几个问题，如吉罗-特龙提出什么来反对麦克伦南的外婚制部落；他是否在 1874 年就发现部落划分为外婚制克兰，即摩尔根所说的氏族；如果确有此发现，他引用了哪些例子？他是否承认所说的克兰相当于罗马、希腊的氏族？[1]

———————————

[1]　参见《马克思恩格斯全集》第 38 卷，人民出版社 1972 年版，第 102—103 页。

恩格斯在随后于 6 月 13 日给劳拉·拉法格的信中，又提到自己写作《起源》序言的情况，恩格斯把巴霍芬的新发现概括为四点：一是他发现了杂婚的存在，二是母权制是杂婚的必然后果，三是因此妇女在古代受到高度的尊敬，四是向一个女子专属一个男子的个体婚制的过渡，包含着对其余男子所享有的对同一女子的那种传统权利之侵犯，这样，就必须由女子在一定时期内献身于他人来补偿这种侵犯，或换取对这种侵犯的容忍。恩格斯告诉劳拉，对于第四点自己不是很有把握，请劳拉核对巴霍芬的书进行确认。①

《起源》第四版对第一版的修改和补充，据苏联学者文尼科夫的研究，共有 144 处，可分为五种类型：第一，文字上的修改，不改变文本基本的意义，有 51 处；第二，明确或发挥本文意义的修改和小的补充，有 44 处；第三，采用新的事实资料进一步发挥原来论点的，有 20 处；第四，原则性的修改和补充，有 22 处；第五，修改原文不确切的，有 7 处。按章节来看，第二章修改得最多，共 75 处，占了修改总数的一半以上。② 可见，家庭这一章，是恩格斯用力最多的一章，充分说明了对家庭问题的重视。

在经过认真研究的基础上，恩格斯在 1891 年《起源》增补版中，明确指出，巴霍芬和摩尔根是两位在研究原始社会家庭婚姻发展变化方面杰出的学者，他们在这一领域取得了很多伟大的发现。然而，由于他们的发现与流行的观念或者不相一致，或者因为采用了唯物主义的研究方法，得出了革命性的结论而遭到当时学术界的有意忽视和诋毁。事实上，正是巴霍芬第一个发现，在人类的原始状态存在着毫无节制的性关系，巴霍芬认真地对待了这一问题，并且试图为这一问题寻找答案。当然，由于巴霍芬是到历史和宗教的传说中去寻找这个答案，因此，他不可能正确地认识这

---

① 参见《马克思恩格斯全集》第 38 卷，人民出版社 1972 年版，第 110—111 页。

② 参见涂赞琥：《恩格斯家庭·氏族和国家理论的研究》，武汉大学出版社 1986 年版，第 9—10 页。

一现象，并给出正确的解释。恩格斯批评说：

> 巴霍芬把这种原始状态叫做淫游，从而表明，他是不了解他所
> 发现的，或者更确切地说，他所猜到的东西。希腊人使用淫游这个名
> 词，是表示未婚男子或过个体婚生活的男子跟未婚的女子的性关系；
> 这种淫游，总是以一定的婚姻形式的存在为前提，在这个婚姻形式之
> 外发生这种性关系，并且包含着一种可能性的卖淫。这个名词，从来
> 没有在别的意义上使用过，我和摩尔根就是在这个意义上使用它的。
> 巴霍芬的极端重要的发现，到处都被他的幻想——即认为历史上发生
> 的男女之间的关系，总是起源于当时人们的宗教观念，而不是起源于
> 人们的现实生活条件——弄得神秘化了，令人难以置信。①

摩尔根的伟大之处就在于，他发现了印第安人实际存在的家庭和亲属
称谓有相互矛盾之处，对这一矛盾的研究成果，提出了人类历史上经过了
前后相继的三种重要的亲属制度。并通过亲属制度的研究，得出在第一种
亲属制度——马来亚式亲属制——之前，一定存在着一个性杂交时期的结
论。在这一点上，恩格斯坚决捍卫摩尔根的发现，恩格斯驳斥了一些学者
企图用动物界存在着一些成对同居的现象，来否认人类曾经存在过性杂交
的时期，他明确指出，即使在鸟类中存在着忠实的专偶制的例子，也不能
证明人类一开始就存在着专偶制，因为人类并非起源于鸟类。

恩格斯始终是用唯物史观的方法进行婚姻家庭研究的，不同意用现
代人的观念去看待古代社会。如恩格斯认为最早的婚姻是没有感情的，爱
情、忌妒等感情是后来才有的。针对有些人认为，由于人类感情中有忌妒
的存在，不可能有群婚的状态，恩格斯认为，忌妒是一种较后发展起来的

---

① 《马克思恩格斯选集》第 4 卷，人民出版社 2012 年版，第 39 页。

感情，当人类处于群婚状态时，即整群的男子与整群的女子互为所有时，很少有忌妒余地的婚姻形式。摩尔根在对早期婚姻状况进行研究时就发现，直到偶婚制家庭时期，人们对爱情仍然是一无所知，因为爱情的产生需要一定的智力发展水平。婚姻是因为需要和方便而结合的，个人的意愿是不被考虑的。恩格斯同意摩尔根的判断，并进一步指出，"在一切历史上主动的阶级中间，即在一切统治阶级中间，婚姻的缔结和对偶婚以来的做法相同，仍然是一种由父母安排的、权衡利害的事情"。①

三、婚姻家庭与亲属制度的关系

摩尔根利用亲属制度这把钥匙，打开了研究原始家庭之门。

第一，不同的亲属制度的存在揭示了家庭发展的多阶段性质，婚姻家庭形式的演变则在促进社会进步和发展方面发挥了关键作用。

在《古代社会》一书中，摩尔根提出了家庭婚姻关系的演进模式，这个模式本身反映了社会的发展轨迹。

摩尔根明确提出了马来亚式亲属制、土兰尼亚式亲属制和雅利安式亲属制这三种不同的亲属制度，它们分别代表了血婚制、伙婚制和专偶制下的亲属关系。每一种亲属制度都以独特的婚姻形式为基础，形成了不同社会阶段的家庭结构。

随着时代的推移，摩尔根所描述的血缘家庭已经不复存在，普那路亚家庭也基本上消失了，但摩尔根坚持认为血缘家庭是人类家庭发展的初期阶段，这一判断依据对亲属制度的深刻分析。血缘家庭的消失并不意味着代表血缘家庭的亲属制度也随之终结，这反而表明血缘家庭的实际存在。这种现象启示我们，家庭的形成和发展是一个历史演进的过程，不同的亲

---

① 《马克思恩格斯选集》第4卷，人民出版社2012年版，第80页。

属制度相继兴起。

最初，由于自然选择的作用，那些排除了兄弟姊妹婚姻的部落发展更加迅速和完全。逐渐地，兄弟姊妹之间的性关系被禁止，新的婚姻模式允许没有血缘关系的人之间结合。

> 它有利于创造一种在体力和智力两个方面都更为强健的种族。不同的种族的结合所带来的利益，给人类的发展带来了巨大的影响。当两个具有强健的体力和智力的、处于开化中的部落，因为野蛮生活中的偶然事件而结合在一起并混为一个民族的时候，新生一代的颅骨和脑髓将扩大到相当于两个部落的总和。①

这种改变，起初可能是不自觉的，但是，逐渐的禁止同氏族通婚成为一种社会规范，任何违反规范的行为都会受到严厉的惩罚。经过一定时期，人的动物性的本能就受到压制，新的社会规范形成，新的亲属制度就代替了以前的亲属制度，家族开始于蒙昧社会的血婚制，然后进步为专偶制，其间经历了两个有着明显标志的过渡形式，在过渡时期，新与旧的亲属制度并存。

氏族作为社会单位出现以后，氏族、胞族和部落这整个社会组织就以不可抗拒的必然性从这种单位中发展出来，这三种集团代表着不同层次的血缘亲属关系，虽然各自闭关自守，但互相之间却形成了一种互补的关系。

第二，亲属制度在氏族的形成中扮演着至关重要的角色，而氏族的兴起又深刻地塑造了血缘亲属制度。

---

① ［美］路易斯·亨利·摩尔根：《古代社会》（下），杨东莼等译，商务印书馆2009年版，第533—534页。

在古代社会，亲属制度作为社会关系的一种调节器，对于规范社会行为起着关键的作用。禁止氏族内部成员之间的婚姻导致了丈夫和妻子只能在氏族外寻找伴侣，从而使特定的婚姻家庭形式决定了相应的亲属制度。

随着社会的演进，不仅人种发展，而且母亲一方的兄弟姊妹和父亲一方的兄弟姊妹开始被区分开来，这对于氏族的发展具有深远的意义。以普那路亚家庭为例，该家庭包括两个典型的集团，即由同胞姊妹和较远的姊妹以及她们的子女以及她们母亲一方的兄弟所组成的典型集团。这一群人最终构成了形成氏族的基础。这些姊妹的丈夫们不能再是她们的兄弟，因此也不再被视为血缘亲属集团的一部分。

恩格斯指出，普那路亚家庭的发展奠定了氏族的基础，而氏族构成了许多野蛮民族社会制度的核心，并在希腊和罗马时代直接过渡到文明社会。恩格斯说：

> 一切兄弟和姊妹间，甚至母方最远的旁系亲属间的性关系的禁规一经确立，上述的集团便转化为氏族了，换言之，即组成一个确定的、彼此不能结婚的女系血缘亲属集团；从这时起，这种集团就由于其他共同的社会的和宗教的设施而日益巩固起来，并且与同一部落内的其他氏族区别开来了。①

当氏族禁止血缘亲属内部结婚，它不仅在家庭层面产生了变革，而且在更广泛的社会层面推动了深远的进展。这一转变不仅是对个体婚姻选择的限制，更是对社会结构和价值观念的塑造。

氏族的兴起使得婚姻不再仅仅是个体之间的私人事务，而成为社会整体的调节对象。禁止血缘亲属内部结婚的规定，强调了氏族对家庭结构

---

① 《马克思恩格斯选集》第 4 卷，人民出版社 2012 年版，第 50 页。

和亲属关系的主导作用。这一规定使得个体在选择伴侣时必须跨越氏族之外，从而促进了氏族之间的相互联系和社会整体的互动。

随着氏族的推动作用，社会开始形成新的经济行为因素。这些新因素的产生并非单纯地源于个体的生物学需求，而更是社会行为的产物。经济行为逐渐成为主导因素，这一演变过程同时也标志着社会因素对生物学行为因素的转变。原本占据主导地位的生物学驱动因素逐渐被社会规范和价值观念所取代。

总体而言，氏族对血缘亲属内部结婚的禁令，不仅影响了家庭结构和亲属关系，更在社会层面推动了新的经济因素的形成，并标志着氏族逐渐转变为主导个体行为和社会进展的力量。

第三，亲属制度决定了财产关系。

一般而言，亲属制度是一种非经济制度，然而在人类的早期，亲属制度对社会的发展起着决定性的作用，因而它本身就是一种经济制度。在个体家庭产生前，是没有家庭经济的，只能是共产制经济。

生活在蒙昧时代和野蛮时代的人们，生活资料的生产水平极其低下，血缘亲属关系能否维持下去，主要是依赖人数的多少。达到一定数量的、强健的成员，在同自然的搏斗中，占有明显的优势，往往能够生存下去。马来亚式亲属制度占统治地位时，经济关系主要是共产制的家户经济。即使在氏族出现后，亲属制度由马来亚式发展为土兰尼亚式，也没有个体家庭的家户经济。恩格斯说："这种对偶制家庭，本身还很脆弱，还很不稳定，不能使人需要有或者只是希望有自己的家户经济，因此它根本没有使早期传下来的共产制家户经济解体"①。与共产制家户经济相对应的是妇女的统治地位。在共产制家户经济中，大多数或全体妇女都属于同一氏族，而男子则来自不同的氏族。共产制家户经济是原始时代普遍流行的妇女占

---

① 《马克思恩格斯选集》第4卷，人民出版社2012年版，第56页。

统治地位的物质基础。

共产制家户经济的解体，是由于剩余财富的转归私有，以及使用奴隶的劳动，这时候，土兰尼亚式亲属制就被雅利安亲属制所取代了。摩尔根说："把马来亚式亲属制改变为土兰尼亚式，需要像氏族组织这样一种伟大的制度；推翻土兰尼亚式亲属制而代之以雅利安式，则需要像具体财产这样一种伟大的制度，连带财产的所有权和继承权以及该制度所创造的专偶制家族。"①

恩格斯分析家庭经济取代共产制家户经济时指出，家畜的驯养和畜群的繁殖，使得财富大量地增加，因而出现了奴隶劳动，这些财富和奴隶最先是属于氏族中家庭首领的特殊财产，家庭开始有了私有财产。这些新出现的现象创造了一种全新的社会关系，恩格斯说："随着财富的增加，财富便一方面使丈夫在家庭中占据比妻子更重要的地位；另一方面，又产生了利用这个增强了的地位来废除传统的继承制度使之更有利于子女的原动力。但是，当世系还是按母权制来确定的时候，这是不可能的。因此，必须废除母权制，而它也就被废除了。"② 原有的共产制家户经济再也无法维持了，按照女系计算的亲属制度被废除了，确立了按男系计算世系的办法和父系的继承权。

第二节　家庭、爱情与婚姻

家庭是历史的产物，不是自有人类以来就存在家庭，也不是永恒不变的。家庭史是人类社会发展史的重要组成部分，不了解家庭的产生与演

---

① [美]路易斯·亨利·摩尔根：《古代社会》（下），杨东莼等译，商务印书馆 2009 年版，第 442 页。
② 《马克思恩格斯选集》第 4 卷，人民出版社 2012 年版，第 64 页。

变，就不能很好地了解社会的发展。爱情作为现代婚姻非常重要的感情因素，也是历史的产物，性爱与婚姻在漫长的历史过程中一直处于分离状态，恩格斯指出，即使在资本主义社会中，由于首先考虑的财产问题，婚姻也不是以爱情为基础的，只有在资本主义之后的无阶级社会———共产主义社会中，婚姻才真正会以爱情作为基础。

一、婚姻家庭的演变及特点

恩格斯一贯主张研究历史不能凭借想象，不能从概念出发，而要从实际存在过的事物出发。早在《德意志意识形态》中，马克思、恩格斯就指出，家庭是一种社会关系，表明夫妻之间、父母与子女之间关系。

> 这种家庭起初是唯一的社会关系，后来，当需要的增长产生了新的社会关系而人口的增多又产生了新的需要的时候，这种家庭便成为从属的关系了（德国除外）。这时就应该根据现有的经验材料来考察和阐明家庭，而不应该像通常在德国所做的那样，根据"家庭的概念"来考察和阐明家庭。[①]

恩格斯高度评价摩尔根对古代家庭的研究方法，也是因为摩尔根是从经验事实出发，而不是从人们的宗教观念或者概念出发。

家族形态并非自古以来一成不变。按照摩尔根的研究，家族的观念是经历了几个顺序相承的发展阶段才臻于成熟的。摩尔根把家族分为五种顺序相承的不同形态，每一种形态都有其独有的婚姻制度。恩格斯基本上是同意摩尔根的划分，并对摩尔根认识不清楚、分析错误的地方进行了

[①] 《马克思恩格斯文集》第 1 卷，人民出版社 2009 年版，第 532 页。

修正。

1. 血婚制家族：这是家庭的第一个阶段，是由嫡亲的和旁系的兄弟姊妹集体相互婚配而建立的。在血婚制家族之前，人类一定存在过杂交的状况，虽然这种杂交持续的时间不长。因为原始游牧群众为了生存，必然会分为更小的团体，从而产生血婚制家族。

这种家庭的典型形式已经排除了父母和子女之间的性关系，使得一对配偶的子孙中每一代都互为兄弟姊妹，正因为如此，也互为夫妻。虽然血缘家庭已经绝迹了，但这种家庭形式作为必然的最初阶段决定着家庭后来的全部发展。摩尔根指出：

> 血婚制家族是第一个有组织的社会形式，而它必然是从以前的无组织状况中进化而来的产物，不论那种无组织状况究竟如何。它揭示了人类的最低水平，我们可以从此为出发点，以此为已知的最低点，来探索人类进步的历史，并通过家族的结构，通过发明和发现的进程，从蒙昧社会一直研究到文明社会。[①]

恩格斯对摩尔根把血婚制家族视为人类家庭发展的第一个阶段给予了高度评价，认为这正是体现了历史唯物主义的精神。家庭的发展是一个历史过程，不能用现代的道德观念去判断甚至否认古代社会。恩格斯在1884年版的《起源》谈到摩尔根的血缘家庭时，特意加了一个注，指出："马克思在1882年春季所写的一封信中，以最强烈的措辞，批评瓦格纳的《尼贝龙根》歌词中比比皆是的对原始时代的完全曲解。歌词中说：'谁曾听说哥哥抱着妹妹做新娘？'瓦格纳的这些'色情之神'，完全以现代方式，

[①]　[美]路易斯·亨利·摩尔根：《古代社会》（下），杨东莼等译，商务印书馆2009年版，第472页。

通过一些血亲婚配的情节使自己的风流勾当更加耸人听闻；马克思对此回答道：'在原始时代，姊妹曾经是妻子，而这是合乎道德的'。"①

在 1891 年版中，恩格斯又补加了注文，再次说明按照历史唯物主义的观点，血缘家庭虽然在当时已经绝迹了，但这种家庭一定是存在过的。摩尔根虽然谈到了群婚，但他对于群婚在婚姻家庭发展中的地位、与普那路亚家庭的关系没有讲得很清楚，恩格斯在 1884 年第一版中认为摩尔根把夏威夷岛上的普那路亚家庭看作群婚制的最早形式是正确的。然而随着新的资料的出现，在 1891 年第四版中，恩格斯修正了自己的观点，认为普那路亚家庭是群婚的最高发展阶段。

2.伙婚制家族 / 普那路亚家庭②：这是由若干嫡亲的和旁系的姊妹集体地同彼此的丈夫婚配而建立的。由血婚制过渡到伙婚制是通过逐渐排除亲兄弟姊妹间的婚姻关系来实现的，经历了一个比较长的过程。这一阶段，姊妹和兄弟排除了性关系，这是一个巨大的进步，自然选择原则发生了很大的作用。这种家庭的主要特征是一定的家庭范围内相互的共夫和共妻，不过，妻子的兄弟和丈夫的姊妹被排除在外。

人类制度中三种最重要的、最广泛的制度，即：伙婚制家族、氏族组织和土兰尼亚式亲属制，都源于类似伙婚群的这样一个先行组织。氏族本身是以婚级为基础的，从它的诞生到成熟，经过了一个漫长的过程。它对婚姻家庭的影响就是妻子的数目不再像以前那样众多了，因为氏族组织倾向于缩小伙婚群，从而最后将它消灭。当氏族组织在古代社会中占据优势之后，偶婚制家族就逐渐在伙婚制家族内部产生了。从血婚制家族形态

---

① 《马克思恩格斯选集》第 4 卷，人民出版社 2012 年版，第 45 页。

② 恩格斯《家庭、私有制和国家的起源》中的中文译本使用血缘家庭、普那路亚家庭、对偶制家庭来指称先后相承的家庭形式，商务印书馆 2009 年版的《古代社会》使用了新的译名，如"普那路亚"改为"伙婚"，"一夫一妻制"或"单偶制"改为"专偶制"等。为了使读者不至于发生混乱，本书两者名称并用。

到伙婚制家族形态是自然的过渡，是人类通过观察与经验由低级进入高级社会状况的一种发展，这是人类智力和道德品质提高所得出的结果，是人类历史上一个极大的进步。

摩尔根的伙婚制家族恩格斯用普那路亚家庭所指代，普那路亚即亲密的同伴，是共同的妻子们相互之间的称呼，也是丈夫们之间的相互称呼。在1891年版的《起源》中，恩格斯用自己的研究资料补充说明了从血缘家庭向普那路亚家庭过渡的情况。恩格斯使用了英国传教士洛里默·法伊森的研究成果，法伊森发现在澳大利亚存在着不同级别之间的婚姻关系，一个部落被划分为两个级别，每个级别内部严禁性关系，两个级别之间的男子和女子是互为夫妻的，这不能排除父母与子女的性关系，然而，已经出现了限制近亲婚配的意向，虽然这是自发的，还没有明确的目的性。这种过渡表明家庭是一个不断发展的过程，而不是像当时很多学者认为的，人类家庭一出现就已经是父权制的专偶制家庭。

普那路亚家庭是群婚最高的发展阶段，在长期的生产、生活中，形成了独特的亲属制度和习俗传统，逐渐演变为母系氏族。恩格斯的研究向我们说明了历史发展过程中复杂多样的婚姻制度，有助于我们从整体上认识家庭形式发展的内在逻辑。

3.偶婚制家族/对偶制家庭：这是由一对配偶结婚而建立的，但不专限与固定的配偶同居，婚姻关系只有在双方愿意的期间才维持有效。

偶婚制家族是一种个别而且特殊的家族。几个这样的家族常常居住在一幢房子里，构成一个共同的家室，在生活中实行共产的原则。这种家族建立在一男一女相婚配的基础之上，这时的妇女不仅是其丈夫的主妻，她也是他的伴侣，是为他安排饮食的主妇，她所生的子女现在也开始稍有把握地确认他的亲生子女了，他们共同照料子女。这一时期，婚姻关系只能维持到结婚双方愿意维持时为止。丈夫可以任意抛弃妻子，另娶他妻而不遭非议，妇女也享有同样权利，可以离弃原夫另嫁他人，而不违背其部落与氏族的习俗，子女仍然属于母亲。

这一时期的妇女仍然享有一定程度的自由，但是对妇女已经有了严守贞操的要求，多妻和偶尔的通奸是男子的权利。恩格斯批判了麦克伦南把这一时期出现的抢劫和购买妇女的现象，说成是"抢劫婚姻"和"买卖婚姻"，并由此虚构出两种特殊家庭的观点。恩格斯认为，这种现象的出现不过是说明婚姻形式正在发生改变，在对偶婚出现之前的家庭形式下，男子是从来不缺少女子的，而在对偶婚家庭中，由于妻子必须要来自氏族以外，女子就变得稀少起来，才出现了抢劫和购买的迹象。

从对偶制家族向专偶制家族的转变需要有新的社会力量来推动，这时已经出现了新的经济形式——私有财产和新的劳动形式——奴隶劳动。恩格斯分析了促使婚姻制度变化的原因，指出正是经济生活条件的变化促使家庭形式发生了变化。

4. 专偶制家族：这是由一对配偶结婚而建立的，专限与固定的配偶同居。按照恩格斯的说法，专偶制是仅仅对妻子而言的，丈夫是不必遵循这个原则的。从伙婚制家族逐渐形成氏族，氏族经历了相当长的时间才慢慢发展成专偶制家族。直到人类社会进入文明社会之后，专偶制家族才得以稳固地建立起来。

专偶制家族是一种父权制家族。摩尔根考察了家族（family）一词的含义。他认为，family 出自 familia，familia 含有 famulus 之意，famulus＝仆从。从 family 一词的本义来看，它与配偶及其子女毫无关系，而是指在 pater familias（家族之父）的权力支配下为维持家族而从事劳动的奴仆团体。①专偶制家族有两个明显的特点，一个是每个男子满足于一个妻子；二是对女子的贞操防范森严。

---

① 参见［美］路易斯·亨利·摩尔根：《古代社会》（下），杨东莼等译，商务印书馆 2009 年版，第 546 页。

专偶制家族的所有特点出现于野蛮时代晚期，摩尔根认为，荷马时代的希腊人处于专偶制的低级阶段，丈夫用某种隔离的办法来保持妻子的贞操，但他自己却不承认有相应的义务，土兰尼亚式的婚姻制度被废弃了。这一阶段，结婚的主要目的是在合法婚姻之下生儿育女，对妇女的隔离是保证婚姻所生的子女一定是出自父亲的血缘。财产的增长和希望把财产传给子女的愿望，是促成专偶制以保证合法继承人和将继承人的数目限制在一对夫妇的真正后裔之内的动力。因此，

> 专偶制的产生是由于大量财富集中于一人之手，也就是男子之手，而且这种财富必须传给这一男子的子女，而不是传给其他人的子女。为此，就需要妻子方面的专偶制，而不是丈夫方面的专偶制，所以这种妻子方面的专偶制根本不妨碍丈夫的公开的或秘密的多偶制。[1]

恩格斯通过对古希腊斯巴达人和伊奥尼亚人专偶制家庭的考察，指出，专偶制婚姻决不是个人性爱的结果，它是不以自然条件为基础，而是以经济条件为基础，即以私有制对原始的自然产生的公有制的胜利为基础的第一个家庭形式。

总之，在原始社会中早期人们主要的婚姻家庭形态是群婚制。这种群婚制最初是包括血缘关系在内杂乱的性关系，后来发展到氏族外的非血缘群婚，最后才发展到松散的个体婚。恩格斯总结说："由此可见，原始历史上家庭的发展，就在于不断缩小最初包括整个部落并在内部盛行两性共同婚姻的那个范围。"[2]"被共同的婚姻纽带所联结的范围，起初是很广

---

① 《马克思恩格斯选集》第4卷，人民出版社2012年版，第86页。
② 《马克思恩格斯选集》第4卷，人民出版社2012年版，第55页。

泛的，后来越来越缩小，直到最后只留下现在占主要地位的成对配偶为止。"① 这就是恩格斯结合摩尔根的研究成果，对原始社会婚姻家庭发展的一般规律的概括和总结。

二、性与婚姻

性是婚姻关系中非常重要的一个问题，对于人类来说，性不仅仅是一种生物性的冲动。恩格斯在《起源》中，把人类的性行为和性关系置于历史的、特定的社会关系中来研究和探讨。恩格斯指出：性爱是性冲动的最高形式，性爱已经超越了性的动物性本能，表现为异性间的一种独特的社会关系。

性行为是人类繁衍生存的基础，可以说有了人类就有了人类之间的性行为。然而，把"性"作为一个客观对象进行研究却是近代以来才出现的，一个明显的例子是，1899 年美国芝加哥的一位医生刘易斯（Denslow Lewis）试图在美国医学协会上讨论"性行为的卫生"，可是却遭到霍普金斯大学著名的妇科专家霍华德·凯利（Howard Kelly）的激烈反对，他认为"这种话题的讨论充满着肮脏的意图，并且公开讨论这种议题会使我们自贬身价"，结果美国医学协会拒绝发表刘易斯医生的文章。② 这个例子说明，即使是医学专家也认为，性是不应该和不适于进行公开的研究和讨论。

然而恩格斯在《起源》中就打破了人们不愿谈论"性"的禁忌，其深刻之处就在于把"性"放在一定的社会关系中进行考察，人类的性不是自然的生物现象，而是体现了一种社会关系，不了解性在婚姻家庭发展历史

---

① 《马克思恩格斯选集》第 4 卷，人民出版社 2012 年版，第 38 页。
② 参见 Vern L. Bullough and Bonnie Bullough, *Sin, Sickness, and Sanity: A History of Sexual Attitudes,* New York：Routledge, 2019，p.2。

中的作用，就无法正确研究原始社会，也谈不到对现代社会的研究。

　　在原始社会中，性的控制起到了至关重要的作用，促使了人类社会的演变和发展。性的禁忌和规范不仅是对动物本能的控制，更是一种社会组织和集体生存的手段。

　　随着人类社会的形成，个体之间的性行为需要受到调控，以确保社会秩序和稳定。原始社会中，不受监督的性行为可能会导致紊乱，破坏社会的协调性。通过禁忌和规范，群体得以建立一种秩序，性行为不再是随意的个体行为，而是在集体利益和规范下进行的。民族学家们记录下来的绝大多数禁忌都这样或那样地、直接或间接地与两性关系有关。其中有相当部分就是直接禁止性交的规定。这就证明，不受监督的性本能表现，对于正在形成中的社会来说乃是最严重的危险，控制个人的性在相当大的程度上正是沿着压制这种动物本能的方向进行的。

　　性的控制也塑造了原始社会的社会结构。通过规范婚姻、家庭和亲属关系，氏族形成了一种有序的社会层级结构。

　　恩格斯反对资产阶级学者带着"妓院眼镜"去观察人类的原始状态，在群婚制时期，人们之间存在着杂乱的性关系。所谓"杂乱的性关系"就是后来由习俗所规定的限制那时还不存在，如血亲婚配的观念，不仅兄弟和姊妹起初曾经是夫妇，而且父母和子女之间的性关系也还是允许的。恩格斯批评那些企图否认人类存在着性生活杂乱时期的学者，认为这是一种非历史的观点，正是在这种性关系杂乱的时期，出现了婚姻。恩格斯指出，即使存在着杂乱的性关系，也不能由此得出结论说，"在日常实践中也必然是一片混乱。短时期的成对配偶决不是不可能的，正如在群婚制中，当时的多数情况也是成对配偶那样。所以，如果说韦斯特·马克（他是最近的一个否认这种原始状态的人）把两性在生孩子之前一切成对同居状态，都叫做婚姻，那么就应该说，这种婚姻完全可以在杂乱的性关系状态下发生，而它跟杂交状态，即不存在习俗规定的对性关系的限制的那种状态不相矛盾"①。

随着家庭形式的逐渐演变，在对偶制家庭为主体的时期，性行为已经有了一定程度的限制，对妇女贞操的要求也出现了，但男子是不必遵守这个要求的。随着母权制被推翻，专偶制家庭时期，由于生育的子女必须要有明确无误的生父，以保证财产的继承，对妇女的忠诚要求更加高了，使得专偶制变成了只是针对妇女而不是男子。因此，女性的性行为只能是对于自己的丈夫，如果稍有逾越，就会遭到严厉的惩罚。

从血缘家庭到对偶制家庭的演变，妇女自身也起着很大的作用。恩格斯赞同巴霍芬的这一观点，即从群婚杂乱的性关系状态向一男一女暂时的、不稳固的婚姻状态的过渡，主要是由妇女所完成的。恩格斯说：

> 古代遗传下来的两性间的关系，越是随着经济生活条件的发展，从而随着古代共产制的解体和人口密度的增大，而失去森林原始生活的素朴性质，就必然越使妇女感到屈辱和压抑；妇女也就必然越迫切地要求取得保持贞操的权利，取得暂时地或长久地只同一个男子结婚的权利作为解救的办法。这个进步决不可能由男子首创，这至少是因为男子从来不会想到甚至直到今天也不会想到要放弃事实上的群婚的便利。只有在由妇女实现了向对偶婚的过渡以后，男子才能实行严格的专偶制——自然，这种专偶制只是对妇女而言的。②

女性"性"的专属状态对妇女来说是一个巨大的进步，把妇女从群婚及杂乱的性关系中解放出来，但同时，妇女也不再有支配自己性的自由的权利了。在父权制社会中，性行为有两种不同的评价标准，一个是用于评

---

① 《马克思恩格斯选集》第4卷，人民出版社2012年版，第43—44页。
② 《马克思恩格斯选集》第4卷，人民出版社2012年版，第61页。

价女人的行为的，另一个是用来评价男人的行为的，恩格斯指出："凡在妇女方面被认为是犯罪并且要引起严重的法律后果和社会后果的一切，对于男子却被认为是一种光荣，至多也不过被当做可以欣然接受的道德上的小污点。"①

专偶制家庭与现代性爱之间的关系是分析现代家庭制度时不可回避的问题。性行为从很早时期开始，在很长时期内具有两个明显的特点，一是与权力，主要是男性的权力相关。贞洁的概念，对女性"性"的规范是父权制的产物。二是性往往与爱相分离。在偶婚制家族中，虽然男女的地位平等，共同生活，共同照料子女，然而这种婚姻形式不是建立在爱情的基础上的。摩尔根指出："男子寻找妻子，并不像文明社会中那样出于爱情，他们对爱情一无所知，他们还没有发展到足以理解爱情的地步。因此，婚姻不是以感情，而是以方便和需要为基础。事实上，子女的婚姻都是由母亲们安排的；而且，一般来说，将要结婚的双方并不知道议婚的情况，婚姻也无需征得他们的预先同意。因此，常常有完全不相识的男女突然间便成为夫妇的现象。"② 直到中世纪末期，在绝大多数场合，婚姻的缔结不是由当事人决定的，也不是由当事人双方相互爱慕决定的，而是由家庭或者家族的利益决定的。

婚姻与爱情是毫无关系的，婚姻的主要目的就是生儿育女。摩尔根认为，野蛮人是不懂得爱情，即使是处于专偶制低级阶段的希腊人，也认为肉体的价值是女性所能具有的一切美德之标准。恩格斯同意摩尔根这一观点，并且做了进一步的说明："在中世纪以前，是谈不到个人的性爱的。不言而喻，形体的美丽、亲密的交往、融洽的性情等等，都曾引起异性对于发生性关系的热望；同谁发生这种最亲密的关系，无论对男子还是

---

① 《马克思恩格斯选集》第 4 卷，人民出版社 2012 年版，第 86 页。
② [美] 路易斯·亨利·摩尔根：《古代社会》（下），杨东莼等译，商务印书馆 2009 年版，第 529 页。

对女子都不是完全无所谓的。但是这距离现代的性爱还很远很远。在整个古代，婚姻都是由父母为当事人缔结的，当事人则安心顺从。古代所仅有的那一点夫妇之爱，并不是主观的爱好，而是客观的义务；不是婚姻的基础，而是婚姻的附加物。"①

恩格斯在分析了德意志专偶制家庭后，指出：

在各民族混合的过程中，在罗马世界的废墟上发展起来的新的专偶制，使男子的统治具有了比较温和的形式，而使妇女至少从外表上看来有了古典古代所从未有过的更受尊敬和更加自由的地位。这样就第一次造成了一种可能性，在这种可能性的基础上，从专偶制之中——因情况的不同，或在它的内部，或与它并行，或与它相反——发展起来了我们应归功于专偶制的最伟大的道德进步：整个过去的世界所不知道的现代的个人性爱。②

那么，性欲望与性爱有什么不同呢？恩格斯提出了三个判断的标准，第一，性爱是以所爱者的对应的爱为前提的，从这方面说，妇女处于同男子平等的地位。也就是说，爱情是基于双方平等基础上的强烈感情，奴隶主与女奴隶之间是没有爱情的，有的只是奴隶主的性要求；第二，性爱常常达到这样强烈和持久的程度，如果不能结合而彼此分离，对双方来说即使不是一个最大的不幸，也是一个大不幸，为了能彼此结合，双方甘冒很大的危险，直至拿生命孤注一掷；第三，这种性关系是由于爱和对应的爱在婚姻中发生的，还是私通发生的？有道德的婚姻、性关系应该是建立在爱情上的，在这里，应该被考量的只有爱情这一个标准，而不

---

① 《马克思恩格斯选集》第 4 卷，人民出版社 2012 年版，第 87 页。

② 《马克思恩格斯选集》第 4 卷，人民出版社 2012 年版，第 79—80 页。

是家族的利益。①

正因为婚姻不是建立在爱情的基础上，要男女双方都恪守性忠诚是比较困难的，更何况在性关系方面，不存在任何专门的可以调节男人性行为的道德规范体系，即使在法律上男女双方也不是被平等对待的。19 世纪的法国妻子会由于违反夫妻忠实而被处以徒刑，但丈夫却只有在他把情妇公开留在自己与妻子的共同住宅里，才会受到罚款的处罚。可见，男子在阶级社会里始终享有相当大的性关系的自由，社会也始终承认他们有发生婚前和婚外性关系的权利。

通过对恩格斯观点的研究，我们可以清晰地看到婚姻与爱情之间的复杂关系，以及性在不同历史时期社会中的演变。婚姻并非仅仅是爱情的产物，而是深刻受到社会、经济和权力结构的塑造。在这个过程中，性爱的社会意义也发生了翻天覆地的变化。从最初的原始社会，性行为可能是杂乱而无拘束的，到后来婚姻的产生，社会对性的规范逐渐加强。在这种演变中，性不再仅仅是生物性的冲动，而是成为一种社会关系的表现形式。

恩格斯的观点揭示了性爱作为一种独特的社会关系，其发展与社会制度和阶级关系的演变密切相关。婚姻在社会中扮演着经济、政治和文化多重角色，而性爱则成为这一制度中既受到规范，又具有革新潜力的核心元素。深入了解这些关系，不仅有助于我们理解人类历史的发展轨迹，也会引发对现代婚姻观念和性别关系的深刻思考。

三、阶级社会中婚姻的实质

随着社会的发展，阶级社会中的婚姻制度不再仅仅是个人选择的问题，更成为社会结构的一部分。婚姻制度塑造了家庭，而家庭又在更大范

---

① 　参见《马克思恩格斯选集》第 4 卷，人民出版社 2012 年版，第 90—91 页。

围内塑造了整个社会。在这一过程中，阶级分化加剧，不同社会阶层的人们在婚姻中所扮演的角色和担负的责任也逐渐发生了变化。

按照恩格斯的标准，前资本主义社会是不存在建立在爱情基础上的婚姻的，在资本主义社会，情况也大抵如此，"当事人双方的相互爱慕应当高于其他一切而成为婚姻基础的事情，在统治阶级的实践中是自古以来都没有的。至多只是在浪漫故事中，或者在不受重视的被压迫阶级中，才有这样的事情"①。

在现代社会，人们所熟知的婚姻建立在一夫一妻的个体婚姻上，且人们普遍认同婚姻应该基于爱情。生活在这种婚姻形式时间久了，人们会认为婚姻从一开始就是这样的个体婚制，一夫多妻制或者一妻多夫制的婚姻形式不过是偶尔的和暂时的现象而已。然而，这种观念无论多么符合现代人的婚姻观点，也不是历史的事实。不了解古代社会的前阶级社会的婚姻实质，就无法正确认识前阶级社会中的两性关系，以及阶级社会的婚姻实质。

如果说野蛮人的婚姻中没有爱情，那么进入文明时代的婚姻呢？同样没有爱情。性的欲望和要求，是人的动物性的本能。与爱情相联系的性爱，并不是人的自然本能，而是历史的产物，并且受到一定社会关系的制约。

恩格斯指出，专偶制家庭的出现使得性爱成为可能，然而，性爱在这里仅仅是处于萌芽状态。在中世纪之前，是谈不到个人性爱的，即使在中世纪，性爱不是发生在夫妻之间，不是存在于婚姻之中，而是以通奸的方式存在着。恩格斯说：

> 第一个出现在历史上的性爱形式，表现为热恋，表现为每个人（至少是统治阶级中的每个人）都能享受到的热恋，表现为性的冲动

---

① 《马克思恩格斯选集》第 4 卷，人民出版社 2012 年版，第 90 页。

的最高形式（这正是性爱的特性），而这第一个出现的性爱形式，中世纪的那种骑士之爱，根本不是夫妇之爱。恰好相反，古典方式的、普罗旺斯人的骑士之爱，正是极力要破坏夫妻的忠实，而他们的诗人们所歌颂的也正是这个。①

　　凯特·米利特在 20 世纪 70 年代指出，人们歌颂的骑士的浪漫爱情只不过是男性从其全部权力中让与女性的"财物"，这不是平等的爱情。她说："骑士制度是对不公正的妇女社会地位的妥协，同时，也是掩饰这种不公的手段。我们必须承认，骑士是统治集团将其臣民提高到显要地位而玩的一种游戏。研究雅典爱情的历史学家们强调指出，诗人们对骑士制度的狂烈赞颂对妇女地位的影响也微乎其微。"②

　　在专偶制家庭中，丈夫不仅有妻子，有众多的女奴隶，还有广泛存在着的卖淫供丈夫取乐，妻子对丈夫来说，不过是他婚生的嗣子的母亲，他的最高的管家婆和女奴隶的总管而已，妻子几乎是处于幽禁的状态，完全依附于丈夫，且得不到丈夫的尊重。

　　然而，旧时代存在的性关系的相对自由并没有完全消失，群婚制传给文明时代的遗产是双重的，一方面是针对妇女的专偶制，另一方面则是自由妇女的职业卖淫。妇女为了报复丈夫的不忠，出现了通奸。随着个体婚制出现了两种经常性的、以前所不知道的特有的社会人物：妻子的经常的情人和戴绿帽子的丈夫。本来对妻子的专偶制和严加防范是为了确保财产的继承人，出自父亲的血统，然而，子女是否确凿无疑地出自父亲，像从前一样，至多只能依据道德的信念，这是多么大的讽刺呀！

　　婚姻若要建立在爱情的基础上，首要条件是男女双方必须处于平等的

---

① 《马克思恩格斯选集》第 4 卷，人民出版社 2012 年版，第 80—81 页。

② ［美］凯特·米利特：《性政治》，宋文伟译，江苏人民出版社 2000 年版，第 45 页。

地位，然而，上千年的个体婚制中，女人一直从属于男人，她们从来没有自我确定为主体。一般而言，主体与客体之间存在着互换的可能性，即在一定条件下，主体会成为客体，客体会变成主体，这种相互性意味着主客体的平等。然而，男人是主体，女人是客体，这一对主客体关系并没有互换性，这就决定了婚姻的实质就是生儿育女。

随着资产阶级革命的胜利，人身依附被打破了，个人获得了自由，这为婚姻奠定在爱情的基础上开辟了道路。然而，资本主义社会中，婚姻的实质与前资本主义社会中没有什么区别，婚姻仍然是由父母包办的、权衡利害的事情。

恩格斯认为，在资产阶级中间，缔结婚姻有两种方式，一种是在天主教占统治地位的国家，婚姻不是由于当事人双方的意愿，而是父母的安排，结果就是专偶制所固有的矛盾得到了最充分的发展：丈夫方面是大肆实行淫游，妻子方面是大肆通奸。

在新教国家，情形稍微好一些，父母允许自己的儿子有一定的自由在本阶级中间寻找妻子，因此，这种婚姻有一定程度的爱在其中，相应地，丈夫的淫游和妻子的通奸不那么严重。然而，在任何婚姻形式下，人们结婚前和结婚后都是一样的人，新教国家中专偶制即使在最好的情况下，也只不过是导致被看作家庭幸福，实则极端枯燥无聊的婚姻共同体罢了。可见，

> 在这两种场合，婚姻都是由当事人的阶级地位来决定的，因此总是权衡利害的婚姻。这种权衡利害的婚姻，在这两种场合都往往变为最粗鄙的卖淫——有时是双方，而更常见的是妻子。妻子和普通娼妓的不同之处，只在于她不是像雇佣女工做计件工作那样出租自己的身体，而是把身体一次永远出卖为奴隶。①

---

① 《马克思恩格斯选集》第4卷，人民出版社2012年版，第82页。

在《共产党宣言》中，马克思和恩格斯对资产阶级婚姻进行了尖锐批评："资产阶级撕下了罩在家庭关系上的温情脉脉的面纱，把这种关系变成了纯粹的金钱关系。"①恩格斯在《起源》中尖锐指出资产阶级婚姻的虚伪性，表面上看，婚姻是双方自愿缔结的契约，在婚姻维系期间，双方在相互关系上必须具有平等的权利和义务，实际上，这种契约就像资本主义制度下的劳动关系一样是不平等的。

资本主义制度下的劳动关系，从法律角度看，劳动契约是由双方资源缔结的，只要法律在字面上规定双方平等，这个契约就算是自愿缔结的。然而，法律对于不同阶级地位给予一方的权力，以及这种权力对另一方的压迫，即双方实际的经济地位，却置之不顾。这种形式上的自愿与平等掩盖了资本主义剥削的本质。

资本主义社会中的婚姻也是这样，恩格斯指出："在婚姻问题上，法律，即使是最进步的法律，只要当事人让人把他们出于自愿一事正式记录在案，也就十分满足了。至于法律幕后的现实生活发生了什么事，这种自愿是怎样造成的，法律和法学家都可以置之不问。"②在这种自愿的背后，是法律赋予父母极大的权力，或者子女的婚事必须取得父母的同意，或者父母可以通过剥夺子女继承权的方式，迫使子女就范，这就是资本主义国家所谓结婚自由的实质。

在资本主义社会，没有爱情的婚姻导致了男子的淫游。随着商品生产的发展，淫游逐渐演变为适应资本主义商品生产的制度，甚至变得更为露骨，成为一种卖淫。这种现象在道德上产生了腐蚀作用，并在社会中逐渐蔓延。尽管人们逐渐承认在婚姻中有自由缔结契约的权利，但婚姻仍然深受阶级差异的影响。只要阶级存在，婚姻就很难真正建立在爱情

---

① 《马克思恩格斯选集》第1卷，人民出版社2012年版，第403页。
② 《马克思恩格斯选集》第4卷，人民出版社2012年版，第84页。

的基础上。

　　在资本主义社会中，真正的爱情似乎只能存在于无产阶级之中。无产者完全丧失了生产资料，没有财产可以供子女继承，他们依赖出卖劳动力来维持生计。资本主义需要男工和女工，女工外出工作，就使得在家庭中传统的男子统治地位开始动摇。

　　要想实现婚姻与爱情的结合，必须彻底消除资本主义社会的生产和财产关系，从而消除婚姻中对配偶选择产生影响的一切附加的经济考虑。只有当社会达到了这一阶段，即只有当男子一生中不会用金钱或其他社会权力手段去买妇女的献身，而女子则除了真正的爱情以外，也不会再出于其他考虑而委身于男子，或者担心由于经济后果而拒绝委身于她所爱的男子，才能出现新型的婚姻家庭。恩格斯说："结婚的充分自由，只有在消灭了资本主义生产和它所造成的财产关系，从而把今日对选择配偶还有巨大影响的一切附加的经济考虑消除以后，才能普遍实现。到那时，除了相互的爱慕以外，就再也不会有别的动机了。"[1]

　　必须指出的是，恩格斯对离婚自由的观点在当时的社会中是非常超前的！恩格斯强调，婚姻的道德基础应该是真正的爱情，因此，保持婚姻中的爱情至关重要。然而，如果感情消失，或者被新的热烈的爱情所取代，选择离婚对于双方和整个社会都是一种积极的做法。

　　恩格斯对未来家庭形式进行了预测，并从社会的生产资料所有制和个人的本质出发进行了深入论述。他将专偶制（一夫一妻制）划分为两个不同阶段，分别是"古典的专偶制"和"真正的专偶制"。

　　"古典的专偶制"起源于偶婚制，是以私有制为基础，并只是对女性的"一夫"要求；"真正的专偶制"是在近代社会，即无产阶级崛起后才出现的，它摒弃了剥削制度对婚姻的质的规定性，并继承了一夫一妻的

---

① 《马克思恩格斯选集》第 4 卷，人民出版社 2012 年版，第 93 页。

形式。恩格斯指出："古典的专偶制的全部基础也就除去了。在这里没有任何财产，而专偶制和男子的统治原是为了保存和继承财产而建立的；因此，在这里也就没有建立男子统治的任何推动力了。"①

一旦私有制基础消失，妇女的平等地位将会实现。家庭将会是建立在爱的基础上的、真正的一夫一妻制。恩格斯强调："可以不无理由地回答：它（一夫一妻制——作者注）不仅不会消失，而且相反，只有那时它才能完全地实现。因为随着生产资料转归社会所有，雇佣劳动、无产阶级，从而一定数量的——用统计方法可以计算出来的——妇女为金钱而献身的必要性，也要消失了。卖淫将要消失，而专偶制不仅不会灭亡，而且最后对于男子也将成为现实。"② 在未来共产主义社会，由于生产资料的社会化所有制，雇佣劳动和妇女为金钱献身的需求将消失，从而推动建立在爱情基础之上的真正的一夫一妻制的实现。

第三节　家庭的变化与社会的变迁

家庭的演变经历了从血缘家庭到普那路亚家庭，再到对偶制家庭、专偶制家庭的复杂历史阶段。在早期家庭演变的过程中，血缘亲属制度在母系社会中扮演了决定性的角色。随着社会的不断发展，私有制逐渐兴起，父权制度逐渐代替了母权制度，引领家庭进入新的发展阶段。从对偶制家庭到专偶制家庭的演变中，社会关系经历了翻天覆地的变化。在新的社会秩序中，私有制的确立成为一个标志，父权制社会取代了母权制社会，家庭进入父权制家庭的时代。

---

① 《马克思恩格斯选集》第 4 卷，人民出版社 2012 年版，第 82—83 页。
② 《马克思恩格斯选集》第 4 卷，人民出版社 2012 年版，第 87 页。

恩格斯《家庭、私有制和国家的起源》研究
——以性别理论为视角

一、父权制取代母权制的原因

恩格斯高度评价巴霍芬的《母权论》，这表明恩格斯本人是赞同巴霍芬关于人类早期存在着母系社会——世系只能依照女系——的观点。然而，恩格斯认为巴霍芬正确的观点是建立在错误的论据上面的。巴霍芬认为是人们头脑中宗教观念的改变，引起了母权社会向父权社会的演变，而恩格斯是反对这一解释的。

相反，摩尔根通过实证研究确定了原始母权制氏族是文明民族父权制氏族之前的阶段，这一发现具有革命性的意义。摩尔根的概念比巴霍芬更为正确，他颠覆了自 18 世纪启蒙时代以来，人们普遍认为妇女在最初的社会里就已经是男子奴隶的观点，从而为妇女争取平等的权利提供了理论依据。

恩格斯更进一步在《起源》中分析了父权制取代母权制的原因。

第一，性别分工不平等的出现。

首先，性别分工的出现是人类社会早期的自然分工，这一分工是基于生育子女的需要产生的自然分工，并不必然导致性别的不平等。恩格斯说："决定两性间的分工的原因，是同决定妇女社会地位的原因完全不同的。"[①]

最初的分工是男女之间为了生育子女而发生的分工，男人由于体力的优势，一般从事狩猎、捕鱼、制造武器、加工石器、木器、建造茅舍等活动，女人一般从事采集、养育小孩、准备食物、制作衣服、收集燃料等。在这个时期，尽管存在性别分工，但社会关系仍以母系继承为基础，保持了相对平等的状态。

随着生产活动的不断发展，狩猎逐渐成为主要的食物来源，成功的狩

[①] 《马克思恩格斯选集》第 4 卷，人民出版社 2012 年版，第 57 页。

猎变得至关重要。这一变化提升了狩猎活动的重要性，强调了男性在生产领域的关键角色。同时，个体婚制的出现标志着社会历史的进步，但同时伴随着奴隶制和私有制的出现。

在个体婚制下，男性成为生产资料的所有者，而女性则逐渐被排除在资源分配关系之外，沦为家庭的奴隶。这一演变不仅限制了女性的社会地位，同时也奠定了男性对于生产资料和家庭资源的控制地位。

在父权制家庭中，男性不仅成为家庭的供养者和所有者，还具有对家庭成员的支配地位。在这种体制下，家庭关系被封闭在丈夫的支配下，成为阶级社会中的一种普遍现象。

这种父权制度的巩固不仅在家庭中产生显著的不平等，也影响了社会其他层面。家庭成员的生活和资源受到丈夫的支配，女性的社会参与权利被剥夺。这种社会结构不仅是一种家庭关系的安排，更是阶级社会中权力和资源分配的体现。女人自己的那份社会产品只能从男人们的份额里得到——出嫁前从父亲那里，结婚以后从丈夫那里得到。由于男人扮演着唯一供养者的角色，所以他们不可避免地就会既以孩子的供养者，又以妻子的供养者的身份出现。家庭成员被教育和塑造成符合父权结构的角色，加强了传统性别角色的固化。这种现象不仅对个体在家庭中的自由发展产生负面影响，也在更广泛的社会范围内制约了女性的发展和平等参与。因此，父权制家庭的形成和巩固不仅是个体生活中的一种限制，更是阶级社会中性别不平等的体现，对社会整体产生深远的影响。

第二，私有财富的积累进一步影响了家庭结构。

在对偶家庭形成后，私有财富的出现成为推动新家庭形式产生的动力。财富的积累和私有制的出现在家庭关系中产生了深刻的变革。原先的母系家庭是一个极其松散的联合体，以女人和她们的孩子为一方，以她们的丈夫们为另一方，双方之间的关系不牢固。然而，对偶婚姻是双方平等的联盟，无论经济关系还是其他关系都是平等的。正因为存在着这种平等关系，所以对偶婚姻可以按照夫妻双方任何一方的意愿而解除。

随着财富的增加，尤其是家畜的驯养和繁殖成为主要的财富来源，家庭关系逐渐向私有制的方向演变。在旧大陆，家畜的驯养和畜群的繁殖，开发出前所未有的财富的来源，并创造了全新的社会关系。财富的积累加速了对家庭结构的重新定义。

家庭不再仅仅是一个相对独立的社会单位，而是成为财产积累的场所。喂养、繁殖牲畜的工作，不像狩猎生产那样必须以氏族或较大的集体为单位才能完成，而可以在较小的家庭范围内实现，既然是以家庭为单位创造了这些财富，那么这些财富也就归家庭所占有。这些财富，一旦转归家庭私有并且迅速增加起来，就给了以对偶婚和母权制氏族为基础的社会一个强有力的打击。

按照当时家庭内的分工，丈夫的责任是获得食物和为此所必需的劳动工具，从而，他也取得了劳动工具的所有权。在关系破裂时，丈夫就随身带走这些劳动工具，而妻子则保留她的家庭用具。根据当时社会的习惯，丈夫是食物的新来源即家畜的所有者，又是新的劳动工具即奴隶的所有者，然而根据同一社会的习惯，他的子女却不能继承他的财产。这种矛盾只能在改变财富继承方式的前提下才能解决，即由氏族内部的财产继承向家庭内部的财产继承转移。

财产的所有权变动直接影响了男性在家庭中的地位，标志着对母系家庭的颠覆。财富的增加使得丈夫在家庭中成为了更为重要的角色，并且这一地位的变化为进一步废除传统继承制度创造了动力。

家庭也因财产的继承制而永久化了。子女的定义也发生了变化。他们从社会团组的新成员，变成了财产继承人或是依靠家长的从属的工人。妇女的生殖劳动与她们的生产活动一样经历了从为社会到为私人领域的变革。以前，她们是为男女组成的社会组织生产新成员，现在则是替男人生产继承人，继承家长的财产和社会地位。人和财产缠绕在一起，相互限定。①

随着这一转变，母系社会的结构被推翻，让位于父系社会的崭新形式。

恩格斯指出：

> 因此，随着财富的增加，财富便一方面使丈夫在家庭中占据比妻子更重要的地位；另一方面，又产生了利用这个增强了的地位来废除传统的继承制度使之有利于子女的原动力。但是，当世系还是按母权制来确定的时候，这是不可能的。因此，必须废除母权制，而它也就被废除了。这并不像我们现在所想像的那样困难，因为这一革命——人类所经历过的最深刻的革命之一——并不需要侵害到任何一个活着的氏族成员。②

财产占有状况的改变，决定着男子在家庭中地位的变化，从而完全改变了原先妇女占首要地位的历史状况。

因此，私有财产的出现不仅颠覆了母系社会，也标志着家庭关系朝着更为封闭、父权制度更为牢固的方向发展。这一历史性的转变同时也是人类社会向政治社会迈出的重要一步。

第三，新的社会关系和社会规范巩固了父权制家庭。

随着家庭形式的演变，社会的关系和规范也发生了深刻的变化，这些变革进一步巩固了父权制家庭的地位。摩尔根的实证研究揭示了家庭形式

---

① 转引自王政、杜芳琴主编：《社会性别研究选译》，生活·读书·新知三联书店1998年版，第6页。
② 《马克思恩格斯选集》第4卷，人民出版社2012年版，第64页。

的变迁如何引发了氏族制度的演变，使父权制度得以确立。新的社会关系和规范适应了这一演变，为父权制家庭创造了更加牢固的基础。

首先，随着父权制度的确立，出现了适应这一新秩序的社会关系。父权制家庭的形成改变了家庭结构，将男性置于统治地位。社会关系在婚姻和家庭生活中发生了深刻变化，男性的权威和决策权变得无可争议。这种权威贯穿于家庭的方方面面，包括财产、教育和社会地位等。男性家长成为家庭的领袖，而这一地位也反映在社会关系中，影响了家庭成员之间的相互作用。

其次，新的社会规范的确立巩固了父权制家庭的稳定性。这些规范明确定义了每个家庭成员的角色和职责，特别是关于妇女在社会和家庭中的地位。妇女被明确排除在公共领域之外，而在家庭中被规定了特定的位置。任何违反这些规范的行为都会受到严厉的惩罚，这进一步强化了父权制家庭的结构。社会规范成为一种维持秩序和权威的手段，确保了家庭成员在这一新秩序中的服从和稳定。

最后，男性在婚姻和家庭中的统治地位决定了婚姻和家庭的性质。父权制的社会规范使得男性在家庭中扮演主导角色，其权威不仅体现在经济支配上，也贯穿于家庭内外的方方面面。这不仅影响了家庭内部的互动，也在社会层面上塑造了特定的家庭模式。比如在原始社会中，通过氏族之间的交换关系进一步扩大了社会关系网络，而妇女也是作为被交换的物品之一。

在母系社会中，由于生产力的水平十分低下，社会所能生产的食物数量是有限的，只能保障人的肉体生存所必需的食物。随着生产力的发展，出现了剩余产品，氏族与氏族之间就开始了交换。

这种交换按其本性与商品交换毫无共同之处。它属于前阶级社会中广泛流行的一种交换形式，这种形式在科学文献中叫做礼品或礼品交换。民族学资料证明，礼品交换的实质在于，建立新的或维持已有的个人与个人、集团与集团之间的社会关系。在此种情况下这种社会关系是一种独特的渠道，礼品就是沿着这条渠道相互交换的。只要双方在不断交换礼品，社会关系就在继续维持着。礼品交换一停止，社会关系就随着中断。[①]

在这种交换中，妇女作为交换物品或礼品，就说明妇女不再具有主体性，而是客体了。盖尔·卢宾说：女人的交换"具有吸引力是因为它将妇女压迫置于社会制度而不是生物性中。此外，它建议我们从对女人的交易中寻找妇女压迫的最终场所，而不是从商品交易中找"[②]。

总体而言，新的社会关系和社会规范的确立为父权制家庭提供了牢固的基础。这一演变不仅深刻改变了家庭内外的权力结构，也在社会层面上塑造了一种新的秩序。父权制家庭的形成并不是孤立的现象，而是与社会关系和规范的变化相互交织，共同推动了家庭结构的进一步演进。

二、新的家庭形式——父权制家庭

在人类社会演进的历史进程中，特定时刻的改变导致了氏族制度的变革，标志着新的家庭形式——父权制家庭的确立。这一变革废除了按女系计算世系的方式和母系的继承权，确立了按男系计算世系的方式和父系的继承权。

恩格斯描述了这个历史过程。这是一个女人从自由、平等、有生产能

① 参见〔苏〕谢苗诺夫：《婚姻和家庭的起源》，蔡俊生译，中国社会科学出版社 1983 年版，第 231 页。
② 转引自王政、杜芳琴主编：《社会性别研究选译》，生活·读书·新知三联书店 1998 年版，第 38—39 页。

力的社会成员，演变为附属的、依赖他人监护的妻子或被监护人的过程。自由财产的出现、男性控制生产资料，以及家庭作为使男人拥有财产权的合理化、永久化的机构而存在，是导致女人地位变化的主要原因。恩格斯说：

> 从马克思的观点看，整个历史进程——指重大事件——到现在为止都是不知不觉地完成的，也就是说，这些事件及其所引起的后果都是不以人的意志为转移的。历史事件的参与者要么直接希求的不是已成之事，要么这已成之事又引起完全不同的未预见到的后果。①

从母权制到父权制的发展，是一场不流血的革命，也没有引起女性激烈的反抗，因为这一革命对女性的意义，是很久之后才逐渐显露出来的。

恩格斯的《起源》中家庭一章，决不是对摩尔根《古代社会》相应篇章的简单阐释，而是引用了其他学者研究的最新资料，特别是阐述一夫一妻制家庭的形式，则完全是恩格斯的研究成果。

按照摩尔根的意见，从杂乱的性关系的原始状态中，发展出了几种家庭形式，从对偶婚制到专偶婚制这个阶段，出现了父权制家庭。父权制家庭与其他阶段不同，它不是普遍的，因此，摩尔根没有花费精力去分析这种家庭。他只是指出，这种家庭属于野蛮阶段晚期，在开始进入文明社会之后还维持过一段时间。这种家庭的特征是："把许多人，包括自由民与奴隶，在父权之下组织成一个家族，其目的在于占有土地、放牧牛羊。那些沦为奴隶的人，那些受雇为仆役的人，以婚姻关系为生活基础，以其家长为酋长，构成一个父权制家族。这种家族的重要特点在于支配其成员和财产的权利。"②男子占有生产资料，在经济上占据统治地位，这就决定了

---

① 《马克思恩格斯全集》第 39 卷，人民出版社 1974 年版，第 405 页。
② ［美］路易斯·亨利·摩尔根：《古代社会》（下），杨东莼等译，商务印书馆 2009 年版，第 539 页。

他们在婚姻关系上也占据着统治地位。

恩格斯赞同摩尔根认为家长制家庭是一种过渡时期的中间形式，然而，恩格斯同时也强调了这种家长制家庭在人类历史发展中的重要性。因为，母权制被推翻，确立了男子独裁就发生在这一时期，"母权制被推翻，乃是女性的具有世界历史意义的失败。丈夫在家中也掌握了权柄，而妻子则被贬低，被奴役，变成丈夫淫欲的奴隶，变成单纯的生孩子的工具了"①。

恩格斯指出，这种家庭的主要特点不是多妻制，而是若干数目的自由人和非自由人在家长的父权之下组成一个家庭，可见，这种家庭有两个基本特征，一是把非自由人包括在内，二是父权；这种家庭的完善的典型是罗马人的家庭。

恩格斯赞同摩尔根对家庭一词含义的分析，并作了进一步的说明：

> Familia 这个词，起初并不表示现代庸人的那种由脉脉温情同家庭龃龉组合起来的理想；在罗马人那里，它起初甚至不是指夫妻及其子女，而只是指奴隶。Famulus 的意思是一个家庭奴隶，而 familia 则是指属于一个人的全体奴隶。还在盖尤斯时代，familia, id est patri-monium（即遗产），就是通过遗嘱遗留的。这一用语是罗马人所发明，用以表示一种新的社会机体，这种机体的首长，以罗马的父权支配着妻子、子女和一定数量的奴隶，并且对他们握有生杀之权。②

父权制家庭处于从对偶制向专偶制转变的中间阶段，在对偶制家庭中，已经出现了一个男子和一个女子共同生活，在同居期间，多半都要求

---

① 《马克思恩格斯选集》第 4 卷，人民出版社 2012 年版，第 66 页。

② 《马克思恩格斯选集》第 4 卷，人民出版社 2012 年版，第 66 页。

妇女严守贞操，多妻和偶尔的通奸是男子的权利，虽然如此，婚姻关系仍是很容易由任何一方解除的，而子女仍然只属于母亲。父权制家庭，丈夫的权威已经完全树立起来了，只不过在希腊的表现形式比较粗野，而在罗马，妇女是比较自由和受尊敬的。

社会性别角色和家庭经济结构之间存在着深刻的关系。父权制家庭的出现意味着社会经济结构、生产关系体系的根本改变。恩格斯指出："专偶制是不以自然条件为基础，而以经济条件为基础，即以私有制对原始的自然产生的公有制的胜利为基础的第一个家庭形式。"① 这一制度变革在形式上标志着一夫一妻制的确立，背后却是对家庭与生产关系的深刻调整。

父权制家庭的出现同时标志着人们可以通过法律来研究古代社会了。恩格斯通过研究马克西姆·柯瓦列夫斯基的《家庭及所有制的起源和发展概论》、安·霍伊斯勒的《德意志司法制度》等人的大量著作，证明了存在着父权制公社。

父权制家庭的重要性不仅体现在其作为现代家庭的萌芽和缩影上，更在于其对阶级统治、阶级奴役不平等制度在婚姻家庭、两性关系上的显露。恩格斯援引了马克思对摩尔根《古代社会》一书的摘要来说明这一点。马克思在评价摩尔根关于 familia 一词的分析后，指出："现代家庭在萌芽时，不仅包含着 servitus（奴隶制），而且也包含着农奴制，因为它从一开始就是同田野耕作的劳役有关的。它以缩影的形式包含了一切后来在社会及其国家中广泛发展起来的对抗。"② 在这个制度下，男性通过对女性的统治地位，巩固了阶级社会中的家庭经济结构，体现了产生性别不平等的阶级根源。

---

① 《马克思恩格斯选集》第 4 卷，人民出版社 2012 年版，第 75 页。
② 《马克思恩格斯全集》第 45 卷，人民出版社 1985 年版，第 366 页。

在阶级社会中，女性的地位被二重化，不管她们是否参加劳动，都扮演着被供养者的角色。这是因为阶级社会中划分供养者和被供养者的依据，不是劳动与否，而是是否具有生产资料的所有权。因此，在父权制家庭中，丈夫和妻子之间的关系基于对生产资料的不平等占有，进一步强化了阶级社会中的性别角色和家庭经济结构。

同时，在阶级社会中，家庭经济不仅不是社会经济的组成部分，而且是与社会经济相对立的，家务劳动是在家庭经济关系的范围内进行的，不是在社会经济关系的范围内进行的。只有社会生产的产品才是社会产品，并且只有创造这种产品的劳动才被看作是社会的生产劳动。家庭经济关系在一定程度上脱离社会经济关系，女性的劳动在家庭经济关系的范围内进行，这使得女性的家务劳动不再具有社会性质，而变成私人事务。如恩格斯所言："随着家长制家庭，尤其是随着专偶制个体家庭的产生，情况就改变了。料理家务失去了它的公共的性质。它与社会不再相干了。它变成了**一种私人的服务**；妻子成为主要的家庭女仆，被排斥在社会生产之外。"①

父权制家庭的兴起和妇女地位的下降，标志着阶级社会中性别角色和家庭经济结构的深刻演变。这一历史进程不仅为我们理解古代社会提供了关键线索，也揭示了家庭、性别和阶级之间错综复杂的关系。

三、恩格斯研究婚姻家庭的核心方法

恩格斯在《起源》中，花费了大量的篇幅研究古代社会家庭的演变及特点，他不是作为一个人类学者来研究古代社会的，而是作为一名马克思主义者，运用辩证唯物主义和历史唯物主义的方法，阐明马克思与他自己

---

① 《马克思恩格斯选集》第 4 卷，人民出版社 2012 年版，第 84—85 页。

对人类这一段历史的研究意义，进一步补充和发展了唯物史观。

恩格斯的研究方法主要有以下几点：

（一）党性原则

党性原则是指恩格斯在研究婚姻家庭问题时，将马克思主义的党性原则融入研究框架。这包括对社会制度和阶级结构的敏感性，以及对阶级斗争在婚姻家庭形成和演变中的作用的关注。

恩格斯的《起源》虽然主要是研究古代社会，表面上看似乎远离当时的工人运动，然而实质上恰恰是工人运动的需要。

党性原则是马克思主义与其他理论与学说鲜明分野的显著标志。马克思公开宣称，他的理论是为无产阶级服务的。党性原则引起了其他学者的强烈反映，甚至导致他们曲解乃至误读。这些学者认为，所谓党性原则就是放弃科学的客观性和价值中立性，仅仅将研究过程完全屈从于研究者个人的意识形态和政治立场，而不关心这种方法是否歪曲了事实。然而，在马克思和恩格斯看来，党性原则实质上是建立在事实的基础上，破除资产阶级意识形态的迷雾，还原事物的真相，为工人运动提供理论武器的重要方法。

马克思本人就是一个贯彻党性原则的典范。在马克思离世的前十年，几乎没有发表过重要的著作，以至于有些人认为作为学者和斗士的马克思已经"死亡"了。然而，马克思逝世后，人们发现马克思留下大量的读书笔记。马克思在晚年更加积极研究古老的社会形态，进一步阐明资本主义以前的社会包括原始社会发展的规律，深入探讨当时在世界广大地区仍然存在的农村公社的历史命运问题。他搜集、研究了各种材料，阅读了有关的学术著作。他虽然没有来得及在这一领域写出系统的著作，但他通过对某些著作的细心摘录、评注、删节和补充，表述或透露了他的许多宝贵的思想和深刻的观点。这些笔记后来被统称为"民族学笔记"或"人类学笔记"。

马克思写于1879—1882年间的关于柯瓦列夫斯基、摩尔根、梅恩和拉伯克的手稿，反映出他努力扩大和加深自己早先制定的关于世界历史的一般唯物主义构想，同时对前资本主义社会的研究，也促使马克思不断思索是否有不同于西欧的其他的社会发展道路。马克思做这些研究的目的，不是想成为一个人类学家，而且试图用唯物史观作为方法论基础，研究说明阐释前资本主义社会的结构，批判当时在这个领域中占统治地位的唯心史观，为工人阶级运动与无产阶级革命扫清理论上障碍。

在《起源》中，恩格斯指出，资产阶级的学者是戴着有色眼镜看待摩尔根的。摩尔根在《血亲制度和姻亲制度》一书中，从亲属制度出发，恢复了与之相应的家庭形式，开辟了一条新的研究途径及进一步追溯人类史前史的可能，然而他的研究成果却被英国所有的史前史学家所窃取，并对他的著作尽可能保持沉默，这种冷漠的态度表明，他们对于摩尔根对文明、对商品生产社会，简言之，对现代社会基本形式的批判不满，更何况摩尔根还用了马克思式的语言来谈论对这一社会的未来改造。可见，马克思和恩格斯是公开承认党性原则的，而资产阶级的学者却在客观中立的幌子下，偷偷贩卖着具有浓厚意识形态色彩的学说，为资产阶级的统治辩护。

（二）历史的方法

历史分析的方法是马克思主义方法论的核心，马克思、恩格斯多次强调指出，历史本身是具体的历史，即抽象的、思辨的历史的对立物。恩格斯在致保尔·恩斯特的信（草稿）中说："如果不把唯物主义方法当作研究历史的指南，而把它当作现成的公式，按照它来裁剪各种历史事实，那么它就会转变为自己的对立物。"在同一封信中，恩格斯辛辣地讽刺了巴尔忽视历史的发展，空谈妇女问题的做法，他说：

> 您无疑会稍微细致地考察一下巴尔先生的失掉一切"历史发展"特点的"妇女"的。妇女的皮肤是历史的发展，因为它必定是白色或黑色、黄色、棕色或红色的，——因此，她不会有人类的皮肤。妇女

的头发是历史的发展——是卷的或波纹的、弯的或直的；是黑色、红黄色或淡黄色的。因此，她也不可能有人类的头发。如果把她身上一切历史形成的东西同皮肤和头发一起统统去掉，"在我们面前呈现的原来的妇女"还剩下什么东西呢？干脆地说，这就是雌的类人猿。那就让巴尔先生把这个"容易感触到和看清楚的"雌类人猿，连同其一切"自然本能"抱进自己的被窝里去吧。①

可见，没有历史的方法，就无法正确认识任何事物，更不用说找到事物发展的规律了。历史唯物主义非常重要的一个方法就是用历史的眼光去观察和分析存在的各种现象，对于婚姻和家庭也是一样。婚姻家庭是如何产生的、是在什么时候产生的、经历了哪些变化、发展的特点和趋势怎样？这些问题就是恩格斯的《起源》试图回答的。

对于家庭这一概念，恩格斯是从历史角度进行分析的。恩格斯沿用了摩尔根所使用的家庭概念，将松散、比较混乱的婚姻血缘关系称为家庭。也就是说，在群婚时期也是有家庭存在的，而且这种家庭是最宽泛意义上的家庭。当恩格斯明确指出，家庭是指"夫妻之间的关系，父母和子女之间的关系"② 时，已经是人类社会进入专偶制时代、发生了变化的家庭。

直到 19 世纪中叶，人们对家庭的看法仍然沿用摩西五经的理论，不仅把家长制家庭看作是最古老的家庭形式，而且把它同资本主义社会的一夫一妻制家庭等同起来，似乎家庭几乎没有经历过任何历史的发展，至多不过在某些时候除占统治地位的一夫一妻制外，还有一些一夫多妻制和一妻多夫制而已。恩格斯深刻认识到家庭是一个历史范畴，随着社会历史的演进而变化，并与一定历史阶段相适应。

---

① 《马克思恩格斯全集》第 37 卷，人民出版社 1971 年版，第 412 页。
② 《马克思恩格斯文集》第 1 卷，人民出版社 2009 年版，第 532 页。

在《反杜林论》中恩格斯批判杜林的家庭观点是非历史的，恩格斯指出："这个家庭形式，在他看来是这样的不可改变，以致他甚至把'古代罗马法'（即使它具有某种完美的形式）当做家庭永远奉行的标准，并且设想家庭只是'继承遗产'的单位，即拥有财产的单位。"①

在摩尔根时代，古代社会的亲属制度基本上已经消失了，有些地方的家庭形式已经发生了改变，然而，不能由此推出现存的家庭形式就是自古就有的，没有发生过变化的。恩格斯赞成摩尔根的观点，即"家庭是一个能动的要素；它从来不是静止不动的，而是随着社会从较低阶段向较高阶段的发展，从较低的形式进到较高的形式。"②

从历史的观点来看，现存的家庭形式一定是过去的家庭形式的进一步发展。正像恩格斯所指出的，夏威夷群岛上流行的亲属制度，是同当地事实上存在的家庭形式不相符合的，"由此可见，如果说美洲的亲属制度，是以在美洲已经不存在，而我们在夏威夷确实还找到的比较原始的家庭形式为前提，那么，另一方面，夏威夷的亲属制度却向我们指出了一种更加原始的家庭形式，诚然，这一家庭形式的存在，现在我们在任何地方都不能加以证明，但是它一定是存在过的，否则，就不会产生相应的亲属制度"③。

历史的方法不仅是一种分析工具，更是深刻洞察家庭演变的关键。通过历史的方法，我们能够揭示家庭形成的进化轨迹，理解各个阶段的特征，并认识到家庭作为社会结构的一个动态元素，随着社会历史的演进而不断变化。

（三）辩证的方法

当我们深入研究家庭演变历史时，辩证法为我们提供了一种深刻而有

① 《马克思恩格斯文集》第 9 卷，人民出版社 2009 年版，第 335 页。
② 《马克思恩格斯选集》第 4 卷，人民出版社 2012 年版，第 37 页。
③ 《马克思恩格斯选集》第 4 卷，人民出版社 2012 年版，第 37 页。

力的分析工具。1895年3月恩格斯在致威纳尔·桑巴特的信中说："马克思的整个世界观不是教义，而是方法。它提供的不是现成的教条，而是进一步研究的出发点和供这种研究使用的方法。"① 这里所说的马克思的方法就是历史的和辩证的方法。

辩证法的核心原则是矛盾的存在和发展，这一原则在理解家庭历史中具有重要意义。家庭演变并非线性的进步，而是一个充满矛盾与冲突的历史进程。家庭演变的历史，就是辩证发展的历史，进步中包含着退步。摩尔根虽然没有明确说明他的研究方法也是辩证法，但在实际研究中，处处可见辩证法原则的具体运用。

摩尔根认为人类的婚姻形式从血婚制和伙婚制到对偶制的发展，体现了社会的进步，人类逐渐走出蒙昧进入文明时代，但相应的，出现了父权制家庭，对妇女的压迫也达到了一个新的高度。英雄时代女子没有什么权利是男子必须尊重的，女性的尊严不为人所承认，"美人与战利品"是英雄时代恬不知耻地提出来的口号。丈夫对待妻子态度也是一样的，妻子不是丈夫的伙伴和地位平等的人，妻对夫的关系就像女儿对父亲一样，而这种情形在蒙昧人中间是罕见的。

恩格斯说："在历史上出现的最初的阶级对立，是同个体婚制下夫妻间的对抗的发展同时发生的，而最初的阶级压迫是同男性对女性的压迫同时发生的。个体婚制是一个伟大的历史的进步，但同时它同奴隶制和私有制一起，却开辟了一个一直继续到今天的时代，在这个时代中，任何进步同时也是相对的退步，因为在这种进步中，一些人的幸福和发展是通过另一些人的痛苦和受压抑而实现的。"② 这段话充分体现了唯物辩证法的精髓。在《起源》中，充满辩证法光辉的分析、论证及结论比比皆是。

———

① 《马克思恩格斯全集》第39卷，人民出版社1974年版，第406页。
② 《马克思恩格斯选集》第4卷，人民出版社2012年版，第76页。

第四章　氏族制度的共性与个性

　　氏族作为原始社会最基本的社会制度和组织形式，既是血缘亲属集团，又是生产与生活的经济单位，更兼社会管理机关。摩尔根首次明确了氏族不仅是社会组织的一种形式，更是原始社会中基本而原初的单位。这一点一经发现，国家产生以前社会制度的基本特征就变得易于理解了，就从根本上掌握了国家产生的根源。摩尔根区分了两种主要的氏族形式——母系氏族和父系氏族，揭示了氏族作为社会基本单位的演变过程。恩格斯同意摩尔根对易洛魁人母系氏族的分析，在《起源》中基本上采用了摩尔根的观点和材料，未做什么补充，但在对父系氏族的论述中，结合当时的资料和自身研究，进行了大量补充，在马克思主义发展史上第一次系统而全面地阐述了氏族的本质和发展规律。

第一节　氏族的起源与特点

　　氏族，作为一切野蛮人进入文明时代的共有制度，标志着原始群体向真正的社会有机体的演变。摩尔根在他的研究中揭示了代替原始群体的氏族是第一个真正的社会有机体，其中除共享的集体财产外，几乎没有其他形式的个人财产存在。

　　摩尔根的研究，特别是在《古代社会》中，他通过使用拉丁语中的"氏族"一词来描述血缘团体，强调了这些团体自诩拥有共同的世系，起源于一个共同的男性祖先，并通过一定的社会和宗教制度形成特殊的公社。这种氏族形式在美洲印第安人的部落内部得以证明，实质上与希腊、罗马的氏族相似，只是在美洲呈现为原始形式，而在希腊、罗马演化为派生的晚期形式。

摩尔根的这一发现为我们揭示了原始社会的社会结构，在此基础上，恩格斯进一步发展了摩尔根的研究成果，深入叙述了国家产生之前的社会制度演变，为我们理解社会历史的发展奠定了坚实的基础。

一、氏族的特点

摩尔根在其研究中首次明确将氏族与其他一般的社会构成物区分开来，特别是与家庭进行了明确的区分。他指出原始氏族不可能由家庭组成，因此也不可能由家庭的发展或家庭的联合而产生。氏族在这里被定义为一种族外婚的集团，其中内部成员之间不可能发生婚姻关系。通过实地考察和研究易洛魁人氏族组织，摩尔根阐明了其结构和特征，揭示了母系氏族的本质以及在国家产生之前原始社会制度的基本特征。

摩尔根提出，人类的经验只产生两种政治方式，第一种是社会组织，其基础为氏族、胞族和部落；第二种是政治组织，其基础是地域和财产。按照第一种方式建立了氏族社会，在氏族社会里，政府与个人之间的关系是通过个人与氏族、部落的关系来体现的，这些关系纯粹属于人身性质。按照第二种方式组成了政治社会，在政治社会里，政府与个人之间的关系是通过个人与地域的关系来体现的。前者构成了古代社会，而后者则构成了近代社会。

氏族制度作为社会组织的手段，从蒙昧阶段开始，经历了野蛮阶段的三个时期，一直演化到政治社会建立。

摩尔根在《古代社会中》中写道：

>　　氏族就是一个由共同祖先传下来的血亲所组成的团体，这个团体
有氏族的专名以资区别，它是按血缘关系结合起来的。它只包括共同
祖先传下来的一半子孙。在往古时代，世系一半均以女性为本位；凡
是在这种地方，氏族是由一个假定的女性祖先和她的子女及其女性后
代的子女组成的，一直由女系流传下去。当财产大量出现以后，世系
就转变为以男性为本位；凡是在这种地方，氏族就由一个假定的男性
祖先和他的子女及其男性后代的子女组成，一直由男系流传下去。①

摩尔根的分析表明，氏族制度经历了不断的演变过程，首先是母系氏
族，然后是父系氏族，这些变化反映了社会状况的显著改变，也体现了社
会的巨大进步。

摩尔根在他对易洛魁印第安人氏族和部落的研究中，揭示了原始氏族
的独特特点。恩格斯基本同意摩尔根的分析，并对摩尔根的研究成果进行
了概括。

（一）氏族首脑选举制度

氏族选举一个酋长（平时的首脑）和一个酋帅（军事领袖）。酋长必
须从本氏族中选出，而且是世袭的。在世系是女性下传的地方，儿子是不
能选做他父亲的继任者的，因为他属于另一个氏族。选举是由成年的男女
自由投票进行的，通常会选举已故酋长的兄弟、或其姊妹的儿子。酋长在
氏族内部的权力，是父亲般的、纯粹道义性质的，没有强制的手段。酋帅
的职位不是世袭的，可以从氏族以外的人中选出，有时可以暂缺，酋帅是

---

① [美] 路易斯·亨利·摩尔根：《古代社会》（上），杨东莼等译，商务印书馆2009年版，
　第72—73页。

靠着个人的勇敢、处理事务的机智，或者在会议上的雄辩口才而当选的。酋长和酋帅都是部落会议的成员。

（二）氏族首脑的罢免机制

氏族成员保持着罢免其首领和酋帅的权利，在职者虽然名义上是终身制，实际上却必须行为良好才能保持其权力。一个酋长的行为如不称职，人们就会对他丧失信任，这就足以有理由把他罢免，罢免的酋长就成为一个普通人。这体现了氏族的一种民主制度，通过信任和罢免机制维持氏族的秩序。

（三）氏族成员间禁止通婚

氏族成员之间禁止通婚，这是氏族组织的核心规则。其主要目的在于将被假定始祖的普遍后代分离，并阻止他们之间发生婚姻，因为他们具有血缘关系。恩格斯强调，这一规则是氏族存在的基石，是对血缘亲属关系的肯定，通过否定个体之间的婚姻，使其成为一个氏族的一部分。摩尔根通过发现这一简单事实，首次揭示了氏族的本质。族外婚姻与氏族密不可分，恩格斯批评了麦克伦南将所有部落分为外婚制和内婚制的两种形式，进而讨论哪一种形式更古老的观点。他指出麦克伦南只是使问题更加混淆："自从发现了以血缘亲属关系为基础的，因此其成员间不能通婚的氏族之后，这种荒谬的说法就不攻自破了。"①

（四）死者财产的归属问题

死者的财产转归同氏族其余的人所有，它必须留在氏族中。在蒙昧社会和低级野蛮社会，财产数量很少，即使如此，已经有了一项规则规定遗产必须保存在本氏族之内，并由本氏族成员分得。但是一般而言，一个死者的所有物会由本氏族内死者最近的亲属所占有。夫妻不能彼此继承，子女也不能继承父亲的，这些相互继承遗产的权利加强了氏族的自决权。

---

① 《马克思恩格斯选集》第 4 卷，人民出版社 2012 年版，第 98 页。

（五）氏族内相互援助和复仇义务

同氏族人必须相互援助、保护，特别是在受到外族人伤害时，要帮助报仇。在氏族社会中，个人安全依靠他的氏族来保护，氏族的地位就相当于后来国家所处的地位，氏族拥有充分的人数足以有效地行使其保护权。从氏族的血族关系中就产生了血族复仇的义务，氏族的一个成员被杀害，就要由氏族去为他报仇。起初是试行调解，双方氏族成员举行会议，为对杀人犯的行为从宽处理而提出一些条件，通常采取的方式是赔偿相当价值的礼物并道歉，如果提议被接受，事情就算解决了，否则，受害的氏族就指定复仇者，直到把凶手杀死为止。

（六）氏族有固定的人名或几套人名

一般习惯，每一个氏族都有一套个人名字，这是该氏族的特殊财产，因此，同一部落内的其他氏族不得使用这些名字，一个氏族成员的名字赋予了他作为氏族成员的权利。印第安人对各氏族独特人名的重视表明了他们对名字的珍视，以及名字所赋予的氏族成员权利。

（七）氏族可以接纳外人入族，并由此吸收他们为整个部落的成员

氏族具有一个独特的权利，即可以接纳外人成为本氏族的新成员，从而成为整个部落的一员。被俘的人在某个氏族中得到收养的宽容对待，尤其是被俘的妇女和儿童。一旦被收养，他们就享有氏族成员的一切权利。在易洛魁人中，入族仪式在部落议事会的公共集会上举行，实际上已经演变为一种宗教仪式。

（八）氏族有无专有的宗教祭祀尚难确定

印第安人部落有一套多神教系统，但他们的宗教没有像希腊罗马人那样对氏族产生强烈影响。虽然难以确定哪个氏族拥有某些宗教仪式，但他们的宗教崇拜与氏族有一定关系。例如，易洛魁人有六个一年一度的宗教节日，由选出的"司礼"共同负责主持这些节日庆典。

（九）氏族有共同的墓地

摩尔根通过多个例子说明，同一氏族的尸骨通常被放在一起。易洛魁人的例子表明，当一个氏族成员去世时，整个氏族的成员都会前来送葬。

（十）氏族拥有一个民主的议事会，是处理政治事务的机构

氏族会议是亚洲、欧洲、美洲的古代社会从蒙昧阶段氏族制度开始形成时直到文明阶段止的一大特色。它是处理政治事务的机构，是氏族的一切成年男女享有平等表决权的民主集会，又是统驭氏族、部落和部落联盟的最高权力机构。它的历史，从氏族到部落再到联盟的会议完整展示了政治观念的演变过程。直到继起的政治社会，才将这种会议转变为元老院而传递下来。

易洛魁人的氏族成员权利、特权和义务就是这十项，摩尔根强调："在易洛魁人中，每个氏族所有的成员在人身方面都是自由的，都有互相保卫自由的义务；在个人权利方面平等，首领和酋帅都不能要求任何优越权；他们是靠血缘关系结合起来的同胞。自由、平等和博爱，虽然从来没有明确规定，却是氏族的根本原则。"[1] 当欧洲人发现美洲时，全北美洲的印第安人都是按照母权制组成氏族的，仅有几个例外。

二、胞族

氏族制度是人类社会中最古老且广泛存在的一种组织形式，对社会的发展产生了深远的影响。在氏族制度的基础上，逐渐形成了胞族。由于实行氏族内部禁止通婚的原则，氏族不可能单独存在，婚姻就被纳入一定的社会规范中。胞族，按照摩尔根的理解，就是指兄弟同胞的关系，是同一

---

[1] ［美］路易斯·亨利·摩尔根：《古代社会》（上），杨东莼等译，商务印书馆 2009 年版，第 95 页。

部落中的两个或两个以上的氏族为某种共同目的而结成的一种有机共同体或联合组织。通常，一个胞族的形成源于一个母氏族的分化，而该胞族中的每一个氏族仍然由女性和女系的子孙组成，她们构成了胞族的核心。

与氏族、部落和联盟不同，胞族并不具备原始政府的功能。在社会制度中需要一种大于氏族而小于部落的组织，因此便赋予胞族以某些有用的权力。易洛魁人的胞族与希腊罗马的胞族在基本特征和性质方面具有相似性，但易洛魁人的胞族所表现的是这种组织的原始形态及其原始的功能，更具有典型性，因此，摩尔根用易洛魁人的胞族作为典型的例子来说明胞族。

胞族的职能既包含社会性质，又涉及宗教性质。恩格斯概括的摩尔根关于易洛魁人胞族的特征如下：

1. 胞族间互相赛球竞技，每一胞族派出自己的优秀球员，其余的人以胞族为单位旁立观看，并以本胞族球员的获胜打赌，比赛在活泼热烈的气氛中进行，景象十分热闹。

2. 在部落议事会上，每个胞族的酋长和军事领袖坐在一起，两个胞族彼此相对，每个发言者都面对各胞族的代表讲话，把他们当作特别的团体，印第安人在处理事务时特别喜欢遵守诸如此类的礼仪。

3. 如果部落内发生杀人事件，当行凶者与被害者不属于同一个胞族时，被害者的氏族往往诉诸自己的兄弟氏族；于是这些氏族就举行胞族议事会，把对方胞族作为一个整体进行交涉，使对方胞族也召集自己的议事会，以谋求事件的解决。

4. 在重要人物死亡时，对方胞族办理安葬和丧礼，而死者胞族的成员则以死者的近亲服丧人资格参与葬仪。葬礼有一定的仪式，这些仪式充分显示了胞族的社会性功能和宗教性功能。

5. 在选举酋长时，胞族议事会出面参与，当一个死去了首领的氏族选出一个继任者，或者选出一个低一级的酋长以后，必须得到每一个胞族的

119

认可。

6. 易洛魁人有一些特殊的宗教神秘仪式，白种人称之为巫术集会。举行一次巫术会就是奉行他们最高级的宗教仪式，就是应用他们最高级的宗教法术。

7. 胞族不具有政府功能，但是在参与社会事务时具有很大的行政权力。胞族也有军事单位的意义，在作战时，有自己的旗帜和衣服。

总的来说，氏族分化为新的氏族，并通过形成胞族将其分化出来的氏族联结在一起，展现了胞族的存在是基于氏族之间的血缘关系的事实。胞族作为一种强调社会性和宗教性的组织形式，充分体现了其在古代社会中的特殊角色，而非政府组织。

三、部落

在氏族社会中，胞族的存在可有可无，然而，氏族、部落和联盟这一层次的组织形式却是政治观念逐步发展的必然阶段。数个胞族按照古典的形式组合而成一个部落。在这个古老的社会结构中，往往不存在胞族这种中间层级，而处于衰微状态的部落通常缺乏胞族的组成。

摩尔根通过研究印第安人的部落，提出了对"民族"一词的反思。他指出，人们曾经用"民族"来称呼不同的印第安部落是错误的，在氏族制度下，民族尚未兴起，即使部落联盟与民族很是接近，也不是现代意义上的民族。操同一语系中各种方言的一些部落组成了一个联盟，但是在美洲从未见到若干部落合并成一个民族的例子。

由于人口的增加，出现了一个氏族中人口外流现象，这些外流的人口在远方定居下来，逐渐形成与居住地不同的群体，甚至语言也不一样，这样，新的部落就形成了。摩尔根说：

每一批移民都具有军事殖民的性质，其目的在于找寻和占有一块新地域；他们在起初是想尽量保持与母部落的关系。他们就以这种连续不断的迁移运动来力求扩大他们的共同领土，然后又力求抵抗异族入侵他们的疆域。我们通常看到，凡是说同一语系各种方言的印第安部落，不论怎样扩张他们的共同地域，其领土总是互相毗连，这是一个值得注意的事实。人类所有的部落，凡是语言有密切关系的，大多也是这样。①

部落的增多和方言的分化成为土著社会不断发生战争的根本原因。

印第安部落的功能和属性，有如下一些特征：

1.部落拥有独特的地域和名称，其领土不仅包括实际居住的区域，还涵盖了他们在渔猎活动中所到达的周边地带，同时，这个领土必须是他们有足够能力防御其他部落侵入的范围。当一个新部落形成时，他们开始赋予自己一个独特的名称以便区别。通常，这个名称是基于一些偶然事件，而非经过深思熟虑。值得注意的是，当欧洲人开始在北美殖民时，他们所听到的印第安部落名称往往不是直接来自这些部落本身，而是来自周边部落的命名，因此，一些记载在历史中的部落名称并不一定是这些部落自己所采用和承认的。

2.有独特的、仅为这个部落所用的方言。事实上，部落和方言在实质上范围是一致的，只有个别例外。

3.有隆重委任氏族所选出的酋长和军事领袖的权利。在易洛魁人中，凡被选为酋长者必须得到酋长会议授职以后才能正式担任此职。一般而言，首领和酋长的职位普遍由选举产生，但是，自组成部落联盟之后，

---

① [美]路易斯·亨利·摩尔根：《古代社会》（上），杨东莼等译，商务印书馆2009年版，第122—123页。

"推举"首领或酋帅的权力就从部落会议转到了联盟会议手中。

4.有罢免首领和酋帅的权利。这一权利主要归属于相关首领和酋帅所在的氏族，是氏族内部的一项权能。部落会议也具备罢免权，且有时候可以不经过本氏族的同意，甚至违反其意愿。在这一体系中，酋长通常担任终身职务，只要其行为合规，便可一直保持领导职责。摩尔根评论说："在这种社会状态下的人类还不知道对被选举的职位规定年限。因此，为了维持自治的原则，罢免权尤其是不可少的了。罢免权是氏族以及部落的统治权的永恒保障；虽然他们对于统治权的理解很浅，但这种权力却很实在。"①

5.有共同的宗教观念（神话）和崇拜仪式。各部落一般都在每年固定的季节举行宗教庆典，届时举行祭祀、舞蹈和竞技。印第安人的宗教制度多少有点含混不明，并充满了粗俗的迷信。易洛魁人相信多神论、灵魂不灭和来世，他们处于野蛮社会的低级阶段，还不知道偶像崇拜。舞蹈是美洲土著的一种敬神的仪式，也是各种宗教庆典中的一项节目。

6.部落具备酋长会议和部落议事会两个政治机构，构成最高政府，用以管理公共事务。酋长会议的成员由各个氏族的酋长组成，其基础即是组成该会议的酋长们所属的各个氏族。会议在众所周知的情况下召集，在民众当中举行，人们可以公开发表演说，这样的政府机构，虽然形式上是寡头的，实际上却是代议制民主政体，代表虽然是终身制，但受到罢免权的监督。尽管这一时期的民主政治发展尚不完备，但却以具有极其悠久渊源而自豪地存在于人类各部落中。酋长会议的责任是保护全部落的公共利益，军事行动通常采取自愿参加的原则，战斗队伍在远征时的出发和凯旋时所受到的群众欢迎，是印第安人生活中的重大事件。这类行动既不需要请求，也不需要得到酋长会议的事先批准。部落议事会则具备宣战、缔

---

① [美]路易斯·亨利·摩尔根：《古代社会》（上），杨东莼等译，商务印书馆2009年版，第128页。

和、派出使节和结盟等权力。

7. 一些部落中设有一个最高首领，然而，其权力有限。在某些印第安部落中，会认定某一位首领为大首领，其地位高于其他同僚，但这个职位的职责和权力通常较为有限。

从对印第安氏族到部落的研究，摩尔根得出了"政府观念的发展始于蒙昧阶段之组织氏族。从它的开始到进入文明阶段建立政治社会为止，表现出三大进展阶段"[①]。第一个阶段是由氏族选举的酋长会议所代表的部落政府，可以称之为"一权政府"，"一权"即"会议"；第二个阶段是由酋长会议和一个最高军事统帅平行并列的政府，其一执掌内政，另一执掌军务，可以称之为"两权分立政府"；第三阶段是由一个酋长会议、一个人民大会和一个最高军事统帅来代表一个民族或一群人民的政府，可以称之为"三权并立政府"，"三权"即预筹会议、人民大会和最高军事统帅，这种政府出现于进入野蛮社会高级阶段的部落中，在雅典人中，一直维持到酋长会议变为元老院、人民大会变为公民大会时为止。

四、部落联盟

部落联盟的形成往往源于有亲属关系和领土相邻的部落，自然而然地形成一种结盟以互相保卫的趋势。这样的组织一开始可能只是一种同盟，但随着实际经验认识到联合的优势，逐渐演变成一个更为紧密的整体。产生联盟的条件和组成联盟的原则非常简单，当一个部落分化为几个部落后，这些部落各自占有一块领土，而这些领土是互相连接。于是，它们以同宗族为基础，以相近的方言为纽带，重新结合成更高一级的组织，即形

[①] [美]路易斯·亨利·摩尔根：《古代社会》（上），杨东莼等译，商务印书馆2009年版，第133页。

成了联盟。

易洛魁人在印第安部落中处于发展的最高等级,他们能够组成联盟,足以证明他们有着优秀的才能。易洛魁人的部落联盟是由五个部落组成的。联盟的基本特点如下:

1.五个血缘亲属部落基于完全平等和在部落的所有内部事务上的独立原则,形成了永世联盟。为了尽量维持部落政治体制,五个部落是各自独立的。各个部落的领土疆界划分明确,彼此的利益并不一致。在联盟中,各部落在权利、特权和义务方面平等对待。各个部落之所以能够团结起来组成联盟,根深蒂固的基础在于血缘关系,这些部落都来自同一个氏族,彼此之间存在着亲戚关系。

2.联盟设立了一个首领全权大会,联盟的最高权力机关是由50名地位和威望平等的酋长组成的联盟议事会。

3.设置50名首领,各自被授予终身名号,这些首领分配在各个部落的某些氏族中。当有职位空缺时,由本氏族从其成员中选人填补,并随时可被本氏族罢免。

4.联盟的首领同时也是其所属部落的首领,他们同各部落的酋帅一起组成部落会议,凡专属某部落之一切事项则由部落会议全权处理。

5.联盟议事会的一切决议必须经过全体一致同意方能生效。每个公共问题都必须得到所有首领的一致同意才能解决,每一项公共法令也只有在得到所有首领的一致同意后才能实施,这是联盟的基本法则。采取这种方式确保了各部落的平等和独立得到认可并得以保持。

6.首领全权大会是按部落为单位投票表决的,因此,每个部落以及每个部落内的议事会全体成员,都必须一致赞成决议方能生效。

7.五个部落议事会中的任何一个都有权召集联盟议事会,但联盟议事会本身无权自行召集。会议最初的目的是在首领去世或被罢免时选举继任者,但后来也处理有关公共福利的所有事务。会议包括行政、哀悼和宗教三种事务。

8.会议在聚集起来的民众面前公开举行，每个易洛魁人都可以发言，但只有议事会才能做决定。

9.联盟没有一长制首长，即没有主掌执行权的首脑。

10.联盟有两名平等职能和权利的最高军事首领，以相互制衡。他们的身份是总司令，负责联盟的军务，当联盟的联合部队采取共同军事行动时，他们负责指挥。

摩尔根在对易洛魁人的氏族、胞族、部落及联盟的研究后，得出了结论。他指出，由氏族组成部落，再结成部落联盟，代表了巨大的进步。在一些地方，亲属部落之间的联盟持续时间较长，这标志朝着民族形成的方向迈出了第一步。然而，这一发展阶段仍然处于氏族社会，尚未达到政治社会的层面。摩尔根说：

> 在氏族制度的基础上不可能建立一个政治社会或一个国家。一个国家的基础是地域而不是人身，是城邑而不是氏族，城邑是一种政治制度的单元，而氏族是一种社会制度的单元。制度要产生这样一种根本性的改变，必须有足够的时间和广泛的经验来做准备，这都是美洲印第安人部落所未具备的条件。还需要具有希腊人和罗马人那种智力水平的人民，以及从一系列祖先所传下来的经验，才能筹划并逐渐采用一种新式的政府，即文明民族迄今日仍在其下生活的政府。①

在摩尔根的观点中，氏族社会中各个部落的合并过程的产生要晚于联盟，但这是一个必须经历的、极其重要的进步阶段，通过这个阶段才能最

---

① ［美］路易斯·亨利·摩尔根：《古代社会》（上），杨东莼等译，商务印书馆 2009 年版，第 134 页。

后形成民族、国家和政治社会。

恩格斯对摩尔根的研究成果表示赞同，并在《起源》中详细叙述了这种制度。这一制度的重要性在于揭示了国家并非从一开始就存在，社会并非一定需要国家才能正常运转。摩尔根的研究证明了人类曾存在一种社会组织，这种组织对国家概念一无所知。

在《起源》中，恩格斯引用了德国学者毛勒对马尔克制度的研究，并认同毛勒的观点，即马尔克制度是一种纯粹的社会制度，与国家在本质上有所不同。国家是以一种与全体固定成员相脱离的特殊的公共权力为前提的，而在氏族中，每个成年人都可以自由平等地享有权利。

氏族制度作为一种社会组织，是非常单纯质朴的，没有士兵、宪兵和警察，没有贵族、国王、总督、地方官和法官，没有监狱，没有诉讼，而一切都是有条有理的。家户经济是由一组家庭按照共产制共同经营的，土地是全部落的财产。社会中没有贫穷困苦的人，因为共产制的家户经济和氏族都知道对于老年人、病人和战争残疾者的义务。在这个阶段，人们是平等、自由的，包括妇女在内。在没有分化为不同的阶级以前，人类和人类社会就是如此。

然而，尽管这一阶段有其平等和自由的特点，但其生产力发展的水平很低，部落与部落之间为了争夺生存资料而进行的战争是极其残酷的；人类差不多完全受着同他异己的对立者的、不可理解的外部大自然的支配；个人在感情、思想和行动上始终是无条件地服从部落、氏族及其制度。因此，随着社会的发展，这种组织是注定要灭亡的。

第二节　希腊和罗马的氏族

在《起源》第一版序言中，恩格斯指出，关于希腊和罗马的章节并非仅限于摩尔根的例证，而是涵盖了他自己所掌握的丰富材料。尽管《古代社会》对希腊人和罗马人的父系社会进行了一定的研究，但在经济方面的论证相对不足。因此，《起源》对希腊和罗马的氏族制度进行了更为深入的探讨，尤其关注了经济结构方面的详细分析。

一、摩尔根视野内的希腊氏族

摩尔根在对希腊氏族进行研究时，借鉴了一些著名学者的观点和理论，尤其是参考了英国学者格罗特的多卷本《希腊史》。他对这些观点进行了审慎评价，指出了其中一些混乱甚至错误的结论。这种批评得到了恩格斯的认同。恩格斯进一步指出，格罗特等学者的错误主要在于没有正确解决氏族起源的问题，尤其是对于氏族本质的理解存在欠缺。

希腊人和易洛魁人都构成了氏族、胞族和部落。然而，易洛魁人的社会组织仅限于部落联盟，并未进一步发展。相比之下，希腊人更为进步，通过合并形成了更为复杂的民族结构。这种发展表明了两者社会组织的差异，以及希腊人在组织形式上更为进步，形成了更高级的社会结构——民族。

摩尔根以雅典为例，认为雅典人的社会制度体系有：第一，氏族，以血缘为基础；第二，胞族，可能是从一个母氏族分化出来的兄弟氏族结合而成；第三，部落，由几个胞族组成，同一部落的成员操同一种方言；第四，民族，由几个部落组成，它们合并在一起构成一个氏族社会，并占据共同的地域。部落联盟在希腊人的社会中没有产生重要的结果。

摩尔根引用了格罗特对希腊氏族的研究成果，并做了补充。按照格罗特的研究，希腊氏族具有如下特征：

1.共同的宗教仪式和祭司团体所独有的特权。氏族成员参与共同的宗教仪式，而祭司团体则享有特权。这些宗教仪式的核心是对一个共同的神的崇拜，将这位神视作氏族的始祖，并以一个专用的姓氏来标识和象征整个氏族。

2.一处共同的墓地。

3.互相继承财产的权利。

4.互相支援。

5.在某些特定的情况下，特别是在一个孤女或承宗女的情况下，有内部互相通婚的权利和义务。这项规定主要是为了财产能够留在本氏族内，以免她与另一氏族的人通婚而把财产转移出去。

6.具有他们自己的公共财产、一位执政官和一位司库，至少在某些例子中是如此。

摩尔根在此基础上，又补充了4点：

1.世系仅由男性下传。这一规则是毋庸置疑的，因为希腊人的世系谱提供了明确的证据。在氏族的性质方面，世系可能通过女系或男系下传，但只有由男性传承的后裔才共享相同的姓氏，形成一个仪式上具有标志性的氏族。然而，这个男性主导的氏族通常处于分散的状态，除了那些关系最为亲近的成员之外，其他成员之间缺乏密切联系。女性一旦结婚，就会失去她的姓氏，她的子女也将属于另一家族。这一规定反映了希腊氏族中男性血统传承的重要性，以及姓氏在维护氏族身份上的作用。

2.禁止氏族内通婚，除非存在特殊情况。禁止氏族内通婚是原始社会的基本原则，即便在世系改由男性传承之后，这一原则仍然得以维持，只是对承宗女和孤女的情况做了特殊的例外规定。一旦女子结婚，她将失去参与原氏族祭奠的资格，而需参加她丈夫所属氏族的祭奠。这一规定在记载中普遍存在，表明通常情况下氏族内通婚是被禁止的，婚姻更倾向于在氏族之外进行。

3.收养外人为本氏族成员的权利。这项权利在较晚时期是常常行使的，至少在家族中是如此，不过要举行公开的仪式。

4.选举和罢免氏族酋长的权利。在早期的希腊氏族中，无疑地存在这项权利。每个氏族都拥有自己的执政官，通常称为酋长。摩尔根对于一些认为酋长由长子世系继承的观点提出了批评，他指出，即便在雅典氏族一直延续至梭伦和克莱斯瑟尼斯时代的阶段，仍然保持了自由精神。如果存在世袭制度，那将意味着贵族政治因素已经在古代社会中取得显著的胜利。而雅典氏族的组织规章明确强调了自由、平等和友爱精神，表明高等职位是通过选举而非世袭方式产生的。

希腊氏族与易洛魁氏族存在相似之处，但也有一些显著差异。这些差异主要体现在世系由男性下传、承宗女在本氏族内通婚的情况以及最高军职可能世袭等方面。这些差异源于希腊人社会的更为先进状态，以及他们更为发达的宗教制度。希腊氏族的组织结构反映了他们社会发展的程度和文化的丰富性。

摩尔根对格罗特等学者对希腊的研究表示赞赏，但同时也指出了这些学者的一个错误观点。这个观点认为，在希腊罗马制度中，父权制的专制家族是社会的基本单元，整个社会就是由这些家族构成的。摩尔根反驳说，任何形态的家族都不能作为社会结构的基础，因为家族不可能作为一个整体加入一个氏族。

　　氏族，就其起源来说，要早于专偶制家族，早于偶婚制家族，而与伙婚制家族大致同时。它绝不是建立在任何一种家族基础上的。它绝不以任何形态的家族为其构成要素。与此相反，无论在原始时代或较晚时代，每一个家族都是一半在氏族之内、一半在氏族之外，因为丈夫和妻子必须属于不同的氏族。要解释这一点既简单，又能解释得彻底，那就是：家族之所以产生与氏族无关，它从低级形态发展到高级形态完全不受氏族的影响，而氏族则是社会制度的基本单元，是长期存在的。①

摩尔根的这一观点得到了马克思和恩格斯的高度评价。在亨·梅恩的《古代法制史讲演录》摘要中，马克思批评资产阶级学者，包括历史学家梅恩在内，对氏族制度一无所知，错误地认为社会的原始形式，是类似印度的"联合家庭"中存在的家长制度，而不是氏族。马克思写道："梅恩先生，作为一个呆头呆脑的英国人，不从氏族出发，而从后来成为首领等等的家长出发。愚蠢。（这正好符合氏族的最早形式！例如，摩尔根的易洛魁人就有这种家长，在那里氏族按女系计算世系。）梅恩的愚蠢在以下的话中达到顶点：'所以，人类社会的所有各分支可能或可能不是从原始家长细胞所产生的联合家庭'，他在这里指的正是现今印度的联合家庭形式，它带有很次要的性质，正因为如此，它在农村公社之外，尤其在城市里处于统治地位！"②

胞族是希腊社会制度中的第二层组织，它是由若干氏族为了全体的共同目的，特别是宗教上目的联合组成的。与易洛魁人的胞族相似，希腊胞族的天然基础在于血缘关系，一个胞族包含的氏族可能是从一个母氏族分化出来的，并有一个共同的世系。

胞族的主要功能在宗教方面，但在希腊人社会中，它的功能在下列活动中得到体现：死者的葬礼、公共竞技、宗教节日、酋长会议、人民大会等。在这些活动中，酋长和民众都可能是按照胞族分组而不是按氏族分组的。此外，从荷马史诗中可以了解到，胞族的功能还体现在军队的编制方面。最初，报血仇的义务是由氏族承担的，但也由胞族分担，因此成为胞族的一项义务。胞族是氏族与部落两者之间的中介组织，不负担政府功

---

① [美]路易斯·亨利·摩尔根：《古代社会》（上），杨东莼等译，商务印书馆 2009 年版，第 262 页。
② 《马克思恩格斯全集》第 45 卷，人民出版社 1985 年版，第 581—582 页。

能，所以它的根本作用和重要性既比不上氏族，也比不上部落，但是，它却是这两者之间的一种常见的、自然的、或许是并不可少的重新结合起来的中间结构。

在雅典人中，当氏族不再是制度的基础时，胞族仍然存在。在新的政治制度下，胞族仍对公民的注籍、婚姻的登记以及在法庭上控告杀害本胞族人的凶手等方面保持一定的控制权。

在希腊社会中，部落的宗教生活的核心和来源在于氏族和胞族。古典世界中的多神教制度，包括群神体系、崇拜象征和崇拜形式，在人们心灵中留下深刻的印象，这些教制都是在氏族和胞族组织中完成的，并且是通过这些组织来进行的。这一套神话激发了人们的热情，建造了近代人所欣赏的神庙和装饰建筑。

在组织体系中，再上一层是部落，由若干胞族组成。每个胞族的成员都源自共同的祖先，操同一方言。每个部落都设有酋长会议，专门负责本部落的各项事务。整个部落体系通过这些层层组织来完成宗教活动和管理事务。

社会组织的第四个阶段，即最后阶段，是在一个氏族社会中合并为民族。例如，当雅典人的几个部落或者斯巴达人的几个部落合并成为一个民族时，社会规模得到了扩大。然而，这种集合体仅仅是一个更为复杂的复本，类似于部落的组织结构。在这一阶段，社会结构变得更加复杂，但仍然保留着氏族社会的一些基本特征。至此，摩尔根得出结论说：

> 希腊人在李库尔古斯和梭伦以前，其社会组织只有四个阶段（氏族、胞族、部落、民族），这四个阶段在古代社会中几乎是很普遍的，在蒙昧社会即已出现其中的一部分，到了低级、中级、高级野蛮社会而臻于完备，至文明社会伊始以后仍然持续着。这一个体系表现了人类在建立政治社会以前，其政治观念发展到何种程度。这就是希

腊人的社会制度。它产生出一种社会，这个社会由一系列按人身关系结合的集团所组成，其政治机构就是通过它们对氏族、胞族和部落的人身关系而进行管理的。它还是一个与政治社会不同的氏族社会，这两种社会在本质上有区别，很容易分辨出来。①

二、恩格斯对希腊氏族社会研究的进一步深化

在阅读摩尔根有关希腊氏族的研究成果后，恩格斯对摩尔根的主要观点表示赞同，然而他同时认为，摩尔根的著作中对印第安人的研究是其中的亮点，而在希腊氏族方面还需要进一步深入分析。尽管恩格斯直接采纳了摩尔根对古代社会的分期，但他对摩尔根"根据生活资料生产的进步"作为人类社会分期的观点，进一步做了研究和总结。

恩格斯对希腊氏族社会进行了更为深入的探讨，详细阐述了希腊人氏族组织的结构和特征。通过这一深入分析，恩格斯揭示了父系氏族的本质以及氏族制度被国家代替的原因。这一观点不仅丰富了对希腊氏族的理解，还为我们理解氏族制度的普遍演变提供了更为清晰的线索。

恩格斯指出，相对于美洲部落而言，希腊人的发展更加迅速，当他们登上历史舞台时，已经站在文明的门槛上。因此，希腊氏族不再是像易洛魁人那样古老的氏族，而是具有两个明显的新特征。首先，随着私有制的产生，母权制已经被父权制所取代。其次，尽管氏族内禁止通婚，然而在实行父权制之后，富有的女继承人的财产在她出嫁时应当归她丈夫所有，从而归属于其他氏族，这一现象会摧毁整个氏族权利的基础。在这种情况下，为了保留少女的财产在氏族内，不仅只允许少女在氏族内出嫁，而且

---

① ［美］路易斯·亨利·摩尔根：《古代社会》（上），杨东莼等译，商务印书馆 2009 年版，第 281 页。

也规定要这样做。

恩格斯赞成摩尔根对格罗特等人的批评，并进一步指出，不仅格罗特，而且尼布尔、蒙森以及迄今为止的其他一切研究古典历史的编纂学家，都没有正确地理解氏族的本质和起源，结果使得历史编纂学从一个错误的假定出发，即认为与文明时代同时出现的专偶制个体家庭，曾经是社会和国家萌发起来的核心。这个错误的发生在于这些历史学家总是把氏族看作家庭集团，而"在氏族制度之下，家庭从来不是，也不可能是一个组织单位，因为夫与妻必然属于两个不同的氏族"①。国家在公法上不承认家庭，家庭不过是存在于私法上面而已。

马克思在摩尔根《古代社会》一书的摘要中说："格罗特先生应当进一步注意到，虽然希腊人是从神话中引申出他们的氏族的，但是这些氏族比他们自己所创造的神话及其诸神和半神要古老些。"② 氏族起源于共同祖先，这是马克思所称作"庸人学者"绞尽脑汁也不能解决的难题，因此，他们只能到神话当中去寻找氏族的起源。马克思进一步批评格罗特说（括号内的话是马克思的批评）："我们只是偶尔听到这种族系，因为仅仅在一定的、特别隆重的场合才公开把它提出来。可是，比较卑微的氏族也有其共同的宗教仪式（这真奇怪，格罗特先生！），有一个共同的超人的男始祖和族系，像比较有名的氏族那样（格罗特先生，这在比较卑微的氏族那里真十分奇怪啊！）；根本的结构和观念的基础（亲爱的先生！不是观念的而是物质的，直白地说是肉欲的！）在一切氏族中都是相同的。"③

从神话、观念当中寻找氏族的起源和本质，这就是那些学者找不到氏族真实起源的原因。马克思把摩尔根对氏族起源于共同的祖先这一结论进行了概括，恩格斯在《起源》中引用了马克思这一段比较长的概括，阐述

---

① 《马克思恩格斯选集》第 4 卷，人民出版社 2012 年版，第 113 页。
② 《马克思恩格斯选集》第 4 卷，人民出版社 2012 年版，第 114 页。
③ 《马克思恩格斯选集》第 4 卷，人民出版社 2012 年版，第 115 页。

了唯物史观对于氏族的起源和本质问题的基本观点。马克思说：

> 与原始形态的氏族——希腊人像其他凡人一样也曾有过这种形态
> 的氏族——相适应的血缘亲属制度，保存了全体氏族成员彼此之间的
> 亲属关系的知识。他们从童年时代起，就在实践上熟悉了这种对他们
> 极其重要的事物。随着专偶制家庭的产生，这种事物就湮没无闻了。
> 氏族名称创造了一个族系，相形之下，个体家庭的族系便显得没有意
> 义。氏族名称的作用就在于使具有这种名称的人不忘他们有共同世系
> 的事实；但是氏族的族系已经十分久远，以致氏族的成员，除了有较
> 近的共同祖先的少数场合以外，已经不能证明他们相互之间有事实上
> 的亲属关系了。氏族名称本身就是共同世系的证据，而且除了接纳外
> 人入族的情形以外，也是不可更改的证据。反之，像格罗特和尼布尔
> 所做的那样，把氏族变为纯粹虚构和幻想的产物，从而事实上否定氏
> 族成员之间的任何亲属关系，这是只有"观念的"，亦即蛰居式的书
> 斋学者才能干出来的事情。由于血族联系（尤其是专偶制发生后）已
> 经湮远，而过去的现实看来是反映在神话的幻想中，于是老实的庸人
> 们便作出了而且还在继续作着一种结论，即幻想的族系创造了现实的
> 氏族！①

从这段话中可以看出，马克思和恩格斯认为，学者们难以在神话和观
念中找到氏族的真实起源，这是由于这些元素的虚构性和抽象性，使得氏
族的真实起源难以捉摸。因此，只有遵循唯物史观的方法，才能真正看清
氏族的起源。

在荷马的诗作中，我们可以观察到希腊的各部落大多已经联合成为

---

① 《马克思恩格斯选集》第 4 卷，人民出版社 2012 年版，第 115—116 页。

一些小的民族。随着城市的出现、人口和牲畜的增加，产生了财产上的差别，这也导致在古代自然形成的民主制度内部出现了贵族分子。

这些部落和小民族的组织主要有：

1. 常设的权力机关为议事会。最初可能由各氏族的酋长组成。随着时间推移和人数增多，为了效率，其中可能会选出一部分人。这一变化创造了贵族分子加强其在议事会中地位的机会。随着国家的建立，这个议事会逐渐演变为元老院。

2. 人民大会。人民大会由议事会召集，以解决各项重要事务，每个男子都可以发言。决定是用举手或欢呼通过的，人民大会是最高的权力。这里，妇女已经被剥夺了公民权。雅典公民权与土地所有权具有密切的联系。公民身份是占有土地的前提，而占有土地又是公民身份的基础。在雅典，妇女是没有经济自主权的，由此推测，妇女是不能行使公民权的。①因此，妇女是被排除在城邦的政治生活之外的。

3. 军事首长（巴塞勒斯）。这个职位在英雄时代的希腊社会中开始成为一个显要的角色。摩尔根强烈反对史学家们把巴塞勒斯译作"国王"，把巴塞勒亚译作"王国"，认为古代雅典人的巴塞勒亚同近代的王国或君主政治毫无相似之处，摩尔根不无讽刺地说：

> 这些著述家已习惯于君主政府和特权阶级，他们或许欣然想乞灵于我们所知道的最古老的希腊部落的政府来证明君主政府既是合乎自然的、又是必要的和原始的政治形态；而我们对于希腊、罗马种种问题的看法就是他们塑造出来的。从一个美国人的眼光来看，真相似乎恰恰与格罗特先生的看法相反；那就是说，原始的希腊政治基本上是民主政治，它的基础是建立在氏族、胞族、部落这些自治团体上的，

①　参见裔昭印等：《西方妇女史》，商务印书馆 2009 年版，第 20—21 页。

并且是建立在自由、平等、博爱的原则上的。①

马克思赞成摩尔根对这些学者的批评，他说："欧洲的学者们大都是天生的宫廷奴才，他们把巴塞勒斯变为现代意义上的君主。共和党人美国佬摩尔根是反对这一点的。他极其辛辣地，但很公正地说到油滑的格莱斯顿先生和他的《世界的少年时代》一书。"② 恩格斯进一步指出，即使在父权制统治下，巴塞勒斯的职位通常也是由父亲传给儿子或儿子中的一个，这并不意味着继承权的传递是世袭的，而实际上可能是通过人民选举获得的。

这就是英雄时代的希腊氏族社会的主要制度，同时也表明古代的氏族组织在这个时期仍然充满活力，但其瓦解已经开始。

三、罗马氏族

《起源》的第六章《罗马的氏族和国家》中，恩格斯详细阐述了罗马人的氏族组织结构及其特征，同时深入分析了罗马国家形成的主要原因。他着重探讨了父系氏族的特征，并揭示了国家产生的主要形式。

罗马人和印第安人、希腊人的氏族一样，是自然形成的，也是由一个母系氏族分化而来的。罗马的氏族制度与希腊十分相似，已经过渡到父权制氏族社会了。主要特征有：

1.氏族成员的相互继承权；财产仍保留在氏族以内。女系后裔已经没有继承权，根据最古老的罗马十二铜表法，首先是子女作为直系继承人继承财产，没有子女，则由父方宗亲（男系亲属）继承，没有宗亲，则由同

① ［美］路易斯·亨利·摩尔根：《古代社会》（上），杨东莼等译，商务印书馆2009年版，第285—286页。
② 《马克思恩格斯选集》第4卷，人民出版社2012年版，第119页。

氏族人继承。

2. 拥有共同的墓地。

3. 共同的宗教节日。

4. 氏族内部不得通婚。这在罗马似乎从来没有成为一种成文法，但一直是一种习俗。妇女出嫁后就丧失了她的父方宗亲的权利，而退出自己的氏族。

5. 共同的地产。在拉丁各部落中，土地一部分为部落占有，一部分为氏族占有，一部分为家户占有，这种家户未必是个体家庭。

6. 同氏族人有互相保护和援助的义务。关于这一点，成文史仅有片断的记载，罗马国家一开始就表现为这样一种超乎一切的力量，以至防御侵害的权利转到了它的手里。第二次布匿战争时，各氏族都联合起来，赎回他们被俘的同氏族人，而元老院则禁止他们这样做。

7. 使用氏族名称的权利。

8. 接纳外人入族的权利。

9. 选举和罢免酋长的权利，在已有文献中未明确提及罗马社会中有关选举和罢免酋长权利的具体规定。然而，由于罗马社会的初期，从王开始，所有官职都是通过选举或任命而产生的。此外，一些官职，如勇士和库利亚（胞族）的祭司，也是由库利亚进行选举的。因此，可以合理推测酋长这一职位很可能也是通过选举而产生的，尽管酋长可能是在氏族内的同一家庭中选出的，这大概已经形成了一种规定。

恩格斯在对罗马的氏族进行研究后，进一步分析了罗马父系氏族社会的特征。

第一，氏族内部禁止通婚是氏族成立的一项基本原则，也是氏族的本质特征。

早在1884年出版《起源》第一版时，恩格斯就高度称赞了摩尔根关于氏族起源和本质的观点，批评了一些著名的学者根本不清楚氏族问题，只会玩弄一些名词和概念而已。

1891 年《起源》出版第四版时，恩格斯又补充了一些材料，再次批评当时的历史编纂学家们在谈到罗马氏族制度时的混乱。恩格斯列举了蒙森的名著《罗马研究》作为例子，《罗马研究》是关于共和时代和奥古斯都时代罗马氏族名称的论著。根据蒙森的研究，属于某一氏族的罗马女子，最初只能在她的氏族内部结婚，因而，罗马氏族是内婚制不是外婚制。恩格斯指出，这种论点是站不住脚的，蒙森的论断是建立在李维著作中的唯一的一段引起很多争论的话，即一个女奴隶获得了在氏族以外结婚的权利。同理，丈夫也有权用遗嘱的方式允许妻子在他死后有权在氏族外结婚。蒙森大胆推测，罗马氏族是内婚制氏族，为了取得与氏族外人结婚的权利，必须得到全体氏族成员的同意。恩格斯说，这种推断是十分荒谬的，如果一个妇女必须在她的氏族内部结婚，那么她在婚后也仍然留在该氏族内；同理，男子也必须在本氏族内结婚，否则他就会找不到妻子。这样一来，就成了丈夫可以用遗嘱把一项他自己也没有而且自己也享受不到的权利传给他的妻子了，这从法律的观点来看是荒谬的。

合理的推测应该是，妇女第一次结婚是嫁给别的氏族的男子，结婚后即转入夫方的氏族。

　　妇女由于结婚而脱离她的老氏族，加入新的、夫方的氏族团体，这样她便在那里占着一个完全特殊的地位。虽然她也是氏族的一员，但她并不是血缘亲属；她加入氏族的方式，从一开始就使她不受因结婚而加入的那个氏族禁止内部通婚的一切规定的束缚；其次，她已经被接受到氏族的继承团体中来，可以在她的丈夫死亡时继承他的财产，即一个氏族成员的财产。为了把财产保存在氏族以内，她必须同她的第一个丈夫的同氏族人结婚而不得同别的任何人结婚，这岂不是再自然不过的事吗？①

总之，只要抛弃罗马氏族实行内婚制的奇怪观念，而同摩尔根一起承认它最初是实行外婚制的氏族，那么问题就很简单明了。

第二，罗马人民制度。在罗马社会，10个氏族构成胞族（库里亚），每一个库里亚都有自己的宗教仪式、圣物和祭司；全体祭司构成罗马祭祀团之一。10个库里亚构成一个部落，有一个选举产生的酋长——军事首长兼最高祭司。所有三个部落合在一起，构成罗马人民（populus romanus）。可见，只有身为氏族成员，并且通过自己的氏族而成为库里亚成员和部落成员的人，才能属于罗马人民。

罗马人民最初的制度是：公共事务首先由氏族酋长组成元老院处理，酋长一般出自氏族的同一个家庭，这就出现了最初的部落贵族。元老院的权力很大，如有权预先讨论新法律，新法律最后由库利亚大会通过。库利亚大会通过或否决一切法律、宣战，并以最高法院资格，在一切事关判处罗马公民死刑的场合，根据当事人的上诉做最后的决定。

第三，平民和罗马人民（populus）之间的斗争导致了古代氏族制度的终结。

随着罗马的扩张和人口的不断增加，外来移民和被征服地区的人口不断涌入，所有这些新增加的人，都处在旧的氏族、胞族和部落之外。他们不是罗马人民，而是人身自由的人，可以占有地产，必须纳税和服兵役，可是不能担任任何官职，既不能参加库利亚大会，也不能参与征服得来的土地的分配。这部分人成为被剥夺一切公权的平民。由于平民众多，而且受过军事训练并拥有武装，他们成为一种与罗马人民相对抗的力量。

平民与罗马人民之间的对抗导致了古代氏族制度的终结。在土利乌斯

---

① 《马克思恩格斯选集》第4卷，人民出版社2012年版，第138—139页。

时代，新的人民大会制度取代了罗马人民和平民的划分，只要能服兵役就可以参加人民大会。以前由库里亚大会拥有的政治权力现在都归新的人民大会所有，库里亚和他们的各个氏族变为纯粹私人和宗教团体。这种状态持续了一段时间，直到库里亚大会最终完全消失。

恩格斯总结道：

> 这样，在罗马也是在所谓王政被废除之前，以个人血缘关系为基础的古代社会制度就已经被炸毁了，代之而起的是一个新的、以地区划分和财产差别为基础的真正的国家制度。公共权力在这里体现在服兵役的公民身上，它不仅被用来反对奴隶，而且被用来反对不许服兵役和不许有武装的所谓无产者。①

罗马共和国的整个历史都发生在这一制度的框架内。

第三节　凯尔特人氏族与德意志人氏族

恩格斯根据摩尔根的《古代社会》和自己的研究成果，对印第安人、古希腊、古罗马存在的氏族制度进行了研究之后，又把目光转移到凯尔特人和德意志人氏族制度方面。与摩尔根在《古代社会》中对德意志人父系氏族的简要提及不同，恩格斯在《起源》的第七章中深入阐述了这一主题，为我们展示了凯尔特人和德意志人氏族制度的本质，论证了氏族制度在古代社会所具有的普遍性，并为接下来研究德意志国家的产生奠定基础。这部分完全是恩格斯的研究成果，彰显了恩格斯对古代社会结构演变的系统

---

① 《马克思恩格斯选集》第 4 卷，人民出版社 2012 年版，第 145 页。

性思考和深刻洞察。

一、凯尔特人的氏族

凯尔特人是一群生活在中欧地区的民族，活动在公元前 2000 年左右。他们拥有共同的语言和文化，内部存在着血缘关系。主要分布在威尔士、爱尔兰、苏格兰等地。然而，遗憾的是，他们的氏族制度在历史上被英国人采取暴力手段消灭了。

马克思、恩格斯很早就对爱尔兰人民反抗英国统治的斗争给予了关注和支持，多次发表文章和演讲揭露英国在爱尔兰的残酷统治。1864 年在国际工人协会成立宣言上，马克思就揭露了英国的统治造成了爱尔兰的贫困。1867 年马克思在伦敦德意志工人共产主义教育协会所作的关于爱尔兰问题报告的提纲中，尖锐地指出：英国为了保持自己在工业方面的利润，限制爱尔兰工业的发展，把爱尔兰变成为一个纯粹的农业国家，结果就是土地成了人们追求的重要目标。人民只有唯一的一种选择：或是不惜任何代价租得土地，或是饿死。盘剥性的地租制度，造成了全民性的饥饿状态。[①]

1870 年 3 月 28 日，马克思为德国社会民主工党委员会写作的《机密通知》中进一步指出，英国这个国家中的绝大多数居民是雇佣工人，并且只有这个国家中的阶级斗争和工人阶级在工联中的组织达到了一定程度的成熟和普遍性。英国人拥有进行社会革命的一切必要的物质前提，他们所缺乏的是革命的热情。如果说英国是大地主所有制和欧洲资本主义的堡垒，那么唯一能使官方英国遭受严重打击的地方就是爱尔兰。爱尔兰是英国政府维持庞大的常备军的唯一借口，一旦需要，就把这支在爱尔兰受过

---

① 《马克思恩格斯全集》第 16 卷，人民出版社 1964 年版，第 514 页。

恩格斯《家庭、私有制和国家的起源》研究
——以性别理论为视角

军阀主义教育的军队用来对付英国工人。因此，英国工人阶级解放的先决条件是把现存的强制的合并，即对爱尔兰的奴役，变为平等自由的联盟。①

与马克思一样，早在 1869 年，恩格斯就着手计划写作一部名为《爱尔兰史》的历史著作，旨在揭示被资产阶级学者歪曲的爱尔兰人民历史的真相。为此，恩格斯深入研读了大量历史文献，还专门研究了古代爱尔兰文的第一手材料。他整理了一个庞大的有关爱尔兰的书目，包括 150 余种著作，撰写了 15 本摘要，同时准备了札记、单页资料、简报等多种材料。尽管后来他未能完成整部著作，然而在《起源》的写作过程中，利用了这些准备的材料和研究成果。

凯尔特人的氏族一直存在，直到被英国人以暴力摧毁。在被英国征服之前，凯尔特人正处于从对偶婚制向专偶婚制转变的时期，妻子有相当大的自由。婚姻只有满了 7 年才不能解除，哪怕只差三夜就满 7 年，夫妻还是可以分离的。在分家时，是由妻子来分财产，丈夫只能取走属于他的那一份。婚前对女性贞操并无特殊要求，妻子有多种理由可以提出离婚，而在财产分割时她的权益不受损失，甚至在家务方面的贡献也需要给予补偿。婚生子女与非婚生子女之间没有任何差别。作为氏族的重要特征之一，凯尔特人的女性在人民大会上享有表决权，这也是凯尔特人氏族的显著特征。

凯尔特人氏族的另一个重要特点是氏族的公共财产制。如果某一氏族成员死亡，一户经济不再存在，首领便把全部土地在其他各户中间进行一次重新分配。即使是在英国征服者的统治之下，农民也是把全部耕地和草地合并起来，按照方位和土质分成许多"大块"，每个人在每一大块中都有一份；沼泽地和牧场共同使用。这一切都说明了爱尔兰的农民还是明显

---

① 参见《马克思恩格斯全集》第 16 卷，人民出版社 1964 年版，第 473—475 页。

地生活在氏族时代的观念中，"政治经济学家和法学家们抱怨无法使爱尔兰农民接受现代资产阶级的财产概念，这是可以理解的；只有权利而无义务的财产概念，决不能灌输到爱尔兰人头脑中去"①。

二、德意志人的氏族

在《起源》中，恩格斯对德意志人的氏族进行了深入的研究，相较于凯尔特人的氏族，他更为详细地探讨了德意志人在古代社会中的组织形式。

在 1891 年第四版的增补中，他再次强调在德意志人中存在的氏族制度。恩格斯指出：有很多材料证实，德意志人在民族大迁徙以前，曾组织成为氏族。通过引用凯撒的《高卢战记》和《阿勒曼尼亚法典》等文献，恩格斯明确指出，在民族大迁徙之前，德意志人曾经有过以氏族为基础的组织。苏维汇人的居住方式按照氏族和亲属关系分开，而在多瑙河以南的被征服土地上，人们则按照血族分居，这里的"血族"概念与其他学者如马尔克和柯瓦列夫斯基所描述的农村公社相符。虽然古代语言研究文献中没有提供确切的共同名词，但通过对哥特语、中古高地德语词汇的分析，恩格斯认为它们在意义上与古希腊语、拉丁语中的氏族相一致。这一观察进一步证实了德意志人社会中存在过氏族制度的事实。

德意志人氏族的特点有：

第一，德意志人社会在家长制大家庭形成之前保留了母系氏族的痕迹。

通过语源分析，恩格斯发现妇女的命名共用同一个词根，这暗示着曾经存在过母权制度的历史。在塔西佗的《日耳曼尼亚志》中，描述了母亲

---

① 《马克思恩格斯选集》第 4 卷，人民出版社 2012 年版，第 149 页。

的兄弟把外甥视为自己的儿子的现象，有些人甚至认为舅父和外甥之间的血缘关系比父子之间的关系更为神圣和密切。在这里，我们看到了按照母权制组织起来的，因而是最初的氏族的活生生的残余。

在古代斯堪的纳维亚的一首歌《女预言者的语言中》描绘了"兄弟们将互相仇视，互相杀戮，姊妹的儿女们就要毁坏亲属关系了"①。在诗人看来，姊妹的子女否认相互之间的血缘亲属关系比兄弟相互残杀的罪还要大，这就证明了维系氏族的纽带是母系。

此外，德意志人对女性的尊敬也是这一时期的特征。德意志人将妇女视为体现某种神圣和先知的存在，甚至在最重要的事务中也会咨询妇女的意见。尽管在塔西佗时代已经是父权制统治的时期，但这些残留迹象表明德意志人社会确实曾经存在过母权制度。

第二，德意志人的婚姻形式是逐渐接近专偶制的对偶制。

在这个过程中，尽管一些显要人物可能实行多妻制，但整体上社会对婚姻的规范逐渐趋向严格。少女的贞操是严格遵守的。此外，德意志人社会对于婚姻关系的解除采取了相对保守的立场。婚姻被看作是一种重要的社会制度，其解除不应轻率进行。

第三，氏族存在着共同的义务。

在德意志人的氏族制度中，共同的义务是一种重要的社会机制，包括继承敌对关系、代替血族复仇的义务以及为杀人或伤人赎罪的赔偿金的义务。这一点与摩尔根在《古代社会》中对印第安人的描述相似，显示出不同文化中共通的社会机制。

第四，氏族土地实行共同占有，定期重新分配。

恩格斯不仅使用了凯撒的《高卢战记》、塔西佗的《日耳曼尼亚志》，还使用了柯瓦列夫斯基的《家庭及所有制的起源和发展概论》等研究

---

① 《马克思恩格斯选集》第 4 卷，人民出版社 2012 年版，第 154 页。

成果。恩格斯指出，几乎所有的民族都经历过土地由氏族共同耕作，后来演变为共产制家庭公社，然后再发展为土地分配给单个家庭并定期重新分配的阶段。因此，问题已经不是土地是公有还是私有了，而是公有的形式是什么。

具体来说，在凯撒时代，苏维汇人实行过土地共有，并进行了共同核算的共同耕作。按照柯瓦列夫斯基的观点，德意志人在罗马时代占据的土地上的居住区，以及后来他们从罗马人那里夺取的土地上的居住区，不是由村组成，而是由大家庭公社组成的。这种大家庭公社包括好几代人，耕种着相应的地带，并和邻居一起，作为共同的马尔克来使用周围的荒地。随着时间的推移，经过数世纪后，由于家庭成员增多，这种共同经营变得不再可行了，于是这种家庭公社才解体了。

第五，氏族有酋长议事会，负责处理比较小的事情，重大的事情由人民大会解决。

氏族酋长大半是从同一家庭中选举出来的，在向父权制过渡的过程中，选举酋长制度逐渐变为世袭制。与此同时，军事首长的选举完全取决于个人的才能，而非家族世系。真正的权力则集中在人民大会手中，他们有权决定任何重大事务，包括进行法庭审判。

第六，部落联盟的存在。

在这一时期，德意志地区涌现出一些部落联盟，其中一些已经形成了王权结构。最高军事首长也开始图谋夺取专制权。这些行为的出现开始冲击氏族制度。扈从队——从事战争的私有团体——的存在，促进了王权的产生。他们团结在军事首长的周围，从军事首长那里得到好处。德意志人的耻辱和诅咒——雇佣兵制度，在这里已经初具雏形了。

恩格斯对德意志人的氏族特点进行分析后，指出：

　　一般说来，在联合为民族的德意志各部落中，也曾发展出像英雄时代的希腊人和所谓王政时代的罗马人那样的制度，即人民大会、氏族酋长议事会和已在图谋获得真正王权的军事首长。这是氏族制度下一般所能达到的最发达的制度；这是野蛮时代高级阶段的典型制度。只要社会一越出这一制度所适用的界限，氏族制度的末日就来到了；它就被炸毁，由国家来代替了。①

在古代社会的历史长河中，氏族制度是人类社会演进的一个重要阶段。无论是凯尔特人的母系氏族，还是德意志人的复杂氏族制度，都反映了人类在社会组织、家庭结构和权力分配方面的多样性。恩格斯通过对希腊、罗马、凯尔特人和德意志人氏族制度的研究，揭示了氏族制度的发展轨迹和其与国家制度的关系，使我们可以更深刻地理解古代社会的面貌。

---

① 《马克思恩格斯选集》第 4 卷，人民出版社 2012 年版，第 162 页。

第五章　从氏族到国家：社会形态的演变

《起源》作为一部探讨国家起源的著作，从历史唯物主义的角度出发，以私有制、阶级以及国家的实质和发展规律为核心，系统阐述了国家的起源、实质、特征和消亡。在《起源》中，恩格斯首先深入研究了国家的起源，以希腊人、罗马人和德意志人为例，详细探讨了这三种典型国家产生的经济政治根源，指出，这些国家都是在社会分工发展的基础上，随着私有制的产生和阶级矛盾的不断加剧而出现的。其次，恩格斯分析了国家的基本特征和阶级实质。他指出，国家的本质特征在于设立了公共权力即特殊暴力组织，国家的真正实质在于它是一个阶级压迫另一个阶级的暴力工具。最后，恩格斯指出了国家消亡的必然性。随着生产力的高度发展，私有制和阶级的消灭，国家将自行消亡。这一观点清晰地表明了国家并非永恒存在，而是社会发展和阶级矛盾演进的产物。

第一节　氏族制度的灭亡与国家的产生

摩尔根在《古代社会》中深入剖析了氏族的结构和特征，然而，他忽略了氏族制度发生、发展及灭亡的经济根源。相较之下，恩格斯在《起源》中的研究更为全面，着眼于导致氏族制度发生变化的经济根源，从而深刻揭示了氏族社会的本质及其发展规律。恩格斯指出，私有财产、父权制以及奴隶制等多重因素相互作用，最终导致了氏族秩序的瓦解。

一、雅典国家的产生

在《起源》第五章中，恩格斯深刻阐明了雅典国家产生的主要原因和历史过程，揭示了国家形成的最纯粹、最典型的范例。恩格斯认为雅典是最纯粹、最典型的国家产生形式，因为雅典国家是直接并主要地从氏族社会内部发展起来的阶级对立中产生的。

恩格斯认为，这些民族，尤其是希腊人和罗马人，是直接从氏族制度过渡到文明社会的。氏族具有两个基本特征，即原始公有制和原始平等关系。

> 雅典人国家的产生乃是一般国家形成的一种非常典型的例子，一方面，因为它的形成过程非常纯粹，没有受到任何外来的或内部的暴力干涉，……另一方面，因为它使一个具有很高发展形态的国家，民主共和国，直接从氏族社会中产生；最后，因为我们是充分知道这个国家形成的一切重要详情的。①

恩格斯以雅典社会制度为例，详细阐述了促使氏族瓦解的几个关键因素：

1.父权制的变革：父权制的改变影响了财产传承与积累方式，导致了家庭与氏族之间的分裂。这意味着权力和财产的集中不再仅限于氏族内部，而是逐渐扩展到家庭层面。

2.财产差别的初现：在这一过程中，财产差别开始初现，为后来的社

---

① 《马克思恩格斯选集》第4卷，人民出版社2012年版，第134页。

会阶层差异奠定了基础。不同家庭之间的财富差异逐渐显现，这标志着社会结构的改变。

3.财产私有化的全面展开：随着财产私有化的深入进行，奴隶制度逐渐成为普遍性社会现象。这进一步强化了社会内部的阶级差异，奠定了氏族制度灭亡的基础。

4.战争性质的改变：战争的性质从过去的保卫氏族逐渐演变为掠夺财富的战争。财富被视为最高的价值，受到社会的赞美和崇敬。这表明了社会价值观的转变。

氏族制度发展到这一步，离灭亡就只差一步了。

> 所缺少的只是一件东西，即这样一个机关，它不仅保障单个人新获得的财富不受氏族制度的共产制传统的侵犯，不仅使以前被轻视的私有财产神圣化，并宣布这种神圣化是整个人类社会的最高目的，而且还给相继发展起来的获得财产从而不断加速财富积累的新的形式，盖上社会普遍承认的印章；所缺少的只是这样一个机关，它不仅使正在开始的社会分裂为阶级的现象永久化，而且使有产者阶级剥削无产者阶级的权利以及前者对后者的统治永久化。
>
> 而这样的机关也就出现了。国家被发明出来了。①

恩格斯进一步用雅典国家的产生阐释这一结论。

第一，出现了中央管理机关和民族法。随着城市的发展，氏族、胞族和部落的成员在城市中杂居，传统的氏族制度已经无法适应新的形势。为此，在雅典设立了一个中央管理机关，以取代原先由各部落独立处理的一部分事务。这一机关将先前由各个部落独立处理的事务宣布为共同事务，

---

① 《马克思恩格斯文集》第4卷，人民出版社2009年版，第122—123页。

并交由中央管理机关进行统一管理。与此同时，为适应这一变革，一种超越各部落的氏族法被广泛采用，形成了普遍遵循的民族法。此举导致了新法律的涌现，不再仅限于氏族成员，而扩展至雅典的整体公民。这是摧毁氏族制度的第一步。

第二，出现了三个不同的阶级。雅典的统治者提修斯将全体人民不再以氏族和胞族为界限，而是划分为贵族、农民和手工业者三个阶级，并赋予贵族担任公职的独占权。这一决策的重要性在于，氏族成员之间原有的平等关系已经瓦解，贵族凭借着财富和权力成为特权阶级，从而使得社会分工得以固定化。此外，每一氏族成员也被划分为特权者和非特权者，进一步加剧了社会内部的对立。在梭伦进行的改革中，公民根据其地产和收入被分为四个阶级，公职只有三个上等阶级的人才能担任，最高公职则只有第一阶级的人才能担任。这一划分进一步强化了阶级差异，为氏族制度的解体奠定了基础。

第三，货币经济的出现与氏族制度是绝对不能相容的。随着货币的兴起，贵族逐渐掌握了日益集中的货币经济。即使在同一氏族内，欠债的人也被迫出售土地来偿还债务，甚至不得不将自己的子女卖为奴隶。恩格斯将货币的涌现描述为"一种新的社会力量，一种整个社会都要向它屈膝的普遍力量"①，这对氏族制度的原始共产制造成了极大的破坏。

第四，雅典设立了小规模的区域，每个区域都要提供一只战船及船上人员，以及两个骑士。这种独立武装的设立标志着武装力量不再直接等同于全体人民的公共权力。武装的独立性使得权力逐渐集中于一小部分人手中，为社会内部的权力结构变革创造了条件。

第五，私有财产的产生。马克思在晚年对古代社会和早期社会制度的研究中，主要关注世界范围内公社体制的崩溃和私有制的兴起。在梅

———————————

① 《马克思恩格斯选集》第4卷，人民出版社2012年版，第127页。

恩《古代法制史讲演录》一书的摘要中，马克思指出，随着土地私有制的逐步确立，个体家庭逐渐取得对氏族的优势地位。[①] 恩格斯进一步做了阐释："这样，在制度中便加入了一个全新的因素——私有财产。公民的权利和义务，是按照他们的地产的多寡来规定的，于是，随着有产阶级日益获得势力，旧的血缘亲属团体也就日益遭到排斥；氏族制度遭到了新的失败。"[②]

氏族制度的灭亡经历了上百年的过程，新旧因素不断斗争，直到公元前509年克利斯提尼革命才推翻了氏族制度的最后残余。

克利斯提尼通过居住地区划分公民，完全抛开了部落，全阿提卡被划分为100个区域（德莫），实行自治，每10个区域构成一个部落，但不是从前的以血缘关系为基础的部落，而是依居住地形成的地区部落。这样的地区部落组成了雅典国家，由10个部落选出的500名代表组成议事会管理。这一革命性的变革标志着氏族制度的最终崩溃。

新生的雅典国家已经具备了现代国家的一切雏形，有与人民大众分离的公共权力、独立的武装力量甚至警察，这时的雅典已经不再是贵族与平民之间的对立，而是奴隶和自由民之间的对立、被保护民和公民之间的对立了。

二、罗马国家的崛起

在《起源》第六章中，恩格斯深入分析了罗马的氏族和国家，详述了罗马人氏族组织的结构和特征，以及罗马国家产生的主要原因。他进一步探讨了父系氏族的特征，揭示了国家产生的第二种主要形式。恩格斯强

---

① 参见《马克思恩格斯全集》第45卷，人民出版社1985年版，第615页。
② 《马克思恩格斯选集》第4卷，人民出版社2012年版，第130页。

调，在罗马，氏族社会变成了封闭的贵族制，它的四周则是人数众多的、站在这一贵族制之外的、没有权利只有义务的平民；平民的胜利炸毁了旧的血族制度，并在它的废墟上面建立了国家，而氏族贵族和平民不久便完全融化在国家中了。①

在这一过程中，恩格斯总结了罗马氏族制度的主要特征，包括氏族成员相互的继承权、共同的墓地和宗教节日、氏族内部禁止通婚、共同拥有地产、互相保护和援助的义务、使用氏族名称的权利、接纳外人入族的权利、选举和罢免酋长的权利等。这些特征与摩尔根在《古代社会》中对易洛魁氏族的描述几乎相同，彰显了氏族制度的普遍性。

在罗马，10 个氏族构成一个胞族（库里亚），10 个胞族构成一个部落，所有部落合在一起，构成罗马人民。公共事务由元老院处理，新的法律由全体人民大会决定，并选举高级公职人员。英雄时代的罗马就是生活在一种以氏族、胞族、部落为基础的军事民主制之下。恩格斯总结道："尽管自然形成的罗马贵族已经获得了牢固的基础，尽管担任勒克斯的人力图逐渐扩大自己的权力，但是所有这一切并没有改变制度的最初的根本性质，而全部问题就在于这个最初的根本性质。"②

这里"最初的根本性质"是什么？为什么这个性质很重要？这个最初的根本性质与国家的起源有什么关系？

恩格斯在分析希腊和罗马氏族制度时，说明人类社会发展进程普遍存在着氏族制度，氏族是原始共产制，不存在私有制，同时这种共产制又是民主的，最重要的事情是由全体人民决定的，人民享有决定权。尽管氏族制度发展的晚期，出现了阶级分化、特权阶层、独立的武装力量，然而早期的氏族制度仍然存在了很长时间才逐渐灭亡，这充分说明私有制和国家

---

① 参见《马克思恩格斯选集》第 4 卷，人民出版社 2012 年版，第 186 页。
② 《马克思恩格斯选集》第 4 卷，人民出版社 2012 年版，第 143 页。

并不像资产阶级的庸人们所想的那样，是自然而然的、不变的。这就是最初的根本性质，也就是罗马制度在初始时期所具有的基本特征，即氏族制度、公民权利和社会结构的初步形态。这包括氏族的互助关系、公民的平等权利以及社会组织的原初状态。

这一性质的重要性在于它揭示了国家起源的本质，为我们正确理解后续的政治、社会和经济变革提供了基础。马克思晚年的人类学笔记显示，他之所以关注摩尔根的《古代社会》，是因为这些资料为史前社会、原始社会和早期人类文明提供了丰富的材料和理论分析。马克思对这些资料和观点的兴趣源于他认为它们有助于唯物史观的完善和发展。唯物史观创立后，不仅受到资产阶级学者的批判，还遭到工人党阵营的曲解。马克思逝世后，维护唯物史观，尤其是阐明马克思在《资本论》中论证资本主义必然灭亡、共产主义必然胜利的规律，以及摆脱工人阶级对国家的迷信，说明资本主义社会的出现是一个历史现象和过程，私有制并非永恒存在而是历史发展的产物，这一重任就落在恩格斯的肩上。

恩格斯对罗马国家产生的深刻分析帮助我们理解国家如何从最初的氏族制度中演变而来，并突显了在这一过程中阶级矛盾对社会结构的塑造作用。罗马氏族的灭亡和国家的产生，与雅典国家的产生过程基本一致。随着罗马的征服，人口大量增加，这些被征服区域的人不是罗马公民，构成了没有权利的平民，公民与平民之间的斗争常常引起革命。

土利乌斯时代进行了改革，设立了新的人民大会，公民和平民都可以参加。把所有应服兵役的男子按财产分为六个阶级，第六阶级是无产者，不服兵役、不纳税。从最富裕的公民中征集 18 个百人团，将前库里亚大会的一切政治权力都归入这个新的百人团大会。设立地区部落，"这样，在罗马也是在所谓王政被废除之前，以个人血缘关系为基础的古代社会制度就已经被炸毁了，代之而起的是一个新的、以地区划分和财产差别为基础的真正的国家制度。公共权力在这里体现在服兵役的公民身上，它不仅被用来反对奴隶，而且被用来反对不许服兵役和不许有武装的所谓无产者"①。

三、德意志国家的形成

《起源》第八章主要分析德意志国家形成的历史条件和经过，揭示了国家产生的第三种主要形式。恩格斯认为，在战胜了罗马帝国的德意志人中，国家是直接从征服广大外国领土中产生的，因为氏族制度在这一过程中不能提供任何有效的手段来统治如此广阔的领土。由于国家的形成是通过征服而非氏族内部的阶级斗争，征服者和被征服者在经济上处于相似的发展水平，社会经济基础相近，因此氏族制度能以一种经过改变的形式继续存在。

罗马帝国的统治彻底消灭了古代的血族团体。罗马统治的日益衰落和残暴行为的增加，引起了人民的强烈愤怒和反抗。"罗马国家变成了一架庞大的复杂机器，专门用来榨取臣民的膏血。捐税、国家徭役和各种代役租使人民大众日益陷于贫困的深渊；地方官、收税官以及兵士的勒索，更使压迫加重到使人不能忍受的地步。"②与此同时，社会也陷入了衰败的境地，商业、手工业和艺术的衰落，人口减少以及城市没落，农业甚至退回到更低的水平。

罗马的衰败为德意志野蛮人提供了机会，在这个征服过程中，德意志人原有的氏族制度逐渐不能适应新的形势，大量被征服的人民也不能通过原有的氏族结构进行吸纳。因此，必须建立一种新的制度来代替罗马国家，而这种替代形式只能是另一种国家。

---

① 《马克思恩格斯选集》第 4 卷，人民出版社 2012 年版，第 145 页。
② 《马克思恩格斯选集》第 4 卷，人民出版社 2012 年版，第 165 页。

德意志人国家的形成主要有这样几个因素：

首先，地理环境与人口众多。在古代的原始社会中，地理环境的差异对不同地区社会的形态和发展产生了重要影响。德意志地区主要是农耕社会，随着农业生产水平的提高，定居下来的德意志人人口急剧增加，在公元初期已经达到了 600 万人。对于野蛮时代的民族集团来说，这是一支强大的力量。人口的众多使得对外扩张成为必然，而当时的罗马帝国暮气沉沉毫无抵抗力。德意志人对罗马的斗争持续了 300 年，最终取得了胜利。

其次，罗马帝国的衰落。罗马的持续扩张摧毁了古代的血族团体。在罗马统治的各个行省中，语言的多样性丰富，原有的自然疆界仍然存在。然而，新的罗马公民身份并没有真正凝聚罗马人，相反，罗马国家变成了广大领土上人民的压迫者，其目的专门在于榨取臣民的财富。"罗马国家及其世界统治引起了这样的结果：它把自己的生存权建立在对内维持秩序对外防御野蛮人的基础上；然而它的秩序却比最坏的无秩序还要坏，它借口保护公民防御野蛮人，而公民却把野蛮人奉为救星来祈望。"[①] 罗马帝国的衰落给德意志人的征服提供了机会。

再次，王权的兴起是德意志国家形成的一个关键因素。自凯撒时代以来，德意志人的部落联盟就已经形成，后来又出现了扈从队，这是一种独立自主从事战争的私人团体，在德意志社会中变得十分常见。扈从队的存在推动了王权的崛起，并使掠夺战争本身成为一种目标。这些扈从队的领袖通常是掌握实权的军事首领，他们不再通过选举产生，而是追求获得真正的王权。在征服罗马的过程中，军事首领的权力逐渐演变为王权。

最后，新的因素的出现促使对旧制度的改革。最初，德意志人在占领罗马大片土地后，按照氏族制度进行分配，在氏族内部平均分给各户。随着被征服地区人民的加入，旧的氏族制度的管理手段无法适应新的形势，

---

① 《马克思恩格斯选集》第 4 卷，人民出版社 2012 年版，第 165 页。

酋长议事会被国王任命的亲信所取代，人民大会逐渐演变为下级军事首领和新贵们的集会，新的军队也随之涌现。这一系列变革需要引入一种新的制度来替代罗马国家，氏族制度的机构必须转变为国家机构，德意志国家由此形成。

在分析德意志人国家形成的过程中，恩格斯特别指出，罗马世界逐渐走向没落，而野蛮的德意志人为濒临灭亡的欧洲注入了新的生机，这股生机即是氏族制度。德意志人的氏族制度培养了他们的才能和勇气，形成了强烈的自由意识。在原始共产制度下，一切公共事务都成为个人事务，这决定了德意志民族虽然处于野蛮阶段，但确实是新兴的民族。

通过恩格斯的深刻分析，我们可以看到，雅典、罗马和德意志这三种国家产生的形式各具独特性：首先，雅典国家的形成主要依赖城邦制度，这种小型政治实体基于共同的文化、语言和地理因素形成。雅典国家的崛起源于城邦之间的竞争与合并，城邦制度为希腊的政治组织提供了坚实基础。其次，罗马国家的形成经历了由共和制到帝国制的演变。这一过程中，征服和领土的变迁扮演了关键角色，使罗马国家逐渐从共和政体转向了由君主统治的帝国。最后，德意志国家的形成主要根源于对罗马帝国的征服。德意志人通过消除原有的氏族制度，引入新的国家机制来替代罗马国家。这三种国家形成的轨迹展示了不同历史和文化背景下国家产生的多样性，为我们理解国家形成的一般规律提供了有益的比较和分析。

四、社会大分工与国家的关系

除了上面分析的雅典、罗马、德意志国家形成的三种不同形式外，恩格斯也着重从经济发展的角度研究国家的形成。这体现在恩格斯对三次社会大分工的分析上。分工在人类发展的历史上起着非常重要的作用。恩格斯在分析氏族制度被破坏，由野蛮时代向文明时代的过渡时期，着重讨论了决定这一过程的与人类历史上三次社会大分工相关的一般经济条件，以及分工与国家产生之间的关系。

氏族制度时期，人口稀少，分工是纯粹自然产生的，并且主要存在于两性之间。男子从事作战、打猎，获取食物的原料以及制造工具；而妇女则负责家务，制备衣食。这一时期的经济基础是共产制的家户经济。然而，随着人类的发展，特别是发现了可以驯服并繁殖的动物后，游牧部落逐渐从其他野蛮人群中分离出来，畜牧业与农业的分离标志着第一次社会大分工的来临。

第一次社会大分工的后果导致了父权制的出现，妇女地位降低，成为家庭的奴隶。男子拥有畜群和获取生活资料的工具，这些是他们的财产，这保证了男子在家庭中的统治地位，原始共产制的家户经济解体了，个体家庭变得日益重要。这种个体家庭对氏族制度造成了极大的威胁，是与氏族制度不相容的。

第一次社会大分工的意义在于使得经常的交换成为可能。特别是当畜群变为私有财产后，交换就由过去部落与部落之间的行为，变为个人之间的行为，并且个人交换最终成为交换的唯一形式。同时在这一过程中，出现了一般等价物——牲畜，牲畜获得了货币的职能。"第一次社会大分工，在使劳动生产率提高，从而使财富增加并且使生产领域扩大的同时，在既定的总的历史条件下，必然地带来了奴隶制。从第一次社会大分工中，也就产生了第一次社会大分裂，分裂为两个阶级：主人和奴隶、剥削者和被剥削者。"[1]

铁的出现和使用促进了第二次社会大分工。恩格斯认为，铁在历史上

---

[1]　《马克思恩格斯选集》第 4 卷，人民出版社 2012 年版，第 178 页。

是各种原料中最后且最重要的一种，起到了革命性的作用。① 随着铁器的使用，农业得到了迅速的发展，同时，铁器也为手工业者提供了工具，为织布业、金属加工业以及奢侈品的制作提供了便利条件，因此发生了第二次大分工——手工业和农业相分离。

这次分工的后果在经济方面表现为生产分为农业和手工业两大主要部门，引发了直接以交换为目的的生产，即商品生产，以及随之而来的贸易。在社会方面，新的阶级划分出现，自由民与奴隶、富人与穷人之间产生了差别。在政治层面，为追求财富而进行的战争出现，这类战争加强了最高军事首长的权力，奠定了世袭王权和世袭贵族的基础。

> 于是，氏族制度的机关就逐渐挣脱了自己在民族中，在氏族、胞族和部落中的根子，而整个氏族制度就转化为自己的对立物；它从一个自由处理自己事务的部落组织转变为掠夺和压迫邻近部落的组织，而它的各机关也相应地从人民意志的工具转变为独立的、压迫和统治自己人民的机关了。②

出现商品生产及贸易之后，社会出现了第三次也是有决定性意义的社会大分工，即出现了只从事产品交换的阶级——商人。

按照恩格斯的分析，商人是一个特殊的阶级，它不参与生产，但完全夺取了生产的领导权，并使生产者服从自己。作为生产者之间的中间人，商人对生产者双方都进行剥削，成为一个寄生阶级，依靠榨取油水获取大量的财富和相应的社会影响。恩格斯对商人阶级是持批判态度的，这主要因为他认为商人阶级是从剥削其他阶级的劳动中获得利润的，而不是通过

---

① 《马克思恩格斯选集》第 4 卷，人民出版社 2012 年版，第 179 页。
② 《马克思恩格斯选集》第 4 卷，人民出版社 2012 年版，第 181 页。

自己的劳动或创造价值而积累财富。恩格斯批评商人阶级对商品和货币的崇拜，认为他们过度追求利润和个人财富，将金钱和物质追求置于人类需要和社会公益之上。商人牢牢掌握了货币，从而依靠货币统治了生产世界。随着货币借贷出现了保护高利贷的法律，进一步加剧社会分裂和不公正。这一现象充分说明经济对法律的决定作用。

虽然恩格斯对商人阶级持批判的态度，然而不能由此得出结论认为恩格斯完全否定了商人阶级。商人阶级的出现是社会发展巨大进步的体现，有了商人阶级才有贸易，包括海外贸易，有了货币、有了信贷。而且商人阶级也无法完全支配生产和产品。"商品现在已经不仅是从一手转到另一手，而且是从一个市场转到另一个市场；生产者丧失了对自己生活领域内全部生产的支配权，这种支配权商人也没有得到。产品和生产都任凭偶然性来摆布了。"① 因此，商人阶级本身也受到这种偶然性的支配。马克思和恩格斯的研究表明，这种偶然性背后存在必然性，特别是在资本主义时代。商品支配生产者和资本家，社会生产受到盲目规律调节，这种盲目规律最终在周期性商业危机中显现，这是由资本主义主要矛盾决定的。

随着三次社会大分工的演进，社会的经济结构和阶级划分发生了深刻的变革，这直接影响到国家的形成和演化。在氏族制度时期，自然产生的分工主要存在于两性之间，而第一次社会大分工的出现导致了父权制、奴隶制的兴起。第二次社会大分工则带来了农业和手工业的分离，形成了更为复杂的社会结构。最后，第三次社会大分工的出现引发了商品生产及贸易，商人阶级的崛起。这些社会变革直接塑造了国家的性质，从而形成了不同历史时期的国家形态。

在这个演变过程中，恩格斯通过经济发展角度的研究，揭示了社会大分工对国家产生的深远影响。国家不再是简单的氏族组织，而是随着社

---

① 《马克思恩格斯选集》第4卷，人民出版社2012年版，第191页。

会结构的演变而不断变化。社会大分工推动了生产力的发展，但同时也催生了阶级矛盾和不平等。阶级的出现进一步巩固了国家作为统治工具的地位，国家在不同社会形态中扮演着不同的角色。

第二节　国家的本质和职能

马克思主义的核心概念之一便是国家。尽管马克思未曾系统撰写过关于国家的著作，然而国家的重要性贯穿于马克思多部作品中。从 1843 年的《黑格尔法哲学批判》到马克思晚年的人类学笔记，几十年间，马克思的国家观逐渐发展起来，思想脉络和主要观点也越来越清晰。恩格斯在《起源》中，结合马克思的研究，通过分析国家的起源，阐明国家的本质，指出国家终将消亡。恩格斯通过对氏族、古希腊罗马社会以及德意志人的研究，不仅为马克思的国家理论注入了新的内涵，还进一步丰富了马克思主义国家观。

一、国家是历史发展的产物

《起源》是一部关于古代社会发展规律和国家起源的著作，从氏族到国家，是人类社会的一次伟大进步。国家的出现是由于生产资料由原始的共产制转变为私有制，社会结构从没有阶级差别发展到阶级矛盾不可调和的地步。恩格斯的《起源》阐明了资本主义社会所依靠的那些概念——私有制、阶级、国家、婚姻、家庭、性别分工等，并不是自然不变的东西，而是有其产生、发展以及逐渐消亡或灭亡的东西。

生产资料私有制是从原始公有制社会发展而来的，是一个历史现象。在《德意志意识形态》中，马克思和恩格斯就指出："分工的各个不同发展阶段，同时也就是所有制的各种不同形式。这就是说，分工的每一个阶段还决定个人在劳动材料、劳动工具和劳动产品方面的相互关系。"① 由此，他们设想，人类社会最早的所有制是"部落所有制"，这种所有制与生产的不发达阶段相适应，是父权制的部落制度；接着是"古代公社所有制和国家所有制"，这种所有制保存着奴隶制，动产私有制及不动产私有制已经发展起来；第三种是"封建的或等级的所有制"，这种所有制是土地所有制和束缚于土地所有制上的农奴劳动，以及拥有少量资本并支配着帮工劳动的自身劳动；最后是资产阶级所有制。

　　1859 年，马克思更加具体地指出："大体说来，亚细亚的、古希腊罗马的、封建的和现代资产阶级的生产方式可以看做是经济的社会形态演进的几个时代。"② 亚细亚所有制基本对应马克思以前所说的部落所有制，这种所有制的特点是共同占有和利用土地，血缘、语言、习惯也是共同的，土地上产品归公社所有。马克思在谈到古代所有制形式时说：

　　　　[所有制的] 第二种形式——它也像第一种形式一样，曾经在地域上、历史上等等发生一些重大的变化——是原始部落更为动荡的历史生活、各种遭遇以及变化的产物，它也要以共同体作为第一个前提，但不像在第一种情况下那样：共同体是实体，而个人则只不过是实体的偶然因素，或者是实体的纯粹自然形成的组成部分。这第二种形式不是以土地作为自己的基础，而是以城市作为农民（土地所有者）的已经建立的居住地。耕地表现为城市的领土；而不是 [像在第一种形式中那样] 村庄表现为土地的单纯附属物。③

　　从马克思的分析来看，随着所有制的改变，人类历史不断向前发展，

---

① 《马克思恩格斯文集》第 1 卷，人民出版社 2009 年版，第 521 页。
② 《马克思恩格斯文集》第 2 卷，人民出版社 2009 年版，第 592 页。
③ 《马克思恩格斯文集》第 8 卷，人民出版社 2009 年版，第 126 页。

无论是古代社会的原始公有制，还是其后变化形态的私有制，都是历史发展的产物，不是一开始就有的，更不是永恒存在的。社会发展起决定作用的是生产方式的改变，即经济因素的决定作用。

马克思在与蒲鲁东论战时，明确说，经济学家们都把分工、信用、货币等资产阶级生产关系说成是固定的、不变的、永恒的范畴，蒲鲁东也把这些关系看成原理、范畴和抽象的思想，而忽略了生产关系的历史运动，这样一来，人们就只能到纯粹理性的运动中去找寻这些思想的来历了。经济范畴只不过是生产的社会关系的理论表现，即其抽象。"这些观念、范畴也同它们所表现的关系一样，不是永恒的。它们是**历史的、暂时的产物**。"[1]

马克思晚年对梅恩的《古代法制史》进行了研究，反对者力图把国家说成是具有超阶级性质，把国家说成是自古以来就有的机构的观点，马克思指出：

> 梅恩忽略了深得多的东西：国家的看来是至高无上的独立的存在本身，不过是表面的，所有各种形式的国家都是社会身上的赘瘤；正如它只是在社会发展的一定阶段上才出现一样，一当社会达到迄今尚未达到的阶段，它也会消失。先是个性摆脱最初并不是专制的桎梏（如傻瓜梅恩所理解的），而是群体即原始共同体的给人带来满足和乐趣的纽带——从而是个性的片面发展。但是只要我们分析这种个性的内容即它的利益，它的真正性质就会显露出来。那时我们就会发现，这些利益又是一定的社会集团共同特有的利益，即阶级利益等等，所以这种个性本身就是阶级的个性等等，而它们最终全都以经济条件为基础。这种条件是国家赖以建立的基础，是它的前提。[2]

---

[1] 参见《马克思恩格斯文集》第 1 卷，人民出版社 2009 年版，第 603 页。

[2] 《马克思恩格斯全集》第 45 卷，人民出版社 1985 年版，第 646—647 页。

恩格斯早于马克思发现了经济对历史发展的作用。1844 年，恩格斯就写道："我在曼彻斯特时异常清晰地观察到，迄今为止在历史著作中根本不起作用或者之起极小作用的经济事实，至少在现代世界中是一个决定性的历史力量；这些经济事实形成了现代阶级对立所由产生的基础；这些阶级对立，在它们因大工业而得到充分发展的国家里，因而特别是在英国，又是政党形成的基础，党派斗争的基础，因而也是全部政治历史的基础。"①

在《起源》中，恩格斯也是遵循着这一原则考察国家的起源。恩格斯指出，在原始社会的后期，私有财产的出现，导致了氏族的解体和阶级的产生，社会分裂为相互不同的阶级，进行着斗争，

> 确切说，国家是社会在一定发展阶段上的产物；国家是承认：这个社会陷入了不可解决的自我矛盾，分裂为不可调和的对立面而又无力摆脱这些对立面。而为了使这些对立面，这些经济利益互相冲突的阶级，不致在无谓的斗争中把自己和社会消灭，就需要有一种表面上凌驾于社会之上的力量，这种力量应当缓和冲突，把冲突保持在"秩序"的范围以内；这种从社会中产生但又自居于社会之上并且日益同社会相异化的力量，就是国家。②

二、国家职能主要体现在其政治职能方面

氏族是保护氏族公有制、代表全体氏族成员共同利益的社会管理机关，它的最高权力机关是氏族大会，国家则是维护生产资料私有制，代表

---

① 《马克思恩格斯全集》第 21 卷，人民出版社 1965 年版，第 247 页。
② 《马克思恩格斯选集》第 4 卷，人民出版社 2012 年版，第 186—187 页。

统治阶级利益的阶级统治的工具。虽然，国家要把各个阶级的斗争控制在一定范围内，有时不得不对被统治阶级的要求做出一定的让步，从这个意义上说，国家职能也有管理公共事务的方面，然而，阶级社会中国家的职能主要体现在其政治方面，即维护统治阶级的利益。

从国家的起源上更能清楚地说明这一问题。国家是在生产力发展的基础上，由于阶级的对立而产生的，国家是最强大的、在经济上占统治地位的阶级的国家，这个阶级借助于国家因而在政治上也成为占统治地位的阶级。占统治地位的阶级为了维持自己的统治，必须依靠军队、警察、监狱等暴力机关。

马克思在 1843 年出版的《黑格尔法哲学批判》中，批判了黑格尔的国家观。黑格尔认为国家代表普遍利益，国家是自由的实际存在，国家是大众的理性形态，而且是通过政府保持自由的机器。马克思指出，黑格尔歪曲了国家的本质，实际上，国家总是代表和促进特殊利益，主要是财产利益。

马克思对黑格尔关于国家的理论提出了三点主要批评。首先，他指出黑格尔歪曲了国家的本质，忽视了国家作为阶级统治的工具的实质。其次，马克思反对黑格尔将国家视为历史进程的绝对目的和自由的实现，认为这种观点忽略了国家对于压迫和控制的实质性作用。最后，马克思强调国家的本质在于维护和巩固剥削阶级的统治，而不是实现人类自由和平等的共同利益。1859 年马克思在谈到《黑格尔法哲学批判》在自己思想转变过程中所起的作用时，再次指出："法的关系正像国家的形式一样，既不能从它们本身来理解，也不能从所谓人类精神的一般发展来理解，相反，它们根源于物质的生活关系，这种物质的生活关系的总和，黑格尔按照 18 世纪的英国人和法国人的先例，概括为'市民社会'，而对市民社会的解剖应该到政治经济学中去寻求。"①

---

① 《马克思恩格斯文集》第 2 卷，人民出版社 2009 年版，第 591 页。

马克思和恩格斯在 1848 年的《共产党宣言》中写道："现代的国家政权不过是管理整个资产阶级的共同事务的委员会罢了。"① 国家只存在于阶级社会中，在原始的、前阶级社会以及未来的共产主义社会中，是没有国家存在的，因为没有阶级，不需要阶级斗争。马克思说："只有在没有阶级和阶级对抗的情况下，社会进化将不再是政治革命。而在这以前，在每一次社会全盘改造的前夜，社会科学的结论总是：'不是战斗，就是死亡；不是血战，就是毁灭。问题的提法必然如此。'（乔治·桑）"② 对马克思和恩格斯来说，国家是统治阶级实现其目标的工具，是用来维护和促进统治阶级利益的，这就是国家的政治职能。美国历史学家所罗门·F. 布鲁姆（Solomon F. Bloom）明确指出，马克思对国家的政治职能认识的非常清楚，马克思曾经说过，如果"国家"等同于政治权力，那么在未来无阶级斗争和阶级对立的社会里，政治权力也将不复存在，代替政治权力的是一个自由人的联合体。③

在《反杜林论》中，恩格斯分析了阶级和国家，他说：

> 随着分配上的差别的出现，也出现了阶级差别。社会分为享有特权的和受歧视的阶级，剥削的和被剥削的阶级，统治的和被统治的阶级，而同一氏族的各个公社自然形成的集团最初只是为了维护共同利益（例如在东方是灌溉）、为了抵御外敌而发展成的国家，从此也就同样具有了这样的职能：用暴力对付被统治阶级，维持统治阶级的生活条件和统治条件。④

---

① 《马克思恩格斯文集》第 2 卷，人民出版社 2009 年版，第 33 页。

② 《马克思恩格斯文集》第 1 卷，人民出版社 2009 年版，第 655—656 页。

③ Solomon F. Bloom,"The 'Withering Away' of the State", in *History of Ideas*, Jan.1946, Vol.7, pp.113-121.

④ 《马克思恩格斯选集》第 3 卷，人民出版社 2012 年版，第 526—527 页。

国家是从氏族制度中产生出来的，在国家出现后，氏族制度的残余仍然保留了很长时间。既然国家是各个阶级斗争的战场，按理说除了为统治阶级服务的政治职能外，还需要管理职能。然而，对恩格斯来说，实际情况是国家偏离了履行社会必需职能的初衷，并走向了对这一职能的歪曲，即国家的存在不是为了对内管理社会生活、对外抵御外敌入侵，而是为了制定法律维护统治者的统治，通过苛捐杂税压迫自己的国民。

国家与氏族组织不同的地方在于，一是国家按地区划分它管辖的居民和统治范围；二是公共机关的设立。国家是居于社会之上的公共权力，是特殊的强力机关。这第二个基本特征反映了国家的政治职能。有了公共权力，就有了掌握公共权力和征税权的官吏，他们是作为社会机关而凌驾于社会之上的。

> 他们作为同社会相异化的力量的代表，必须用特别的法律来取得尊敬，凭借这种法律，他们享有了特殊神圣和不可侵犯的地位。文明国家的一个最微不足道的警察，都拥有比氏族社会的全部机构加在一起还要大的"权威"；但是文明时代最有势力的王公和最伟大的国家要人或统帅，也可能要羡慕最平凡的氏族酋长所享有的，不是用强迫手段获得的，无可争辩的尊敬。后者是站在社会之中，而前者却不得不企图成为一种处于社会之外和社会之上的东西。①

官吏寄生在人民身上，人民实质上是受压迫的对象。"因此，古希腊罗马时代的国家首先是奴隶主用来镇压奴隶的国家，封建国家是贵族用来镇压农奴和依附农的机关，现代的代议制的国家是资本剥削雇佣劳动的工具。"②

---

① 《马克思恩格斯选集》第 4 卷，人民出版社 2012 年版，第 188 页。
② 《马克思恩格斯选集》第 4 卷，人民出版社 2012 年版，第 188—189 页。

这些论述都充分体现了国家职能首先是政治职能。

三、国家的本质——阶级压迫的工具

马克思对国家的观点散见在很多文章中，恩格斯在《起源》中主要探讨了国家的起源，并从国家产生的角度，说明了国家的本质。那么，"国家"在马克思和恩格斯的思想里究竟意味着什么？

有学者认为，马克思和恩格斯使用的国家概念，大致有 3 个要点：1. 国家是试图调和社会内部对立的工具，是社会冲突的仲裁者；2. 国家是阶级压迫的工具，国家政权被占统治地位的阶级转化为阶级压迫的工具；3. 国家是社会的寄生虫。其中，最重要的是第 2 点，即国家是阶级压迫的工具。[①] 这种概括是非常正确的，对于马克思和恩格斯而言，国家的核心在于其作为阶级压迫的工具。

马克思主义国家学说的鲜明特征是批判的、革命的，他们在分析国家的本质时，所采用的主要是阶级分析的方法。马克思和恩格斯明确指出，国家是镇压性的国家机器，是统治阶级的暴力工具。恩格斯说：

> 既然国家只是在斗争中、在革命中用来对敌人实行暴力镇压的一种暂时的设施，那么，说自由的人民国家，就纯粹是无稽之谈了：当无产阶级还需要国家的时候，它需要国家不是为了自由，而是为了镇压自己的敌人，一到有可能谈自由的时候，国家本身就不再存在了。[②]

马克思说，国家是"虚假的共同体"，现代资本主义国家不过是现代

---

① Philip W. Dyer,"The conception of the state in the philosophy of Marx and Engels", in *Journal of Thought*, July, 1972, Vol.7, pp.147-158.

② 《马克思恩格斯文集》第 3 卷，人民出版社 2009 年版，第 414 页。

资产阶级实行阶级统治的"共同事务委员会"。马克思不认同国家政权的全民属性，而是把无产阶级的阶级属性放在最首要的位置。在《共产党宣言》中，马克思、恩格斯指出，到目前为止的一切社会的历史都是阶级斗争的历史，压迫者和被压迫者、剥削者和被剥削者，始终处于对立的地位，进行不断地、有时隐蔽有时公开的斗争，正是这种阶级斗争推动着社会的进步和变革。

恩格斯在《起源》中指出，在历史上的大多数国家中，公民的权利是按照财产状况分级规定的，这直接地宣告国家是有产阶级用来防御无产阶级的组织。在国家的最高形式——民主共和国中，虽然已经不再正式讲什么财产差别了，但是财富仍然是权力。财富一方面可以直接收买官吏，另一方面通过政府与证券交易所之间的联盟（随着国债的增加而变得更加强大）来发挥其影响力。因此，"国家是文明社会的概括，它在一切典型的时期毫无例外地都是统治阶级的国家，并且在一切场合在本质上都是镇压被压迫被剥削阶级的机器。"[1]

既然国家是阶级镇压的工具，对于无产阶级而言，摧毁资本主义国家机器变得至关重要。

1871 年巴黎公社革命提供了前所未有的重大的经验教训，以及革命政权的形式。革命失败后，马克思和恩格斯认真总结公社经验教训，特别是研究了资本主义国家的本质。

资产阶级共和国确立了资产阶级对无产阶级实行无限制的统治，它并不像资产阶级所标榜的是自由、平等、博爱的，一旦无产阶级要捍卫自己的权利，资产阶级就会撕下虚伪的面纱，给予血腥的镇压。马克思在分析1848 年欧洲革命时指出，法国无产阶级用鲜血证明了资本主义国家的实质。法国无产阶级的"六月革命"是现代社会中两大对立阶级间的第一次

---

① 《马克思恩格斯选集》第 4 卷，人民出版社 2012 年版，第 193 页。

大规模的战斗，这是为保存或消灭资产阶级制度而进行的战斗。① 在战斗中，资产阶级共和国现出了原形，资产阶级的博爱、民主，以及其他社会主义派别的"人民"、"正义"等词句荡然无存了。

资本主义国家的本性——国家作为暴力镇压的工具充分暴露无遗。正像列宁所指出的："1848 年革命给了马克思以前的所有这些喧嚣一时、五花八门的社会主义形式以致命的打击。各国的革命使社会各阶级在行动中显露出自己的面目。共和派资产阶级在巴黎 1848 年 6 月的那些日子里枪杀工人，最终证明只有无产阶级具有社会主义本性。"②

经过 1848 年的革命，尤其是法国六月革命，马克思尖锐地指出：无产阶级想要在资产阶级共和国范围内稍微改变一下自己的处境只能是一种空想，因此，结果必然是，推翻资产阶级，工人阶级专政。恩格斯为《法兰西内战》1891 年版写的导言中也指出：1848 年对工人阶级的镇压，是"资产阶级第一次表明了，一旦无产阶级敢于作为一个具有自身利益和要求的单独阶级来同它相对抗，它会以何等疯狂的残暴手段来进行报复"③。

马克思在《路易·波拿巴的雾月十八日》及《法兰西内战》中进一步阐释了打碎、摧毁资产阶级国家机器的思想。

马克思指出，六月革命的失败表明，欧洲的问题并不是争论"共和国还是君主国"的问题，而是揭示出资产阶级共和国是表示一个阶级对其他阶级实行无限制的专制统治。"它表明，在那些阶级构成发达、具备现代生产条件、拥有通过百年来的努力而使一切传统观念都融于其中的精神意识的旧文明国家里，共和国一般只是资产阶级社会的政治变革形式"。④因此，资产阶级共和国也是阶级统治的工具。

---

① 参见《马克思恩格斯文集》第 2 卷，人民出版社 2009 年版，第 101 页。

② 《列宁选集》第 2 卷，人民出版社 2012 年版，第 306 页。

③ 《马克思恩格斯文集》第 3 卷，人民出版社 2009 年版，第 102 页。

④ 《马克思恩格斯文集》第 2 卷，人民出版社 2009 年版，第 479 页。

马克思在总结巴黎公社革命的经验时明确指出："工人阶级不能简单地掌握现成的国家机器，并运用它来达到自己的目的。"① 在阶级社会里，由于占统治地位的是剥削阶级，因而政权的更迭，只是军事官僚机器从一些人的手中转到另一些人的手中，并没有根本性质的变化。中央集权的国家政权连同其遍布各地的机关，即常备军、警察局、官僚机构、教会和法院起源于专制君主时代，充当了新兴资产阶级社会反对封建制度的有力武器。现代工业的进步促使资本和劳动之间的阶级对立更为发展、扩大和深化。与此同时，国家政权在性质上也越来越变成了资本借以压迫劳动的全国政权，变成了为进行社会奴役而组织起来的社会力量，变成了阶级专制的机器。"每经过一场标志着阶级斗争前进一步的革命以后，国家政权的纯粹压迫性质就暴露得更加突出。"② 由于国家的这种本质，对于无产阶级来说，必须打碎资产阶级国家机器，才能彻底铲除剥削阶级，获得解放。马克思说：

> 被压迫阶级的存在就是每一个以阶级对抗为基础的社会的必要条件。因此，被压迫阶级的解放必然意味着新社会的建立。要使被压迫阶级能够解放自己，就必须使既得的生产力和现存的社会关系不再能够继续并存。在一切生产工具中，最强大的一种生产力是革命阶级本身。③

列宁在《国家与革命》一书中，继续沿着马克思、恩格斯的道路前进，重申马克思、恩格斯提出的"国家是阶级矛盾不可调和的产物"基本观点。列宁强调指出，从《起源》一书得出的结论只能是，"国家是阶级矛盾不可调和的产物和表现。在阶级矛盾客观上不能调和的地方、时候和

---

① 《马克思恩格斯文集》第 3 卷，人民出版社 2009 年版，第 151 页。
② 《马克思恩格斯文集》第 3 卷，人民出版社 2009 年版，第 152 页。
③ 《马克思恩格斯文集》第 1 卷，人民出版社 2009 年版，第 655 页。

条件下，便产生国家。反过来说，国家的存在证明阶级矛盾不可调和"①。因此很明显，被压迫阶级的解放，不仅非进行暴力革命不可，而且非消灭统治阶级所建立的、体现这种"脱离"的国家政权机构不可。无产阶级面临着历史上最完备、最强大的国家——资产阶级国家，无产阶级要解放自己只能用暴力推翻资产阶级国家，进行革命。

四、国家的管理职能

国家行使公共权力，对内主要负责控制阶级对立，对外则致力于抵抗侵略。这使得国家同时具备社会管理职能，尽管相对于其政治职能而言，社会管理职能显得次要。

恩格斯在《起源》中认同摩尔根在《古代社会》中描述的人类发展三个阶段——蒙昧时代、野蛮时代和文明时代——的观点。恩格斯指出，随着人类在生产工具方面的进步，经济结构变得更加复杂和精密。商业扩张、货币出现以及贸易增加导致了社会的深刻变革，人们被分为自由民和奴隶，整个社会发生了深刻的变化。这些变革在原有的氏族制度下无法得到妥善容纳。为了缓解由新型经济关系引发的日益严重的对立，防止新兴阶级之间的公开冲突，一种更为有力的政治结构形式——国家——变得不可或缺，于是国家就出现了。

在这一早期阶段，国家尚未完全演变成为统治阶级的压迫工具。为了适应新兴的经济社会因素，发生了两个显著的变化。首先，人们开始按地域进行划分，对特定的地理区域行使管辖权，而非仅对一个部落或氏族。其次，建立了一种公共权力，这种权力不再仅仅将人民组织成一支武装力量，而是建立了自身的武装力量，包括监狱、警察、常备军以及各种强制

---

① 《列宁选集》第3卷，人民出版社2012年版，第114页。

组织。随着经济条件的演变，社会内部阶级对立日益尖锐，为了抑制内部动荡，公共权力相应地变得更加强大。为了维持这一不断增长的权力，国家实行了一项重大创新——强制公民缴纳税款。

国家的管理职能有时体现在国家会脱离阶级而独立存在。恩格斯指出：一般而言，国家是为统治阶级服务，用以镇压被统治阶级，但在某些情况下也存在例外。

> 那时互相斗争的各阶级达到了这样势均力敌的地步，以致国家权力作为表面上的调停人而暂时得到了对于两个阶级的某种独立性。17世纪和18世纪的专制君主制，就是这样，它使贵族和市民等级彼此保持平衡；法兰西第一帝国特别是第二帝国的波拿巴主义，也是这样，它唆使无产阶级去反对资产阶级，又唆使资产阶级来反对无产阶级。使统治者和被统治者都显得同样滑稽可笑的这方面的最新成就，就是俾斯麦国家的新的德意志帝国：在这里，资本家和工人彼此保持平衡，并为了破落的普鲁士土容克的利益而遭受同等的欺骗。①

恩格斯的这一观点建立在马克思的《路易·波拿巴的雾月十八日》中对法国阶级斗争的分析基础上。马克思指出，当时没有一个阶级具备足够的力量来主导统治，也没有一个阶级能够有效地掌控国家，这使得国家更容易被独裁者所接管。在路易·波拿巴的统治下，国家在很大程度上独立于特定阶级，尽管该政权与农民有着密切的联系。此外，波拿巴主义的国家机器包括相当庞大的官僚和军队组织，它是一个追求自身利益的独立实体。因此，不同历史时期和国家形式下，国家的性质不可避免地更加复杂，需要具体问题具体分析。

---

① 《马克思恩格斯选集》第 4 卷，人民出版社 2012 年版，第 189 页。

在《路德维希·费尔巴哈和德国古典哲学的终结》中，恩格斯论述私有制和阶级的出现主要源于经济关系。

> 国家作为第一个支配人的意识形态力量出现在我们面前。社会创立一个机关来保护自己的共同利益，免遭内部和外部的侵犯。这种机关就是国家政权。它刚一产生，对社会来说就是独立的，而且它越是成为某个阶级的机关，越是直接地实现这一阶级的统治，它就越独立。①

随着统治阶级地位的巩固，国家与社会逐渐分离，变得越来越像某一特定阶级利益的代言人。恩格斯说：以往国家的特征是什么呢？社会为了维护共同的利益，最初通过简单的分工建立了一些特殊的机关。但是，随着时间的推移，这些机关——为首的是国家政权——为了追求自己的特殊利益，从社会的公仆变成了社会的主人。②

1890年10月恩格斯在给施米特的信中，分析了国家的管理职能，他说：

> 从分工的观点来看问题最容易理解。社会产生它不能缺少的某些共同职能。被指定执行这种职能的人，形成社会内部分工的一个新部门。这样，他们也获得了同授权给他们的人相对立的特殊利益，他们同这些人相对立而独立起来，于是就出现了国家。③

可见，恩格斯是承认国家也具有社会管理的职能，然而，恩格斯反对

---

① 《马克思恩格斯选集》第4卷，人民出版社2012年版，第259页。
② 参见《马克思恩格斯文集》第3卷，人民出版社2009年版，第110页。
③ 《马克思恩格斯选集》第4卷，人民出版社2012年版，第609页。

用实现社会共同利益的必要性来解释国家的形成。

五、国家的消亡

国家的出现并非自然而然的演变，而是社会中不同利益群体（主要是经济利益）之间斗争的产物。当阶级斗争推动社会发展进入新阶段时，国家产生了；同样，当新的经济条件和经济关系不再需要国家时，国家也将在历史长河中消失。马克思说："劳动阶级在发展进程中将创造一个消除阶级和阶级对抗的联合体来代替旧的市民社会；从此再不会有原来意义的政权了。因为政权正是市民社会内部阶级对抗的正式表现。"① 政权的消失标志着作为阶级统治工具的国家的终结。

马克思在《法兰西内战》中指出，在法国历次革命中，国家机器并没有被摧毁，而是不断强大起来，最终形成了庞大的官僚机构。这个官僚机构像一张网一样缠绕着法国社会，导致社会的各个方面受到限制和控制。马克思说："表面上高高凌驾于社会之上的国家政权，实际上正是这个社会最丑恶的东西，正是这个社会一切腐败事物的温床。"② 这样的国家机器显示工人阶级是无法简单地利用其来达成自己的目的的，结论只能是必须打碎资本主义国家机器。

恩格斯在《社会主义从空想到科学的发展》中说：

> 资本主义生产方式日益把大多数居民变为无产者，从而就造成一种在死亡的威胁下不得不去完成这个变革的力量。这种生产方式日益迫使人们把大规模的社会化的生产资料变为国家财产，因此它本身就

① 《马克思恩格斯选集》第1卷，人民出版社2012年版，第275页。
② 《马克思恩格斯文集》第3卷，人民出版社2012年版，第154页。

指明完成这个变革的道路。无产阶级将取得国家政权，并且首先把生产资料变为国家财产。但是这样一来，它就消灭了作为无产阶级的自身，消灭了一切阶级差别和阶级对立，也消灭了作为国家的国家。①

在《起源》中，恩格斯从生产的发展，分工和交换的出现，阶级的产生探讨了国家的起源，他也同样从这一角度讲到了国家的消亡。恩格斯说："随着阶级的消失，国家也不可避免地要消失。在生产者自由平等的联合体的基础上按新方式来组织生产的社会，将把全部国家机器放到它应该去的地方，即放到古物陈列馆去，同纺车和青铜斧陈列在一起。"②

那么，如何理解"打碎"资产阶级国家机器，"消灭"作为国家的国家呢？或者国家的"自行"消亡呢？

从马克思和恩格斯的一系列论述来看，可以从两个方面来理解。

一方面是就字面意义来理解，打碎就意味着"破坏""毁灭"。由于国家是统治阶级统治的工具，对于无产阶级来说，想在资本主义国家中稍微改变一下自己的处境都会遭到无情的镇压，因此，必须打碎资产阶级国家机器，才能彻底铲除剥削阶级，获得解放。这也就意味着要废除、消灭附着在国家这个庞大机器上的一切设施，常备军、警察、监狱等，以及骑在人民头上作威作福的官吏。

恩格斯在谈到国家消亡时说：

当国家终于真正成为整个社会的代表时，它就使自己成为多余的了。当不再有需要加以镇压的社会阶级的时候，当阶级统治和根源于至今的生产无政府状态的个体生存斗争已被消除，而由此二者产生的

① 《马克思恩格斯文集》第 3 卷，人民出版社 2009 年版，第 561 页。
② 《马克思恩格斯选集》第 4 卷，人民出版社 2012 年版，第 190 页。

冲突和极端行动也随着被消除了的时候，就不再有什么需要镇压了，也就不再需要国家这种特殊的镇压力量了。国家真正作为整个社会的代表所采取的第一个行动，即以社会的名义占有生产资料，同时也是它作为国家所采取的最后一个独立行动。那时，国家政权对社会关系的干预在各个领域中将先后成为多余的事情而自行停止下来。那时，对人的统治将由对物的管理和对生产过程的领导所代替。国家不是"被废除"的，它是自行消亡的。[①]

列宁认为，恩格斯在这里所说的国家的自行消亡是指的社会主义革命以后无产阶级国家的制度残余，而不是指资本主义国家。列宁说："按恩格斯的看法，资产阶级国家不是'自行消亡'的，而是由无产阶级在革命中来'消灭'的。在这个革命以后，自行消亡的是无产阶级的国家或半国家。"[②] 在资本主义社会中，国家的消灭需要通过无产阶级的革命来实现，而在社会主义社会中，国家最终会因阶级差异的消失而自行消亡。

另一方面，马克思和恩格斯，特别是恩格斯在晚年，谈到应视具体情况，工人阶级是否可以利用国家机器来取得政权。

塞缪尔·霍兰德（Samuel Hollander）认为，恩格斯在晚年对英国政治和阶级状况的研究，使得他开始支持通过议会的和平的政治策略，并认为普选的理由是为无阶级的共产主义制度奠定基础。伯恩施坦在一定程度上就是沿着恩格斯的这个观点前进的，而不是像列宁后来所批判的那样，是对马克思主义的"背叛"。[③]

---

① 《马克思恩格斯文集》第 3 卷，人民出版社 2009 年版，第 561—562 页。

② 《列宁选集》第 3 卷，人民出版社 2012 年版，第 124 页。

③ Samuel Hollander,"Marx and Engels on constitutional reform vs. revolution: their 'revisionism' review", in *A journal of Social and Political Theory*, March 2010, Vol.57, pp.51-55.

日本马克思主义学者不破哲三认为，在国家观上，列宁的《国家与革命》存在着对马克思、恩格斯关于"打碎旧的国家机器"和是否废除"民主共和制"等思想的严重误读。不破哲三认为马克思、恩格斯"打碎旧的国家机器"原意是指"改造旧的国家机器"。①

马克思和恩格斯虽然批评民主共和国的阶级性，然而他们还是认为议会有存在的必要性。在《起源》中恩格斯指出："随着被压迫阶级成熟到能够自己解放自己，它就作为独立的党派结合起来，选举自己的代表，而不是选举资本家的代表了。"② 因此，普选权是测量工人阶级成熟性的标尺。在《1891年社会民主党纲领草案批判》中，恩格斯发挥了在《起源》中所说的国家的最高形式就是民主共和国的观点，他说："如果有什么是毋庸置疑的，那就是，我们的党和工人阶级只有在民主共和国这种形式下，才能取得统治。民主共和国甚至是无产阶级专政的特殊形式，法国大革命就已经证明了这一点。"③

恩格斯在1895年再版了马克思的《1848—1850年法国的阶级斗争》一文，在导言中，恩格斯指出，随着德国工业的发展，德国社会民主党也更加迅猛和持续地成长起来。由于德国工人善于利用1866年开始实行的普选权，党的惊人成长速度就以无可争辩的数字形式展现在全世界面前：社会民主党所得的选票1871年为102000张，1874年为352000张，1877年为493000张。反社会党人法废除后，选票增到了787000张。恩格斯对这一成就是欢欣鼓舞的。他说：

    由于这样有成效地利用普选权，无产阶级的一种崭新的斗争方式

---

① 曹天禄、殷向阳：《不破哲三：列宁对马克思恩格斯国家观的误读》，《社会主义研究》2006年第5期。

② 《马克思恩格斯选集》第4卷，人民出版社2012年版，第190页。

③ 《马克思恩格斯选集》第4卷，人民出版社2012年版，第294页。

就开始发挥作用，并且迅速获得进一步的发展。人们发现，在资产阶级用来组织其统治的国家机构中，也有一些东西是工人阶级能够用来对这些机构本身作斗争的。①

因此，马克思、恩格斯的国家观是蕴含着丰富内涵的理论，不能简单化概括为只有彻底推翻、消灭国家才能获得解放。对于马克思主义的国家观，不能仅从打碎国家机器的角度来探讨。当马克思和恩格斯发现面临着特定的历史环境时，他们总是在理论上进行不断的修正。马克思认为，人口中哪一部分人可以通过政治手段将自己的意志强加于社会的问题很复杂。所谓的"统治阶级"本身可能是严重分裂的，其中一些阶级可能受到其他阶级政治活动的压迫。此外，一个阶级的一些政治代表实际上不一定是该阶级的成员，一个阶级甚至可能希望拒绝为促进其利益而努力的政治代表。②

从马克思、恩格斯的论述中，我们发现了他们对国家最终发展趋势的双重看法。首先，他们一直强调国家是阶级统治的工具，不断强调普选权只是测量工人阶级成熟性的标尺，而并非提供更为全面的解决方案。其次，马克思和恩格斯指出，国家的"消亡"并非只有一条固定的道路，而是需要具体问题具体分析。在特定条件下，工人阶级可以通过选举、议会斗争和平夺取政权，为实现无阶级社会奠定基础。

---

① 《马克思恩格斯选集》第 4 卷，人民出版社 2012 年版，第 390 页。

② John Sanderson,"Marx and Engels on the state", in *The Western Political Quarterly*, Dec.1963, Vol.16, pp.946-955.

第六章　阶级与性别：恩格斯的叙事

在历史的长河中，有些著作的意义超越了其作者最初的创作意图，成为深远而引人深思的灯塔。恩格斯所创作的《起源》便是其中之一。虽然恩格斯最初并非以撰写一部关于妇女问题的作品为目的，但这部著作的影响力却远超他的预期。恩格斯是马克思主义理论的重要创立者之一，他的研究着眼于社会历史的深层结构，尤其是私有制和家庭制度对性别关系的塑造。通过对家庭历史的深刻分析，《起源》提供了对阶级和性别关系的理论框架和方法论基础。这一理论框架至今仍在影响着妇女解放理论，使我们不断深入思考妇女在社会变革中的地位和角色。

第一节　恩格斯同时代的妇女解放理论

要深刻理解恩格斯的妇女解放理论，我们必须同时了解在他之前以及与他处于同一时代、同一思想传统和社会环境，却持有不同思想观点的理论家。相同的时代、相同的文化背景和社会现实为何会导致不同的思想？这表明了人类思想的复杂性，也有助于更清晰地理解恩格斯妇女解放理论的独特性。

母系氏族被推翻后，妇女失去了早期建立在性别自然分工基础上的平等地位，成为父权制家庭的奴隶。在启蒙运动的推动下，妇女的权利意识逐渐觉醒，争取权利的运动几乎与欧洲资产阶级大革命同时兴起，然而都以失败告终。妇女解放运动首先是争取权利的斗争。"妇女问题"的提出并非源自妇女自身的问题，也不是自古以来就存在的议题，而是在妇女作为与男性一样的"人"的意识觉醒后，开始要求与男性一样享有平等权利的斗争过程中出现的。妇女问题的实质在于在父权制下女性无法像男性一样享有同等权利。

一、妇女解放理论的兴起与发展

从历史的角度来看，18 世纪以前欧洲女性对争取教育权、参政权等与男性相同的权利的呼声相对较弱，影响有限。早期的欧洲妇女争取权利的斗争主要以宗教为理论武器，强调耶稣基督母性的一面，将基督描绘为慈爱的母亲，从而提升妇女的地位。同时，否认夏娃是使人类堕落的罪魁祸首，强调亚当同样有责任。1894 年，恩格斯在《论原始基督教的历史》中明确指出原始基督教蕴含着革命因素："原始基督教的历史与现代工人运动有些值得注意的共同点。基督教和后者一样，在产生时也是被压迫者的运动：它最初是奴隶和被释奴隶、穷人和无权者、被罗马征服或驱散的人们的宗教。"[①] 当时，借助宗教为被压迫的妇女争取权利是一种效果极其有限的手段。

从 16 世纪开始，各种专门针对女性的法规开始被编纂成法典，女性失去了一切保护，无法抵抗男人将她们束缚在家中的愿望。拿破仑法典拒绝赋予女性接近男性地位的权利，完全剥夺了她们的公民资格，使她们在未婚时受到父亲的监护。若后来没有结婚，父亲就会把她送进修女院；若结婚，她、她的财产和子女就会完全被置于丈夫的权威之下。丈夫被认为

---

① 《马克思恩格斯文集》第 4 卷，人民出版社 2009 年版，第 475 页。

应对她的债务和品行负责，她与政府当局以及外人几乎没有直接关系。在劳动和做母亲时，她更像是一个仆人而不是一个伙伴。她所从事的工作、所创造的价值和关心的人，都不是她自己的财产，而是属于家庭，因而属于做家长的男人。

从法国大革命开始，所谓的"妇女问题"开始凸显出来，直接将矛头指向了"天赋人权"。人权从抽象的意义上讲，应该是只要是"人"，不论其性别、出身、财产状况、受教育程度等，都应当平等地享有各种权利。然而，在历史上，什么人可以享有权利，以及每个人可以享有多少权利，不仅要受到政治、经济、文化条件的制约，同时也受到性别的制约。男性个人作为人权主体的原则，是伴随着资产阶级革命而确立的，这一原则首先体现在马克思所说的"政治解放"过程中。马克思认为，政治解放就是摧毁一切封建的等级、公会、行帮和特权的革命，就是打破一切人身依附关系，确立个人的权利和权力的革命。[①] 没有政治解放，就没有作为人权主体的个人。虽然政治解放并不彻底，无产阶级仍然没有获得政治参与权，但是进步是巨大的。

然而，从女性的权利来看，无论是美国的《独立宣言》还是法国的《人权和公民权宣言》，尽管所秉承的原则是"天赋人权"，即人人在权利方面是自由平等的，但这里的"人"仅仅指男性，不包括女性在内。因此，在《人权宣言》颁布不久后，法国女性社会活动家玛丽·戈兹（Marie Gouzes）因不满其中的性别歧视，创作了《女权与女公民宣言》，在正文中，她基本仿照《人权宣言》来强调妇女作为"人"应该享有的权利，核心思想是：妇女生来就是自由的，她们在德行方面不比男性差，在权利方面应该与男性是平等的，有权参与政治活动、担任公职，有权参与法律的制定。在附言中，戈兹发出号召，妇女们，觉醒吧！全宇宙都能听到理性

---

① 参见《马克思恩格斯文集》第 1 卷，人民出版社 2009 年版，第 21—55 页。

的警钟：发现你的权利。强大的自然帝国永远不再是被偏见、狂热、迷信和谎言包围的了。真理的光芒已经驱散了一切愚蠢和篡夺的阴云。①

戈兹积极投身于法国大革命，革命期间她出版了许多社会问题论述和若干剧本，然而，由于与吉伦特派关系密切，戈兹最终因叛国罪被送上断头台，巴黎媒体大肆批评她不守女人本分，爱参与政治活动。以革命者面貌出现的雅各宾派，是反对女权的坚决主张者，在他们的报纸上，他们要求女人衣着朴素，在家里努力工作，永远不要想着参与民众会议，并在会议上发言。②1795 年 5 月的法令禁止妇女参与集会和政治性活动，并规定她们五人以上在街头游行为非法。法国大革命在女性争取权利方面以彻底的失败而告终。

二、妇女争取教育权与选举权的理论

尽管法国大革命存在性别歧视的缺陷，但在唤起女性权利意识方面产生了巨大的影响，对女性争取权利运动的打压只能引发更为尖锐、激烈的反抗。

早期妇女运动的参与者认为，争取教育权，尤其是高等教育，并开放一些职业领域如法官、医生等，对于妇女的解放至关重要。

18 世纪最著名的英国女权主义者是玛丽·沃斯通克拉夫特（Mary Wollstonecraft）。在她短暂的写作生涯中，她的作品曾涉足多个领域，其中以《女权辩护》最为著名。

在沃斯通克拉夫特所处的时代，尽管资产阶级革命已有一百多年历

---

① Olympe de Gouges：*The Rights of Women*，见 https://web.archive.org/web/20041011032318/http://www.pinn.net/~sunshine/book-sum/gouges.html，2022 年 5 月 1 日。

② 参见 Karen Offen: *European feminisms:1700-1950*, CA: Stanford University Press, 2000, pp.65-66。

史，但广大妇女仍然在经济上缺乏独立，政治上缺乏权利。特别是几乎没有接受高等教育的机会，由于教育的贫乏，妇女在职业上的选择很少。同时，一些宣扬女性教育的专家不断灌输错误的教育理念给妇女：

> 与其说这些书籍的作者把女性看作是人，不如说他们把女性看作是妇女。他们更渴望把她们变成迷人的情妇，而不是变成深情的妻子和有理性的母亲；由于遵从这种似是而非的论调，女性的理智受到了蛊惑，以致现代的文明的妇女，除了少数而外，在她们应该怀有一种更高尚的抱负并用才能和美德挣得尊敬的时候，却一心一意想激起别人的爱怜。①

若妇女不能接受与男性同等的教育，她们的知识和品德发展将受到阻碍，这不仅使她们难以胜任合格母亲的角色，也难以胜任合格妻子的角色。

沃斯通克拉夫特的核心论点是：女性同样具备理性思维的能力，只是在男性拒绝提供教育和鼓励女性的情况下，女性看起来缺乏这种能力。她主张女性应该接受理性的教育，以给予她们在社会中作出贡献的机会。

她批判了当时流行的反对女性接受与男性同等教育的观点。卢梭，这位主张共和主义的激进分子对女性的偏见也是惊人的，他认为女性由于体力不及男人，因此应该是柔弱和被动的。卢梭认为女人没有判断力，应该将父亲和丈夫的话奉为圣言，女人的存在是为了讨好男人，顺从男人，这是女人生存的伟大目的。教育在他看来，对男性和女性是不同的。沃斯通克拉夫特对此提出异议，认为"最理想的教育"是为增强体质和培养精神

---

① ［英］玛丽·沃斯通克拉夫特：《女权辩护》，王蓁译，商务印书馆 2007 年版，第3—4 页。

而精心筹划的理性锻炼，或者换句话说，就是要使个人获得独立自强的品德习惯。人们必须根据理性、德行和知识的程度，来判断自身的天性是否完美以及是否有能力获得幸福。沃斯通克拉夫特反对仅凭性别就断定女性是无知的、没有理性的这一错误观念。她强调真理并不因性别而异，对待男女应该是一视同仁的。女性并非天生低于男性，只有在缺乏足够教育的情况下才会显露出这一点。她表达了这样的观点：

> 如果引导妇女去尊重她们自己，如果准许她们参加政治和道德问题的讨论，这种褊狭的凄凉就不会败坏她们的品格，而且我敢肯定这样做是使她们正确注意家庭责任的唯一方法。一个活跃的心灵会照顾到所有的责任，并且觉得有足够的时间来履行责任。……我之所以强调空虚是因为现在妇女所受的教育几乎不配称之为教育。因为她们在重要的青春时期所获得的那一点知识仅仅是有关才艺方面的，而且是没有根底的才艺。除非理智得不到培养，否则一切的魅力都是表面的和单调的。[①]

19世纪妇女运动的显著特点是争取投票权的斗争。在妇女为争取教育权而奋斗的同时，对女性的政治权利也越来越多的关注。18世纪中期到19世纪中期英国进行着轰轰烈烈的工业革命。这场全面的变革影响深远，涉及社会、家庭伦理、道德观念等各个方面的改变，对英国妇女产生了重大影响。

工业革命初期，大多数妇女被禁锢在家庭内，她们几乎没有机会与邻里外的陌生人接触，对于外部世界的一切她们知之甚少或一无所知，她们因缺乏与外界的交流，思维变得狭隘与单调。然而，在工业化的浪潮中，

---

① ［英］玛丽·沃斯通克拉夫特：《女权辩护》，王蓁译，商务印书馆2007年版，第246页。

包括无产阶级和中产阶级的妇女开始走出家庭，进入劳动力市场，成为独立的雇佣劳动者，从而拓宽了她们的视野，增强了独立意识。随着经济地位的提升以及在工业革命中吸取的经验和教训，女性逐渐认识到现有的社会政治和制度对女性的极度不公，特别是对已婚妇女的限制达到了难以忍受的地步。因此，她们开始联合起来，为争取政治权利而进行斗争。

1869年，英国著名哲学家和经济学家约翰·斯图尔特·穆勒（John Stuart Mill）发表了《妇女的屈从地位》。他认为，两性不平等的社会关系是阻碍人类进步的主要障碍之一，这种不平等关系是建立在暴力与专制的基础上的，并且被人们，包括女人认为是"自然"的秩序接受下来，"男人对妇女的统治与其他形式的不同在于它不是暴力的统治，而是自愿地接受的，妇女不抱怨并同意参与"[①]。这种秩序尽管延续了上千年，然而，这不能说明剥夺妇女的政治权利就是正确的，"习惯，不论是多么普遍的习惯，在这件事上并不提供推断，也不应造成任何偏见来赞成把妇女置于屈从男人的社会和政治的安排"[②]。

随着社会的进步，奴隶主与奴隶、封建领主与农奴之间的不公正的区别消失了。现代社会已不再存在按照出生将人终生限制在某一地位的体制。任何男性都可以竞争社会的一切利益，可以为财富而奋斗。然而，穆勒指出，唯有妇女，仅因为她们出生时是女性，就被置于从属的地位，这是不合理的。

穆勒呼吁应该接纳妇女进入迄今为止为男人独占的一切职务和职业。他批判那些认为妇女在家庭之外无资格的说法，认为这种观点只是为了维持她们在家庭生活中的从属地位。"她们从呱呱坠地起就注定不能或不可

---

① [英]约翰·斯图尔特·穆勒：《妇女的屈从地位》，汪溪译，商务印书馆2007年版，第298页。

② [英]约翰·斯图尔特·穆勒：《妇女的屈从地位》，汪溪译，商务印书馆2007年版，第301页。

能变得适合从事职业，而这些职业对最呆笨最卑贱的男人是合法地开放着的，或者不论她们可能是多么适合，也不允许她们从事这些职业，以便为了男性的独占利益而保留给他们。"[1] 穆勒认为，这种思想和体制安排是不合理和不公正的。

穆勒反驳了认为妇女不能担任公职或者不能给予她们政治权利的种种观点，指出，男人和女人之间并没有智力上的差距。他认为，在历史上女性极少有人成为伟大的哲学家、数学家、艺术家，并非因为她们天生智力不足，而是因为社会不允许她们接受足够的教育。此外，结婚后，女性不得不将大量时间花在照顾家人和做家务上，而想在科学、艺术或文学等领域获得成就需要付出大量的时间与努力。至于女性在政治上的成就，历史证明并不逊色于男性，甚至更为出色，例如伊丽莎白女王就是其中杰出的政治家之一。

穆勒进一步指出："人类中存在的一切自私自利、自我崇拜、不公正的自我偏爱。根源在于男人和女人之间的关系的现行制度，并从中得到主要的营养。"[2] 开放职业领域给妇女，给予妇女自由地运用其才能的机会，既可以消除把妇女放置在从属地位不公正的制度，又可以利用妇女的才能为人类更好地服务，使得妇女和男人一起为人类谋利益和推动社会总体进步。因此，他认为应该给予妇女选举权。

三、倍倍尔的《妇女与社会主义》

奥古斯特·倍倍尔是德国社会民主党创始人和主要领导人之一，是第

---

[1] 　[英] 约翰·斯图尔特·穆勒：《妇女的屈从地位》，汪溪译，商务印书馆 2007 年版，第 337 页。
[2] 　[英] 约翰·斯图尔特·穆勒：《妇女的屈从地位》，汪溪译，商务印书馆 2007 年版，第 371 页。

二国际时期国际工人运动的著名活动家，也是进入德国议会的第一位工人代表。他的代表作《妇女与社会主义》于 1879 年首次问世，后在 1884 年恩格斯的《起源》出版后进行了修订。这部作品广泛传播并影响深远，仅在倍倍尔生前就再版了很多次。

《妇女与社会主义》的核心思想是：妇女应该享有与男人同样的平等地位，要想实现男女平等，必须进行无产阶级革命，只有社会主义社会才能确保妇女的解放。围绕着这一核心思想，本书分为四个部分，分别是过去的妇女，当代妇女，国家与社会，社会的社会主义化。

首先，在分析妇女为什么遭受压迫时，倍倍尔指出，妇女是人类中最早成为奴隶的群体，早在奴隶制问世之前，妇女就已经沦为奴隶。造成这一现象的原因主要在于妇女在经济上的从属地位。

在母权制时代，妇女的地位相对较高。然而，随着私有制的兴起，妇女的地位逐渐下降。倍倍尔指出："私有制占统治地位就注定了妇女遭受男人压迫。此后随之而来的是轻视，甚至蔑视妇女的时代。实行母权制意味着共产主义，意味着人人平等；父权的出现意味着私有制占统治地位，同时意味着妇女遭受压迫和奴役。"①

值得注意的是，倍倍尔将母权制明确地与原始共产主义联系起来，尽管血缘和继承关系由妇女决定，但男性也享有平等的权利。此外，对于母权制被父权制所推翻，按照恩格斯的分析，是一个和平的过渡，但是，倍倍尔认为，妇女是经过激烈的反抗的，虽然最终反抗失败了。

基督教的出现使得妇女地位低下获得了"神圣"的解释，基督教把妇女视作万恶之源，是不洁之物，是把罪恶带到世界和使男人堕入深渊的诱惑者。尽管基督教的兴起和传播离不开很多妇女的热情和奉献，"然而基

---

① ［德］奥古斯特·倍倍尔：《妇女与社会主义》，葛斯等译，中央编译出版社 1995 年版，第 25 页。

督教并不因此而酬谢妇女。基督教学说同东方的所有宗教一样包含着对妇女的轻视。基督教要求妇女成为丈夫俯首听命的女佣，就是今天，她们也必须在祭坛前向丈夫宣誓做个顺从的妻子"①。

路德的宗教改革承认了人的肉欲的自然性，认为天主教主张的神职人员的独身主义违反天性，最终导致了教会内部的荒淫无耻以及同性之间的性关系蔓延。路德主张，婚姻是当事人自由意志的表现，教会不能干涉，更进一步的，路德反对对婚姻的任何限制，并要求离婚自由以及准许离婚者再婚。路德甚至认为，如果妻子对婚姻不满意，有权在婚姻以外满足自己的欲望。

路德对婚姻激进的主张，代表了正在兴起的资产阶级男性的要求，对改变妇女的地位并没有实质上的帮助。"如果说天主教徒对于性的放纵还表现出某种宽容和耐心，那么，现在新教教徒在他们自己尽情得到满足后，却如此愤恨地对此进行尽力抵制。他们向公开的妓院宣战，妓院被当作'撒旦地狱'而遭查封；妓女被当作'魔鬼的女儿'，受到迫害；所有'失足'的良家妇女像从前一样被看成万恶之源，带枷游街示众。"②

其次，不仅资本主义的婚姻制度对妇女构成压迫，而且在工厂中，妇女遭受的剥削比男性工人更为严重，在管理公共事务方面也被剥夺了权力。

一夫一妻制的婚姻是资产阶级职业制度和财产制度的产物，是资产阶级社会最重要的基石之一。然而，这种婚姻是以资产阶级的财产关系为基础的，因此在很大程度上是带有强制性的。这种婚姻绝不是像其赞美者所声称的那样，是唯一符合自然界目的、以自由恋爱选择为基础的。

---

① [德]奥古斯特·倍倍尔：《妇女与社会主义》，葛斯等译，中央编译出版社 1995 年版，第 50 页。

② [德]奥古斯特·倍倍尔：《妇女与社会主义》，葛斯等译，中央编译出版社 1995 年版，第 74 页。

上层阶级的婚姻完全建立在财产关系之上，"那些负债累累，但还能炫耀老贵族头衔的军官，那些因酒色过度伤身，想在婚姻的平静港湾恢复健康而需要一个女看护的浪荡公子，那些不时面临破产和入狱而希望得救的工厂主、商人和银行家，最后还有一切盼望得到和增加金钱和财产的人，以及升官有望，但一时缺少活动经费的官吏"，都希望进行婚姻买卖，"在这种情况下，未来的女子年轻或年老，漂亮或丑陋，直背或驼背，受过教育或未受过教育，庄重还是轻浮，基督徒还是犹太人，统统无所谓"①。因此，在上层阶级中，导致婚姻问题的主要原因是金钱婚姻和等级婚姻。

无产阶级的婚姻由于贫困状态的存在，夫妻双方不得不拼命劳动才能勉强糊口度日，这种状况极大损害了他们之间的感情，以及他们对子女的感情和金钱的投入。在这样的贫困条件下，许多妇女不得不通过出卖她们的肉体来维持生计，而这些妇女却处于法律保护之外。倍倍尔愤怒地指出：卖淫是资本主义社会必需的一种行业，无论是哪个阶级的男性，都将利用卖淫来满足性欲，看作是法律赋予他们的特权。

资本家更愿意雇佣女工，因为她们缺乏组织性，反抗性差，工资低，又能忍受长时间的劳动，尤其是已婚妇女，她们为了养活自己的孩子，愿意接受最脏、最累的工作。

除了婚姻制度对妇女的压迫，雇佣劳动对妇女的剥削外，政治与法律也对剥夺妇女的权利有着制度上的设定。反对妇女接受高等教育，尤其是医学教育，反对给予妇女选举权。一些未经批判的自然科学理论被用来证明妇女比男性低下，没有道德感等，例如女性的脑容量小于男性，被用来证明女性没有男性聪明和有智慧。作为从属的、被压迫的性别，妇女在国

---

① ［德］奥古斯特·倍倍尔：《妇女与社会主义》，葛斯等译，中央编译出版社1995年版，第106—107页。

家法律中也被置于相应的较低地位。

> 大多数男子都把妇女仅仅看作供他们使用和消遣的工具，将她们视为"具有平等权利的人"有悖于他们的偏见。妇女应当谦恭顺从，她们应该把自己关在家中，其他事情都交给"万物之灵长"的男子去办。妇女们应该严格约束自己的思想和倾向，要听命于她们的现世命运之神——父亲或丈夫的安排。她们越服从这种要求，越能得到"理智、贞淑、有德行"的称赞，哪管身体和道德痛苦重负的强制后果是否使她们走向毁灭。①

最后，妇女的解放只有在社会主义社会才能实现。倍倍尔在书中用了近一半的篇幅来分析资本主义社会的必然灭亡，以及未来社会主义社会的图景。

资本主义社会阶级矛盾不断激化，财富越来越集中在少数人手中，资本家阶级借助于资本主义生产方式成为土地、矿山、原料、工具、机器、交通工具等劳动资料的所有者，并借此对人民大众进行剥削和压迫，导致了被剥削阶级生存没有保障，处于被压迫、被侮辱的地位，当大多数民众感觉到这些弊端时，就会产生彻底变革的要求。那时，普遍剥夺资本家的财产，使之变为社会财产是最迅捷的手段。从前作为被压迫和被剥削阶级贫困根源的大规模生产和社会劳动能力的不断提高，将成为每个人享受最高福利与和谐发展的源泉。

在社会主义社会，劳动将成为每个人的基本义务。社会主义社会的基本规律是有劳动能力者人人劳动，人们会在劳动中感到自我的价值，脑力

---

① ［德］奥古斯特·倍倍尔：《妇女与社会主义》，葛斯等译，中央编译出版社 1995 年版，第 246—247 页。

劳动与体力劳动的区别消除了，并且由于每个人都能够决定自己从事哪种工作，所以各种愿望容易得到满足。社会主义社会将消除利益的对立，个人利益与社会利益将会协调一致。城乡差别被消灭了，人口将从大城市迁往农村，农村根据变化了的情况将形成新的乡镇，这些乡镇将把工业活动与农业活动结合在一起。在社会主义社会中，国家将会消亡，这一点至关重要，随着私有制的废除和阶级矛盾的消失，国家也在逐步消亡。

社会主义社会中的妇女在社会上、经济上是完全独立的：

> 她们不再遭受任何统治和剥削，同男人一样，她们享有自由和平等，并且是掌握自己命运的主人。她们除了性别和性功能的差别外，都同男人一样，应受到同等的教育，因为她们是在健全的生活条件下生活，所以她们可以根据自己的需要，充分发挥和显现她们在体力和智力这两方面的能力；她们可以选择那些符合自己的愿望、爱好和条件的工作，在同男人一样的条件下进行活动。①

除了经济和社会上享有与男人一样的权利外，妇女还可以自由地、独立自主地选择爱人，实现恋爱自由、结婚自由和离婚自由。由于人们可以通过正常渠道实现性的满足，通奸和卖淫就消失了。

家务劳动社会化也会极大地解放妇女，首先没有了私有制，继承权问题就不存在了；其次，孩子们如果需要帮助时，保育员、教师、女朋友和年轻的姑娘都会成为帮手，抚养孩子不再仅仅是母亲的职责了。

倍倍尔充满自信地指出：只有在社会主义时代，人类才能获得最充分的发展，人们几千年来所梦想和渴望的"黄金时代"终将到来。阶级统治

---

① ［德］奥古斯特·倍倍尔：《妇女与社会主义》，葛斯等译，中央编译出版社 1995 年版，第 465 页。

将永远消亡，而男人对妇女的统治也将随之告终。

倍倍尔的《妇女与社会主义》不仅是对妇女解放理论的深刻思考，更是对社会制度变革的探讨。这部著作在历史上留下了深远的影响，为妇女解放运动提供了理论支持，激发了广泛的社会讨论。

虽然倍倍尔的著作《妇女与社会主义》在创作时间上领先于恩格斯的《起源》，但无论是在深度还是广度上，《起源》都远远超越了前者。倍倍尔在他的著作中着重探讨了妇女在社会主义社会中的地位，强调了婚姻和家庭中的性别问题，以及妇女参与社会变革的重要性。然而，相较之下，恩格斯的《起源》深刻剖析了私有制和家庭制度对性别关系的深远影响，提供了更为系统和全面的理论框架。

恩格斯的研究不仅关注了婚姻和家庭，更深入地考察了私有制的出现对妇女地位的形成产生的重要影响。他通过对家庭历史的深刻分析，揭示了私有制和家庭制度如何相互作用，进而塑造了妇女的社会地位。这一理论框架为后来妇女解放理论的发展提供了坚实的基础。

尤其是对于 20 世纪 60 年代以后的妇女解放理论而言，《起源》依然是一座不可逾越的理论巅峰。其对性别压迫和妇女解放的深刻洞察为后来的学者提供了启示，使得对女性在社会中的地位和权力关系的研究更为系统和全面。因此，尽管倍倍尔的贡献是显著的，但《起源》在理论的丰富性和影响力上都占据着更为显著的地位。

第二节　妇女遭受压迫的根源

在《起源》家庭一章中，恩格斯把重点放在从对偶制家庭到父权制家庭的过渡上。正是在这一时期，妇女丧失了原来受人崇敬的地位，开始变成受压迫的奴隶状态。妇女作为一个被压迫的群体，由来已久，以至于无论男人还是女人都把这种不平等的状态当作是"自然"的，因而也是"永恒"的。在漫长的历史过程中，有一些人对这种不平等发出过质疑，但是，由于各种条件的制约，没有能够深刻认识到妇女受压迫的根源。马克思指出："人体解剖对于猴体解剖是一把钥匙。反过来说，低等动物身上表露的高等动物的征兆，只有在高等动物本身已被认识之后才能理解。"①恩格斯所处的时代，科学的发展为人类认识古代社会奠定了基础，唯物史观的创立又提供了正确的方法论，从而使得揭示妇女遭受压迫的根源成为可能。

一、私有制的出现导致了妇女受压迫地位的形成

在公元前 50 万年左右，女性直立猿人和男性直立猿人并排站在大地上，开始了漫长的进化历程。在这个过程中，女性主要负责食物采集和养育后代，而男性则主要从事狩猎活动。虽然狩猎在人类社会中被广泛认可，但实际上食物采集是部落生存的关键，而男性的狩猎并不能单独保证整个部落的食物供应。

养育幼儿对人类自身的生存具有非常重要的意义，然而这一责任在进化史上一直未受到充分的重视。相较之下，狩猎作为男性的主要职责，在人类社会的发展中获得了更为广泛的认可。男性狩猎者在协作中需要更多的沟通和社会组织技巧。因此，较为复杂的脑部发展、人类社会的起源，以及社会进化的动力，都被认为是由男性狩猎者提供的。

随着农业劳动的发展、工具的发明以及战争的爆发，男性的角色在史前社会的某一时刻逐渐凸显，而男女对立的原则也在这个过程中确立。这一时期，男性被视为主导者，女性则被定义为从属者，形成了男性主导、

---

① 《马克思恩格斯文集》第 8 卷，人民出版社 2009 年版，第 29 页。

女性从属的关系，从而开启了以男性为主体的历史书写。

为了巩固男性的主导地位，使男女不平等看起来似乎是"自然"的秩序，社会需要建立一整套理论支撑体系。亚里士多德说：男人是主动而积极的，充满活力，活跃在政界、商界及文化界。男人创造并制作了社会及世界。相对的，女人是被动而消极的，她待在家里——这本是其天职。她是等待由男人来塑造的物质。当然，主动积极者的地位总是比较高的，且比较神圣，男人因此在生殖上扮演主要角色，女人则只是男人精子的被动接受者。①

倍倍尔在《妇女与社会主义》一书中，援引古希腊大演说家狄摩西尼的讲话，在这个讲话中，提到雅典男人的性生活时是这样说的："我们娶妻的目的第一是为了得到法定婚姻的子女；第二，家里需要有一个忠实的看门人；我们找些女人同房是要她们侍候和日常照顾；讨娼妓是为了享受爱情。"② 这一观点将合法妻子仅仅视为生育的工具和一条看家的狗。

几千年来，女性的从属地位尽管时常受到挑战，尤其是法国大革命前后的自由主义思潮中强调"天赋人权"和"女人也是人"的声音，但是从根本上动摇男女不平等根基的是恩格斯对妇女受压迫地位的唯物主义解释。恩格斯认为，妇女在社会中失去与男性平等的地位、成为受压迫的群体的根本原因是私有制的出现。

根据摩尔根几十年的实证研究，原始社会中母系氏族对于父系氏族而言具有更为原始的特征。恩格斯接受了摩尔根的这一结论，进一步指出：那种认为妇女在最初的社会里就是男子的奴隶的意见，是18世纪启蒙时代所流传下来为妇女的屈从地位辩护的最荒谬的观念之一，实际上，从母

---

① Elizaneth Fisher, *Women's Creation: sexual Evolution and the Shaping of Society*, New York：McGraw-Hill Book Co.1980, pp.206-207.

② ［德］奥古斯特·倍倍尔：《妇女与社会主义》，葛斯等译，中央编译出版社 1995 年版，第 31 页。

系氏族到父系氏族的转变，经历了一个漫长的过程。

恩格斯的分析指出，最初的分工是建立在两性不同的基础上的，是纯粹自然产生的，是平等的：男性负责作战、打猎、捕鱼，获取食物的原料，并制作必需的工具；而女性则负责家务，制备衣食。男女在各自活动领域都是主人，同时也是自己所制造和使用的工具的主人；男性是森林中的主人，而女性是家庭的主人。在这种情况下，存在的家户经济可以看作是一种共产制。

然而，随着家畜的驯养、畜群的繁殖以及生产工具的发明，社会出现了前所未有的财富，也产生了全新的社会关系，即私有制和奴隶制。新的社会关系带来了家庭革命。尽管表面上看，家庭分工并没有实质性的改变，妇女仍然主要从事家务劳动。然而，由于社会关系的不同，所存在的家庭关系完全颠倒了过来，"从前保证妇女在家中占统治地位的同一原因——妇女只限于从事家务劳动——，现在却保证男子在家中占统治地位：妇女的家务劳动现在同男子谋取生活资料的劳动比较起来已经相形见绌；男子的劳动就是一切，妇女的劳动是无足轻重的附属品"①。

从母系氏族发展到父系氏族，是人类所经历过的最激进的革命之一。导致这一革命的根本原因，是原始社会后期生产力发展而引起的私有制的出现，以及由此引起的男女两性经济地位的变化，"随着财富的增加，财富便一方面使丈夫在家庭中占据比妻子更重要的地位；另一方面，又产生了利用这个增强了的地位来废除传统的继承制度使之有利于子女的原动力"②。男子逐渐在经济生活中占据主导地位，妇女则丧失了经济自主性，要想生存，不得不依附于男子。

私有制的兴起导致母权制的被推翻，这标志着女性历史上具有重要

---

① 《马克思恩格斯选集》第 4 卷，人民出版社 2012 年版，第 178 页。
② 《马克思恩格斯选集》第 4 卷，人民出版社 2012 年版，第 64 页。

意义的失败。这一变革确立了男性独裁的第一个结果，是出现了家长制家庭，从而使妇女沦为家庭的奴隶，成为男性的附庸。即使在婚姻关系中，由于妇女失去了经济自主性，她们被迫将自己出卖给男性，而不再考虑感情等因素。这一历史变革不仅导致了家庭结构的改变，也影响了妇女在社会中的地位。

二、妇女无权参与公共事务不能捍卫自己的利益

在氏族占据主体的社会和时代中，氏族中的一切事务都是氏族大会决定的，而妇女同男子一样享有平等的权利，凡是涉及氏族的大事，如选举酋长、罢免酋长和酋帅，都是由男女共同决定的。氏族有议事会，它是氏族的一切成年男女享有平等表决权的民主集会。

然而，私有制的出现彻底改变了妇女的地位。从家长制家庭的初现开始，妇女就沦为家庭的隐蔽奴隶，失去了一切权利。在未出嫁时，她们须服从父亲，成为妻子后，要顺从丈夫。家长制是现代家庭的萌芽，马克思评论说："现代家庭在萌芽时，不仅包含着servitus（奴隶制），而且也包含着农奴制，因为它从一开始就是同田野耕作的劳役有关的。它以缩影的形式包含了一切后来在社会及其国家中广泛发展起来的对抗。"[①] 这种对立不仅是阶级的对立，还包括了男子独裁的确立以及妇女与男子之间的对立。

恩格斯在《起源》中，用荷马史诗《奥德赛》中的一个片断，说明了妇女不能在公共场合表明自己的任何态度，只能"噤声"。《奥德赛》第一卷一开头就讲到由于奥德修斯多年征战在外，他的妻子裴奈罗珮忠贞地等待他，努力抵御着众多的求婚者。裴奈罗珮并不是一个普通的女人，诗中

---

① 《马克思恩格斯全集》第 45 卷，人民出版社 1985 年版，第 366 页。

说她是英雄的后代，"女人中的佼杰"①，当她走到客厅中，请一个游吟歌手不要再唱引起她悲伤的歌时，她的儿子告诫母亲说："回去吧，操持你自个的活计，你的织机和线杆，还要催督家中的女仆，要她们好生干活，至于辩议，那是男人的事情，所有的男子，首先是我；在这个家里，我是镇管的权威。"② 正像恩格斯所分析的："妇女的这种被贬低了的地位，在英雄时代，尤其是古典时代的希腊人中间，表现得特别露骨，虽然它逐渐被粉饰伪装起来，有些地方还披上了较温和的外衣，但是丝毫也没有消除。"③

从氏族时期的参与公共事务的管理到古希腊妇女只能待在家中管理家务和女仆的地位变化，是多么大的一个倒退。她们的"失声"和沉默表明她们丧失了投票权，无法在法律和经济层面实现自主。这意味着妇女不能代表自己的利益，而必须依赖于父兄代表，并接受他们的指导，告诉她们在社会中作为女性应该扮演的角色以及应该遵循的规范。这是一次对妇女权利的彻底剥夺，把她们从公共事务中排除出去。

妇女丧失了参与公共事务的权利，只能待在家里。恩格斯在讲到雅典妇女时写道：

> 姑娘们只学习纺织缝纫，至多也不过学一点读写而已。她们差不多是被幽禁起来，只能同别的妇女有所交往。妇女所住的房间是家中的单独一部分，在楼上或者在后屋中，男子，特别是陌生人不容易入内，如果有男子来到家里，妇女就躲到那里去。妇女没有女奴隶做伴就不能离家外出；她们在家里实际上受着监视。④

① ［古希腊］荷马：《奥德赛》，陈中梅译，上海译文出版社 2018 年版，第 15 页。
② ［古希腊］荷马：《奥德赛》，陈中梅译，上海译文出版社 2018 年版，第 16 页。
③ 《马克思恩格斯选集》第 4 卷，人民出版社 2012 年版，第 66 页。
④ 《马克思恩格斯选集》第 4 卷，人民出版社 2012 年版，第 74 页。

中世纪时，妇女的处境仍然很恶劣，当时人们普遍认为，妇女脆弱、无知、不负责任、道德感弱、头脑简单、虚荣心强，因此她们不能为自己的行为负责，也不能对事物做出理性的正确的判断。所以，中世纪的法律规定，每一个未婚妇女都要有一个男性法律监护人，妇女本人一般不能代表自己出现在法庭上，她们的证词也被认为没有男人的可信。已婚妇女在法律上要服从自己的丈夫，没有丈夫的同意，不得以任何理由进行诉讼、订立协议和上法庭。

随着资产阶级统治的确立，妇女依然未能获得公民权利和政治权利，这种权利的缺失是由被恩格斯称为"典型的资产阶级社会的法典"①——拿破仑法典明文规定的。在《起源》中，恩格斯对专偶制家庭进行了分析，这种家庭的特点是婚姻关系无法由双方随意解除，尤其是妻子失去了这种权力，而丈夫仍然可以随时终止婚姻关系，将妻子赶出家门。从那时一直到《拿破仑法典》，法律规定丈夫可以对婚姻不忠，只要丈夫不将姘妇带回家。

已婚妇女无权支配自己的财产，甚至她们的劳动成果也需听凭丈夫支配。著名小说家夏洛蒂·勃朗特在去世前不久结婚，却发现丈夫拥有她小说的版权，并将她的全部收入据为己有。这凸显了妇女在资产阶级社会中继续面临财产和劳动成果被剥夺的现实，她们的努力和贡献仍然未能获得应有的尊重和权利。

妇女在历史的不同阶段经历了从参与公共事务到被排除在外的沉沦，这一过程彰显了私有制对她们权利的巨大冲击。从氏族时期平等参与决策的氛围到古希腊时期的家庭束缚，再到中世纪和资产阶级社会对妇女的法律和社会地位的严重剥夺，妇女的权利一直在前进和倒退的过程中摇摆。即便在资本主义兴盛的时代，妇女仍然受到财产和劳动的限制，被排除在

---

① 《马克思恩格斯选集》第 4 卷，人民出版社 2012 年版，第 259 页。

公共权力之外，无法代表并捍卫自己的权利。

三、资本主义国家加重了妇女压迫

资产阶级统治确立后，表面上打破了封建等级、人身依附制度，人们似乎获得了自由和平等。资本主义把一切都变成商品，"从而消灭了过去留传下来的一切古老的关系，它用买卖、'自由'契约代替了世代相因的习俗，历史的法"①。然而，这种平等和自由只适用于特定的阶级，只有能够自由地支配自己的人身、行动和财产并且彼此权利平等的人们才能缔结契约，妇女是没有任何权利可以支配自己的行动和财产的，她们只能选择留在家中从事无偿的家务劳动，以支持男性生产剩余价值；或者进入工厂成为雇佣工人，面临比男性工人更为残酷的剥削和压迫。

工业革命的浪潮在18世纪末至19世纪初席卷欧洲，彻底改变了社会的面貌。这一时期，最引人瞩目的现象之一就是妇女首次走出家庭，进入工业领域成为雇佣工人，这标志着妇女在社会中扮演新角色的历史性转变。这一变革不仅代表着生产方式的巨大变化，也揭示了妇女在社会结构中迎来的新时代。传统上，妇女在家庭中负责家务和子女抚养，她们的生活局限于私人领域。然而，随着工业化的崛起，工厂和制造业的需求急剧增加，妇女逐渐有了雇佣的机会。资本家很快认识到妇女劳动的潜力，她们更容易管理，守纪律，容易训练，可以迅速成为熟练工人。

马克思在《1844年经济学哲学手稿》中，分析了资本主义社会中异化劳动的现象，指出：工人生产的财富越多，他的生产的影响和规模越大，他就越贫穷。马克思说："这一事实无非是表明：劳动所生产的对象，即劳动的产品，作为一种异己的存在物，作为不依赖于生产者的力量，同

---

① 《马克思恩格斯选集》第4卷，人民出版社2012年版，第90—91页。

劳动相对立。劳动的产品是固定在某个对象中的、物化的劳动，这就是劳动的对象化。劳动的现实化就是劳动的对象化。在国民经济的实际状况中，劳动的这种现实化表现为工人的非现实化，对象化表现为对象的丧失和被对象奴役，占有表现为异化、外化。"① 由此出发，马克思提出了异化劳动的四个特征，即：第一，工人生产的产品越多，工人被生产产品奴役的程度就越深；第二，异化劳动状态下，劳动对工人来说是外在的东西，不属于他的本质；第三，人是类存在物，异化劳动使人的生命活动同人相异化，变成了维持他的个人生存的手段；第四，人与人相异化，当人同自身相对立的时候，他也同他人相对立。

马克思这里对异化劳动所作的分析，主要是男性工人，这当然与当时工厂中工人群体的大多数是男性有关。当我们将女性工人纳入对异化劳动的分析时，可以看到她们面临的异化和剥削问题不仅是与男性工人相似，而且由于性别差异，女性工人更加严重地受到资本主义压迫的影响。这些剥削主要体现在资本家对女工的压榨更严重、劳动时间更长、工资更低，利用女工排挤或者打击男工，挑动男性工人和女性工人之间的对立，以及工作场所的性骚扰现象。

女工在资本主义生产中遭受的异化劳动现象，是 20 世纪 70 年代以后马克思主义女权主义学者关注的一个重要问题，海蒂·哈特曼（Heidi Hartmann）强调了"女性的异化"，指出资本主义对于女性的异化体验与男性有着显著的差异。② 女性工人在工厂和生产领域中不仅经历了对劳动产品、劳动过程、其他工人的疏离，同时还面临了更严重的性别歧视和性别异化。西尔维娅·费代里奇（Silvia Federici）在她的著作《对女性的恐惧：女巫、猎巫和妇女》中关注了女性身体、生殖和劳动的关系。她认为，

---

① 《马克思恩格斯选集》第 1 卷，人民出版社 2012 年版，第 51 页。
② 转引自李银河主编：《妇女：最漫长的革命》，生活·读书·新知三联书店 1997年版，第 61 页。

资本主义的发展伴随着对女性身体的控制和剥夺，女性在生产和社会中的异化体验是资本主义积累过程的一部分。因此，女性工人在工业社会中的异化经历不仅仅是经济方面的，还包括对她们身体和生殖权的控制。恩格斯在那时就深刻认识到，同样作为无产阶级的成员，女工仅仅因为性别关系所遭受的压迫远远超过男工。

在工人内部，由于男性工人认为女性工人加入工厂劳动，大大降低了他们的工资，以及女工加入，导致了部分男工失业，因此对女性工人存有偏见甚至敌意。恩格斯说："竞争最充分地反映了流行在现代市民社会中的一切人反对一切人的战争。这个战争，这个为了活命、为了生存、为了一切而进行的战争，因而必要时也是你死我活的战争，不仅在社会各个阶级之间进行，而且也在这些阶级的各个成员之间进行；一个人挡着另一个人的路，因而每一个人都力图挤掉其余的人并占有他们的位置。"[1] 对于资本家阶级来说，男工与女工之间的对立是有利的，由于妇女参加社会化大生产是作为劳动后备军加入的，而且由于女工加入劳动大军时间比较短，相对于男工来说，组织性比较差，更不容易团结起来为自己争取利益，因此，女性工人往往成为工人中处境最糟糕的群体。

女工成为工人中遭受压迫最深的群体，不仅是因为劳动时间长，得到的报酬低，而且由于恶劣的条件造成一些其他的问题，如自尊感下降。1833 年德林克沃特先生向工厂调查委员会作的报告中写道：

> 我从一位青年女工那里了解到，在她们离厂前，总有时间给她们洗澡。不久之后，当机器停转时，为了找一个我想询问的小伙子帕克，我从一个车间回到另一个车间，突然发现一群女孩子和青年妇女

---

① 《马克思恩格斯全集》第 2 卷，人民出版社 1957 年版，第 359 页。

在一起，有些人上身赤裸，正在梳洗。她们看到我时，相当忙乱，赶着用衣服遮身。不过，尽管在一个陌生人面前赤身露体，不好意思，但在工人面前就没有一个人有这种感觉，因为当帕克，一个十六岁的小伙子，从她们中间走到我面前时，就象陪同我的另两个男工人在车间另一端出现时一样，并没有使她们感到局促不安。①

这位先生把这当作是工人伤风败俗的案例，实际情况显然不是。这一现象背后的原因是极端恶劣的劳动条件和社会环境，这反映了工人阶级的困苦生活和缺乏基本权益的现实，以及女工更加困难的处境。

恩格斯在1877年为伦敦的一家报纸写了一篇通讯——《英国女工状况》，指出：当经济不景气时，首当其冲的就是女工，即使她们希望依靠艰苦的劳动而生存也不可能时，失去工作的她们就成为不得不靠出卖肉体生活的群体。妇女就成为穷人中穷人，生活在社会的最底层，毫无道德感。恩格斯写道，晚上在中心区附近的街区，妓女多得使甚至不特别挑剔的外来人也感到讨厌，她们往往把外来人拦住，又是恭维，又是请求，又是出主意，当外来人终于得以摆脱这些妓女时，就会发现表或是链带或是金别针或是钱包不见了。② 恩格斯深刻地指出，产生这些道德问题的根源是经济问题，是资本主义的生产方式造成的，不是女工自身的原因。

恩格斯在《起源》中深入探讨了妇女在历史长河中所遭受的压迫，揭示了私有制、妇女无权参与公共事务以及资本主义国家对妇女压迫等多个层面的根源。私有制的出现催生了妇女受压迫地位的形成，妇女被排除在生产资料的所有权之外。妇女无权参与公共事务，不能有效捍卫自己的利

---

① ［英］E. 罗伊斯顿·派克：《被遗忘的苦难》，蔡师雄等译，福建人民出版社1983年版，第203—204页。
② 参见《马克思恩格斯全集》第45卷，人民出版社1985年版，第183—184页。

益，使得她们在社会中缺乏话语权和决策权。而资本主义国家的确立加深了妇女的困境，将她们推向了更为恶劣的劳动条件和社会地位。

第三节　妇女获得解放的条件和路径

《起源》一书并非以妇女解放为主要焦点，然而，通过对妇女在原始社会地位、早期性别分工、私有财产的出现与妇女遭受压迫的根源，以及资本主义对妇女的压迫等问题的深入探讨，该书为分析妇女解放的条件和路径提供了重要的思想基础。特别是在分析妇女受压迫的根源时，恩格斯指出这一根源在于私有制的出现，由此导致妇女被排除在社会化劳动之外，沦为家庭的奴隶，失去了参与管理公共事务的权利。因此，妇女解放的必然条件和路径就在于消灭私有制，推翻资本的统治。

一、消灭私有制是妇女获得解放的根本途径

在《起源》中，恩格斯分析了最早的分工是建立在性别差异的基础上的，女性采集食物，养育孩子，男性外出狩猎和进行战斗。虽然有性别分工，但在公有制的经济中，男女是平等的，在氏族管理方面，女性与男性享有平等的权利。即使在母系氏族中，除了继承是按照母亲的谱系完成的，男性仍然享有其他的一切权利，而且这种继承由于没有私有财产，只是子女留在母亲氏族中而已。属于男性的生产工具，男性在离开时，是可以携带的。

随着生产形式的发展，进入了野蛮时代，工具的发明、畜牧业和农业的兴起，导致了男性在体力上对女性的优势逐渐凸显，加之女性在生育期间不得不依靠男性，男性的重要性就越来越显著了。战争带来了战利品，

包括奴隶,这些战利品全部归属于男性,私有财产开始出现,原始共产主义的公有制经济逐渐被瓦解,家长制大家庭出现了,妇女完全丧失了自主性,成为家庭奴隶。从此,社会就进入了长达数千年之久的父权制社会。

恩格斯指出,罗马家长制家庭是这种父权制家庭的典型代表,父权在这里支配着妻子、子女和一定数量的奴隶,并赋予男性生杀大权。

恩格斯也讲到另一种不同类型的家长制,即家长制家庭公社(扎德鲁加)。南方斯拉夫的扎德鲁加是其典型,

> 它包括一个父亲所生的数代子孙和他们的妻子,他们住在一起,共同耕种自己的田地,衣食都出自共同的储存,共同占有剩余产品。公社处于一个家长(domácin)的最高管理之下,家长对外代表公社,有权出让小物品,掌管财务,并对财务和对整个家务的正常经营负责。他是选举产生的,完全不一定是最年长者。妇女和她们的工作受主妇(domácica)领导,主妇通常是家长的妻子。在为姑娘择婿时,主妇也起着重要的,而且往往是决定性的作用。但是,最高权力集中在家庭会议,即全体成年男女社员的会议。家长向这个会议作报告;会议通过各项重大决议,对公社成员进行审判,对比较重要的买卖特别是地产的买卖等作出决定。①

通过这两种不同类型家长制的比较,可以更加清楚地看到私有制对妇女地位的影响。

罗马的家长制家庭中,父权具有绝对的权威,不仅决定着子女的生死,也可以把子女出卖为奴;妻子也成为丈夫的奴隶,不仅丧失了一切权利,而且如果丈夫认为妻子不贞,可以杀死妻子。罗马的父权制家长不仅

---

① 《马克思恩格斯选集》第4卷,人民出版社2012年版,第68页。

占有生产资料，而且占有妻子、子女和奴隶，这些都是家长的私有财产。

扎德鲁加的家庭公社家长制，由于是共产制，共同占有剩余产品，共同参与家庭的管理，女性的地位是比较高的。因此，决定妇女地位高低的并不在于是不是家长制，而在于财产的占有形式，在于生产资料以及产品归谁所有。私有财产出现了，妇女自身也成为私有财产的一部分。为了确保私有财产的归属，就需要有一系列的制度安排，法律就是确保妇女屈从地位的重要制度。由于家务劳动变成私人性质的，挣钱养家就成为丈夫的责任，这就使丈夫占据一种无需任何特别的法律特权加以保证的统治地位。

恩格斯明确指出，两性在法律上不平等的主要原因是因为妇女在经济上遭受压迫。在古代共产制家户经济中，"由妇女料理家务，正如由男子获得食物一样，都是一种公共的、为社会所必需的事业。随着家长制家庭，尤其是随着专偶制个体家庭的产生，情况就改变了。料理家务失去了它的公共的性质。它与社会不再相干了。它变成了一种私人的服务；妻子成为主要的家庭女仆，被排斥在社会生产之外"①。可见，在家务劳动是一种社会劳动和社会事业时，这种劳动并不具有压迫的性质。只是在私有制出现后，特别是在资本主义时代，家务劳动才成为妇女受压迫的一个重要方面。

上野千鹤子在分析这一过程中指出，在近代以前的社会，生产—再生产复合体以家族为单位，这种家族是指以土地为基础的，并拥有完整生产、再生产自主权的单位。在这种家族中，虽然存在着按性别和年龄划分的劳动分工，但所有的生产劳动都是家庭内部劳动，生产劳动与家庭内部劳动之间是不存在分工的。② 随着这种生产—再生产复合体家族的解体，家庭越来越成为再生产的地点，女性的身份也发生了转化，成为从事家务

① 《马克思恩格斯选集》第 4 卷，人民出版社 2012 年版，第 84—85 页。
② 参见［日］上野千鹤子：《父权制与资本主义》，邹韵、薛梅译，浙江大学出版社 2020 年版，第 235 页。

劳动包括养育子女的"再生产者"。这也就是恩格斯所说的，妻子成为主要的家庭女仆，被排斥在社会生产之外。这种转变导致妇女被排斥在社会生产之外，加剧了对她们的压迫。

在这一时期，由于家务劳务的私人化，两性之间的不平等问题变得尤为突出。当妇女选择在家从事家务时，她们被排除在公共生产之外，没有独立的收入，经济上需要依赖于丈夫和男性；而如果她们选择参加社会化劳动，拥有独立的收入，就可能难以充分履行家庭中的义务。资本主义是不能解决这一矛盾的，但资本主义使得这一矛盾充分暴露出来，并提供了最终解决这一矛盾的可能性。

> 在工业领域内，只有在资本家阶级的一切法定的特权被废除，而两个阶级在法律上的完全平等的权利确立以后，无产阶级所受的经济压迫的独特性质，才会最明白地显露出来；民主共和国并不消除两个阶级的对立，相反，正是它才提供了一个为解决这一对立而斗争的地盘。同样，在现代家庭中丈夫对妻子的统治的独特性质，以及确立双方的真正社会平等的必要性和方法，只有当双方在法律上完全平等的时候，才会充分表现出来。那时就可以看出，妇女解放的第一个先决条件就是一切女性重新回到公共的事业中去；而要达到这一点，又要求消除个体家庭作为社会的经济单位的属性。①

总之，私有制的出现导致了妇女地位的下降，妇女成为私有财产的一部分；资本主义使得家务劳动的私人性质和社会劳动的公共性质截然分开了，在家庭中也确立了男性的统治；资本主义自身不能解决这一矛盾，不能实现男女实质上的平等，因此，妇女获得解放的必要条件首先是同消灭

---

① 《马克思恩格斯选集》第 4 卷，人民出版社 2012 年版，第 85 页。

私有制度联系在一起的。

二、权利意识的觉醒是妇女解放的前提条件

在《起源》中，恩格斯肯定了巴霍芬在《母权论》中的观点，认为人类社会最初是母系社会，甚至妇女的地位曾上升至妇女统治的层面。然而，父权制后来取代了母权制，导致妇女失去了一切权利，成为男性的奴隶和附庸。对于巴霍芬在分析从母权制到父权制转变原因时采用的宗教决定论形式，恩格斯提出了批评。巴霍芬认为，这一变化不是人们现实生活条件的发展所致，而是这些条件在人们头脑中的宗教反映引起了男女两性相互社会地位的历史性变化。

恩格斯坚持历史唯物主义的基本观点，认为从母系社会到父系社会的根本原因应当在物质生产方式中寻找。正如他们在《德意志意识形态》中所分析的，以一定的方式进行生产活动的一定的个人，发生一定的社会关系和政治关系，这里所说的个人不是他们自己或别人想象中的那种个人，而是现实中的个人。也就是说，这些个人是从事活动的，进行物质生产的，因而是在一定的物质的、不受他们任意支配的界限、前提和条件下活动着的，"思想、观念、意识的生产最初是直接与人们的物质活动，与人们的物质交往，与现实生活的语言交织在一起的。人们的想象、思维、精神交往在这里还是人们物质行动的直接产物"①。

尽管恩格斯强调物质生产方式在历史发展中的决定性作用，他并未否认人的思想、观点和意识在塑造历史进程中同样发挥着重要作用。恩格斯在晚年明确指出：

---

① 《马克思恩格斯选集》第 1 卷，人民出版社 2012 年版，第 151 页。

　　经济状况是基础，但是对历史斗争的进程发生影响并且在许多情况下主要是决定着这一斗争的形式的，还有上层建筑的各种因素：阶级斗争的各种政治形式及其成果——由胜利了的阶级在获胜以后确立的宪法等等，各种法的形式以及所有这些实际斗争在参加者头脑中的反映，政治的、法律的和哲学的理论，宗教的观点以及它们向教义体系的进一步发展。①

　　几年之后，恩格斯又指出："政治、法、哲学、宗教、文学、艺术等等的发展是以经济发展为基础的。但是，它们又都互相作用并对经济基础发生作用。"②

　　从人类历史发展来看，随着人类大脑逐渐发达，人的意识也逐渐发展。私有财产的出现引发了新的社会关系，同时也导致了人们意识的变化。一些男性最初为了集体财富的简单荣耀感逐渐演变成了"这是我带来的"和"这是我的"的观念。随着财富的增加和自我意识的发展，私有观念逐渐树立。由于男性体力上的优势，男性自然地占据更多资源，而女性不得不逐渐依赖男性才能生存下去，直到女性本身也成为私有财产的一部分。

　　上千年来的私有制不仅导致了妇女权利的被剥夺，更严重地损害了妇女的独立意识，导致女性也认为男性更优越是"自然"的观念，男女不平等是"自然"的秩序。

　　在波伏瓦对女性为何愿意居于屈从地位进行分析时，她指出：

　　　　拒绝成为他者，拒绝与男人合谋，对女人来说，就等于放弃与

---

① 《马克思恩格斯选集》第 4 卷，人民出版社 2012 年版，第 604 页。
② 《马克思恩格斯选集》第 4 卷，人民出版社 2012 年版，第 649 页。

高等阶层联合给她们带来的一切好处。男人—君王在物质上保护女人—忠君者，前者负责保证后者的生存；女人在回避经济上的危险的同时，也回避自由带来的形而上学的危险；这种自由要孤立无援地创造目的。凡是个体都力图确定自身是主体，这是一种伦理上的抱负，事实上，除此之外，人身上还有逃避自由和成为物的意图：这是一条险恶的道路，因为人被动、异化、迷失，就会成为外来意志的牺牲品，与其超越性分离了，被剥夺了一切价值。不过，这是一条容易走的路：这样就避免了本真地承担生存所带来的焦虑和紧张。①

由此可见，父权制度不仅在经济和政治层面规定了妇女的屈从地位，同时也通过思想意识上的灌输使妇女对自身屈从地位产生认同。因此，妇女争取解放的运动不仅需要消除私有制度，更需要妇女觉醒性别意识，进行抗争。

妇女解放是妇女自己的事业，妇女要自己争取解放，在思想和意识上就要有性别平等意识的觉醒。恩格斯在《起源》中不仅分析妇女受压迫的根源，启迪妇女的革命意识，而且在实际革命中也积极支持妇女团结起来，不断提高觉悟，争取权利。恩格斯和当时的一些著名的女性革命家保持着密切的联系，支持她们为无产阶级妇女解放事业的努力和奋斗，克拉拉·蔡特金就是其中最为著名的一位。蔡特金是德国社会民主党的领袖，恩格斯对德国社会民主党的支持最大，两人曾多次见面，恩格斯称赞蔡特金工作出色。

1889年7月在第二国际成立大会上，蔡特金做了《关于妇女劳动问

---

① 　[法]西蒙娜·德·波伏瓦：《第二性》第1卷，郑克鲁译，上海译文出版社2011年版，第14—15页。

题》的演讲。她在开篇就指出："反动分子对妇女劳动持反动观点不足为奇，但令人极为惊讶的是，在社会主义营垒里竟也有人持错误观点，他们要求取消妇女劳动。妇女解放问题，也就是说，归根到底妇女劳动问题是一个经济问题，人们理所当然地期待社会党人对经济问题比刚才提到的那些要求有更深刻的理解。"①

随后，她从性别角度深入分析了妇女劳动问题，论述了妇女参与社会劳动的必要性和必然性，以及妇女解放与无产阶级解放的关系等。蔡特金的这次演讲至关重要，因为在此之前，妇女解放问题在国际共产主义运动中一直未得到充分重视。这主要是因为一些人认为妇女问题应作为无产阶级总体问题的一部分，而一些社会民主党人反对妇女参与劳动，认为这将加剧工人之间的竞争，降低男工的工资。最终，大会接受了蔡特金的提议，在《关于劳工立法的决议》中宣布，工人有责任按平等原则吸收女工加入自己的队伍，并要求实施不分性别、不分民族的同工同酬的原则。从此，无产阶级妇女运动成为整个国际共产主义运动的重要组成部分，许多妇女通过一次次运动，不断接受考验，学习和成长，成为无产阶级妇女运动的领袖。

因此，权利意识的觉醒成为妇女解放不可或缺的前提条件。妇女解放不仅是一场经济和政治斗争，更是一场思想和意识的革命。上千年来的父权制度不仅在经济和政治层面上对妇女进行制度性的剥夺，而且在思想意识上灌输了一种男性优越、女性屈从的观念。在这样的体制下，妇女解放运动不仅需要废除私有制，更需要妇女自身觉醒权利意识，团结起来进行斗争，争取解放。

---

① 克拉拉·蔡特金：《关于妇女劳动问题》，见 https://www.marxists.org/chinese/clara-zetkin/mia-chinese-clara-zetkin-18890719.htm，2022 年 10 月 7 日。

三、打碎资本主义国家机器是妇女解放的基本保障

自法国大革命以来，有理论构建和有组织的妇女解放运动逐渐兴起，尽管历经挫折，但其潮流始终存在，有时犹如巨浪，有时宛如涓涓细流，不断改变着社会的面貌。在这个漫长的历程中，自由主义和社会主义对待妇女解放的立场有着明显的差异，即使在社会主义思潮中，空想社会主义者与恩格斯的妇女解放理论也存在差异。这些思想流派的主要分歧点在于对资本主义国家的态度以及实现妇女解放的途径。马克思主义者坚持认为，妇女解放的前提在于彻底打碎资本主义国家机器。

从 17 世纪晚期开始，妇女开始对男性的支配地位提出质疑。到了 18 世纪，许多妇女活动家扩大了这一批判的范围，涵盖了家庭、法律以及道德等领域中男性的支配地位。这种批判和挑战在法国大革命中达到巅峰。而工业革命作为一场声势浩大的社会变革，不仅在根本上改变了社会结构，也深刻地改变了妇女的命运。随着自给自足的家庭经济的解体，男性成为家庭的唯一支柱，从而在经济上进一步强化了男性的支配地位。在政治领域，英国、法国等国通过多次激烈的斗争，在 19 世纪中后期基本上实现了成年男子的普选权，因而妇女被剥夺公民权的从属地位更加显著。

无论妇女来自哪个社会阶层，她们都处于社会的边缘，被排除在社会公共领域之外，出现了所谓的"公共领域"与"私人领域"或者"工作"与"家庭"的划分。公共领域成为男性的天地，是男性参与政治生活和从事经济活动的领域；而私人领域则被视为女性的天地，是良家妇女相夫教子、维护道德的场所。

这种不公正的性别秩序引发了各个阶层妇女的不满。在争取妇女教育权和选举权的过程中，自由主义的呼声愈发强烈。自由主义的妇女解放理论注重个体、理性、自由和平等，主张妇女应在法律上享有与男性相等

的权利，包括选举权和财产权。这一理念在美国著名女权主义者伊丽莎白·凯迪·斯坦顿（Elizabeth Cady Stanton）于 1892 年发表的演讲《独处之境》（*The Solitude of Self*）中得到充分体现。她指出：第一，女性作为个体是自己命运的主宰，她的权利是为了自己的安全和幸福而运用自己的全部才能；第二，女性理应是一个公民，她必须和其他所有成员享有同样的权利；第三，作为一个女性，作为文明的平等因素，她的权利和义务应该是和男性一样的，即个人幸福与发展；第四，只有生活中的偶然关系（如母亲、妻子、姐妹、女儿），才可能涉及一些特殊的职责和训练。但这些职责是从属的关系，独立的个体仍然至关重要。①

这些著作从多个层面论证了女性在智力、理性、道德等方面并不逊色于男性，应该享有与男性平等的权利。在这一阶段的妇女解放运动中，主要目标是争取男女平等，其思想武器主要是抽象的"人"的概念。因为女性同样是人，所以应该享有与男性一样的公民权利。在这个背景下，妇女争取选举权、废除传染病法、争取已婚妇女合法权利、争取更好教育和就业机会等运动成为主要诉求。这些运动从整体上推动了妇女的解放。

然而，资产阶级领导的妇女争取权利的运动并不是彻底的。1892 年，恩格斯在为《英国工人阶级状况》德文第二版所写的序言中指出，随着资本主义工业的发展，以及工人阶级的斗争，尽管书中描绘的工人阶级极端困苦的状况在某种程度上有所改善，但这些微小的进展并没有从根本上消除工人阶级悲惨的处境，这只是证明了一个事实："工人阶级处境悲惨的原因不应当到这些小的弊病中去寻找，而应当到资本主义制度本身中去寻找。"② 这一观点表明，资产阶级领导的妇女权利运动在解决问题的根本性质上并未取得彻底的成功，不推翻资本主义制度，女工的地位就不能得到

---

① 参见 Elizabeth Cady Stanton,"The Solitude of Self", in Estelle B. Freedman (ed.), *The Essential Feminist Reader*, New York: The Random House Publishing Group, 2007, pp.123-124。

② 《马克思恩格斯选集》第 1 卷，人民出版社 2012 年版，第 67 页。

根本改变。

空想社会主义者迈出了一大步。他们指责自由主义女权主张狭隘，仅仅试图在资本主义社会内部进行改革，而实际上资本主义私有制才是妇女受压迫的本质原因。他们认为只有在一个崭新的社会秩序中，妇女悲惨的处境才能得以改善。傅立叶构想了在以互助为原则的社会中孕育的新女性，这种新女性不仅致力于社会的改革，也努力改造自身。马克思和恩格斯多次肯定过傅立叶的名言："某一历史时代的发展总是可以由妇女走向自由的程度来确定，因为在女人和男人、女性和男性的关系中，最鲜明不过地表现出人性对兽性的胜利。妇女解放的程度是衡量普遍解放的天然标准。"[①]

欧文则明确主张废除私有财产制度，进行婚姻家庭制度的革命，主张妇女参与生产工作，反对女性的经济依赖。他认为女性在社会中应该享有与男性相等的地位，包括参与社会事务和决策的权利。他认为社会的真正进步是通过男女平等、协作和共同劳动来实现的。如何才能达到这一目标呢？欧文寄希望于人性，他说：人类的一切努力的目的在于获得幸福。

现在，世界上充满了财富，而且有无穷无尽的手段来继续增加财富，但到处是苦难深重！人类社会的目前状况就是这样。任何意图明确、为达到所希望的目的而设计出来的制度，都不会比世界各国现行的制度设计得更坏。能够用来轻而易举地从一切方面造福人类的巨大而无法估价的力量，还没有发挥作用，或者运用得极其不当，因而达不到人类所向往的任何目的。

但是，世界现在拥有足够多的手段来制止这种缺乏理智现象的发展，唤起沉睡已久的力量行动起来，正确地发挥人类的能力。[②]

---

① 《马克思恩格斯全集》第 2 卷，人民出版社 1957 年版，第 249—250 页。
② 《欧文选集》第 1 卷，柯象峰等译，商务印书馆 1984 年版，第 221 页。

欧文强调，从一种状态向另一种状态的过渡并不困难，而且这种变革是非常容易实现的。在整个变革过程中，不会遇到任何严重的困难或障碍。全世界都将感受到当前存在的祸害，因此人们将考虑新的制度、支持这种制度，并努力促成这种变革，从而最终实现变革。

然而，马克思和恩格斯对空想社会主义者提出了批评，指出他们都不是作为当时已经历史地产生的无产阶级的利益的代表出现的。他们和启蒙学者一样，并不是想首先解放某一个阶级，而是想立即解放全人类。解放的手段就是依靠理性和正义。

> 真正的理性和正义至今还没有统治世界，这只是因为它们没有被人们正确地认识。所缺少的只是个别的天才人物，现在这种人物已经出现而且已经认识了真理；至于天才人物是在现在出现，真理正是在现在被认识到，这并不是从历史发展的联系中必然产生的、不可避免的事情，而纯粹是一种侥幸的偶然现象。这种天才人物在 500 年前也同样可能诞生，这样他就能使人类免去 500 年的迷误、斗争和痛苦。①

马克思主义妇女解放理论的最显著特征在于强调必须打破资本主义国家机器，才能够实现妇女的真正解放。对于无产阶级妇女的解放，马克思主义认为必须推翻资本主义制度，彻底消灭私有制。在这一观点上，无产阶级妇女解放运动与自由主义的妇女权利运动以及空想社会主义者分道扬镳了。

上野千鹤子总结指出：

> 从原则上来讲，资产阶级女性解放思想与"资产阶级革命"的"自由"和"平等"的理论是共通的。那么"人权"的实现却未进一步实

———
① 《马克思恩格斯文集》第 3 卷，人民出版社 2009 年版，第 526 页。

现"女权"，这一"非公正"的原因无非在于以下两点：资产阶级革命是保留"封建残余"的"不彻底的革命"或在资产阶级革命过程中的"男性的背叛"。前者意味着"万恶之源"是前近代的"封建残留"，而后者意味着不合情理的"反动"。无论原因为何，女性解放都需要比资产阶级革命更彻底的革命运动。①

　　恩格斯的观点强调了妇女解放不能仅仅通过法律上的平等，而需要通过彻底的社会变革来实现。相比之下，自由主义强调个体权利和平等，主张妇女应该在法律上享有与男性相等的权利，包括选举权和财产权。而恩格斯认为法律和政治制度只是经济基础的反映，强调社会结构的根本性。资本主义是妇女压迫的根源，因为它建立在阶级分化和私有制的基础上。因此，即便在法律上取得平等，广大劳动妇女也不能真正获得解放。真正解放妇女需要改变社会的经济基础，并将妇女解放置于阶级斗争的背景下，因此，结论必然是只有通过无产阶级对资产阶级的革命，必须打碎资本主义国家机器才能实现妇女的真正解放。

---

① ［日］上野千鹤子：《父权制与资本主义》，邹韵、薛梅译，浙江大学出版社 2020 年版，第 9 页。

马克思主义在当代西方妇女解放中的复兴

　　目前，学术界一般把女性争取权利的运动分为三个大的阶段，19世纪中叶到20世纪早期作为第一阶段，焦点主要是争取妇女的公民权利，如选举权和财产权。此外，社会主义的妇女解放理论和运动也是这一阶段的重要组成部分。第二阶段则兴起于20世纪六七十年代，一大批美国妇女要求提高工资、增加就业机会、生育权利、批准《平等权利修正案》（ERA）以及结束男权制度。这一运动很快席卷西方世界，出现了一大批理论家和活动家。第三阶段兴起于20世纪90年代。那些在六七十年代妇女解放运动中成长起来的女性，强调多元化、包容性和反对单一主义。她们关注性别认同、性取向、种族和阶级的相互关系，以及对女性在不同社会背景中的不同经验。

第七章　马克思主义与妇女解放再思考

恩格斯的《起源》发表在女性争取权利的第一阶段。尽管马克思本人没有写过关于妇女问题的专门论著，恩格斯的《起源》也不是专门论述妇女问题的著作，然而，恩格斯在运用唯物史观阐释家庭、私有制和国家产生的过程中，用了很多篇幅不仅分析了妇女遭受压迫的根源，提出妇女解放的途径，而且对妇女在家庭中的劳动和地位、爱情与婚姻的关系、妇女的"性"的自主性等问题都进行了探讨，形成了独具特色的马克思主义妇女解放理论的早期形态。

恩格斯在《起源》中运用唯物史观的方法论和基本观点以及研究成果，成为20世纪60年代以后妇女解放理论的重要来源之一。研究《起源》，重新解读马克思主义妇女解放理论，提出了很多新问题，诸如马克思主义与女权主义的关系是什么？阶级与性别的关系究竟怎样？马克思主义关于妇女遭受压迫的唯物主义分析究竟能不能说明妇女屈从的地位？以及妇女解放的路径是什么？马克思主义是怎样理解性和性别问题的？这一系列相关的问题是20世纪后半期随着现代女权主义的兴起，妇女研究及性别研究的深入，学术界热烈讨论的议题。正如莉丝·沃格尔（Lise Vogel）指出的，相对于其他的女权主义，最有可能为即将到来的解放女性的斗争提供理论指导的，是马克思主义理论的复兴。①

---

① ［美］莉丝·沃格尔：《马克思主义与女性受压迫：趋向统一的理论》，虞晖译，高等教育出版社2009年版，第2页。

本书上编探讨了《起源》的文本思想，下编则试图研究从《起源》出发的当代马克思主义女权主义的理论观点。

妇女争取权利的斗争始终贯穿着政治性的运动，而非仅仅是学理上的研究。这一运动一开始就呼吁政治和社会的彻底变革。尽管自由主义和社会主义两大妇女解放理论在某些方面存在差异，但它们也有共同的目标，即终结妇女屈从于男性的地位。随着 20 世纪 70 年代的到来，妇女解放进入了一个新的阶段。新一代妇女解放论者——已经获得了教育权和平等公民身份——发现社会并没有像承诺的那样，实现性别平等的目标。相反，性别歧视在社会的各个层面都存在，从工作、教育、职业到家庭和生活方式，都受到父权制度的支配。对这些现象的反思使她们意识到，马克思和恩格斯早就指出，要实现真正的妇女解放，必须彻底改变社会制度，推翻资本主义。从这个时候开始，马克思主义进入妇女解放论者的视野，尤其是恩格斯的《起源》，她们开始以一种批判性的视角重新解读马克思主义的妇女解放理论。

第一节　在女权运动中"重新发现"马克思主义

20 世纪 70 年代后，人们开始呼唤重新审视社会制度对女性的压迫、挑战父权制、打破职业选择对女性限制、打破职场"玻璃天花板"、反对性骚扰，争取建立一个更加公正、包容的社会。在这个背景下，重估一切价值，尤其是女性的价值，成为人们追求的目标。在这个时期，恩格斯的《起源》显然成为女权主义者和马克思主义者探讨性别压迫的经典之一。这一现象使得马克思主义重新受到学术界的瞩目，研究马克思、恩格斯以及他们的继承者在妇女解放理论方面的观点成为理论热点。马克思主义女权主义也因此崛起，成为女权主义理论中极为重要的一支力量。

一、"重新发现"马克思主义

20世纪70年代初，新一代的欧美马克思主义者和女权主义者，面对复杂多变的妇女运动，迫切需要新的理论来分析这一新形势。

1920年，美国通过宪法第19条修正案，赋予妇女选举权，标志着妇女争取选举权的目标实现了。当时，社会普遍认为"妇女问题"已经得到解决，年轻女性也以为已经得到解放，不再需要继续奋斗，对妇女问题失去了兴趣。

年轻女性生活在一个全新的社会环境中，社会对性的包容度明显提高。婚前性行为和性自由不再受到严厉的谴责，年轻人更加追求个人自由和自我实现。然而，与此同时，第二次世界大战后的美国社会逐渐趋向保守，强调家庭的稳定是社会安宁的基础，妇女的责任被重新定义成为贤妻良母，维持传统的家庭模式。即使受过高等教育的女性也深受这种观念的影响。

一些探讨男女两性关系的心理学、文学作品、通俗读物认为女权主义者都患有精神疾病，这种精神疾病使这些女性抵制她们性别的自然属性，不愿意成为母亲和妻子，而是去努力模仿男性。这些论调正是100多年前那些反对女性受教育、遭到沃斯通克拉夫特反击的观点的翻版：

> 我从各处都能听到反对男性化的妇女的呼声，但是到哪里去找这样的妇女呢？假如男人使用这种称呼旨在攻击妇女热心于打猎、射击和赌博，我将十分热忱地同男人们一起呐喊；但是假如是为了反对她们模仿男性品德，或者更正确地说，为了反对她们获得男性才能和品德，运用这些才能和品德去提高人类品格并使女性成为更高尚的动物，从而她们被广泛地称为人，那么我想凡是以哲理的眼光来看待她

们的人，一定会和我一样，希望她们能够日益男性化。①

随着时间推移，社会发生了很大的改变，但是性别偏见仍然深深嵌入在社会的深层结构之中。这表明妇女解放仍然面临着巨大的困境，需要来一场更加彻底的革命。

1963 年，贝蒂·弗里丹（Betty Friedan）写作了《女性的奥秘》，讲述大学学历女性因专职为家庭主妇而深感沮丧的故事，指出她们面临的问题"无法命名"。弗里丹在书开篇有着生动的描写：她铺床的时候，采购食品的时候，选配沙发套的时候，与孩子们一起吃花生酱三明治的时候，驾车护送男女童子军外出的时候，晚上睡在丈夫身旁的时候——她甚至害怕向自己提出这个无声的问题——"这就是生活的全部吗？"这些女性是妻子，母亲，唯独不是她们自己。

为什么女性的价值仅仅体现在作为一个贤妻良母上呢？因为

> 专家们告诫妇女说，她们的本分就是要努力成为贤妻良母。……妇女们一遍又一遍地听到传统的呼声和弗洛伊德复杂理论的说教，说她们只该在自身具有的女性特征内荣耀一番，舍此不能别有企求。专家们告诉她们如何去获取一位男子并与之保持关系，如何哺育小孩、训练他们大小便，如何对付兄弟姐妹之间的竞争和青年人的逆反行为，如何买一部洗碗机，烤面包，烧美味蜗牛，自己动手建造一个游泳池；还告诉她们怎样的穿着举止看起来更具有女性的特征，怎样使婚礼更加激动人心，如何使丈夫不至于过早去世，使儿子不至于干出违法的事情来。妇女们被教会去怜悯那些神经不健全的、不具有女性

---

① ［英］玛丽·沃斯通克拉夫特：《女权辩护》，王蓁译，商务印书馆 2007 年版，第 4—5 页。

特征的、并不幸福愉快的某些女人，这些女人想当诗人，或是当物理学家，或是当总统。①

在自由主义妇女解放运动及工人阶级妇女运动的冲击下，女性相继获得了与男性一样的公民权利。然而，女性公民权利的获得，并没有实现性别平等。公共领域与私人领域的划分，仍然极大地限制了妇女参与国家社会公共事务的管理；针对妇女的暴力，包括家庭暴力从未停止；外出工作的男性在家庭中处于支配和权威的地位，家庭的再生产劳动是不被承认的无偿劳动，家庭内部的权力关系仍然存在；妇女即使参与到社会化大生产中，但她们的地位并不稳固，在劳动力市场中，妇女往往从事的多是简单劳动以及非熟练劳动，随时面临着失去工作的危险。

在 20 世纪 60 年代的新社会运动中，青年女性一方面聆听着自由和平等的宣传，另一方面亲身感受到她们不能像男性一样自由地发表演讲、制定决策，以及选择自己未来的道路。甚至在原有的看似"科学"与"客观"的知识体系中，女性也遭受歧视性偏见，这些带有偏见的知识削弱了她们的奋斗力量。面对这些社会现象，急需新的理论武器，而马克思主义作为一种具有巨大生命力的理论再次焕发出活力。

马克思主义之所以生命力旺盛，在于它能够透过表面现象看到事物的本质，抓住事物的根本。马克思曾经说过："理论一经掌握群众，也会变成物质力量。理论只要说服人 [ad hominem]，就能掌握群众；而理论只要彻底，就能说服人 [ad hominem]。所谓彻底，就是抓住事物的根本。"②正如上野千鹤子所指出的："女性解放的理论之所以没有脱离马克思主义的范畴，是因为基本上只有马克思主义阐明了（近代）工业社会对女性的

① ［美］贝蒂·弗里丹：《女性的奥秘》，程锡麟等译，北方文艺出版社 1999 年版，第 1—2 页。
② 《马克思恩格斯文集》第 1 卷，人民出版社 2009 年版，第 11 页。

压迫和今后的解放理论。"①

马克思主义对现代妇女解放运动的影响不仅体现在女权主义者能够借鉴马克思主义对自由主义的深刻批判，领悟到妇女运动的目标是追求妇女及整个人类的解放，而非零散的政治改革；而且提供了许多概念和理论框架，如历史唯物论、再生产理论、阶级意识、意识形态、异化、剩余价值等等。

马克思和恩格斯的著作，包括《1844 年经济学哲学手稿》、《德意志意识形态》、《英国工人阶级状况》、《共产党宣言》，尤其是恩格斯的《家庭、私有制和国家的起源》，引起了广泛的关注和研究。这些经典文献为妇女解放理论提供了理论基础，对妇女解放运动的发展产生了深远的影响。

女权主义学者，无论是支持还是反对马克思主义，都不能忽视马克思主义对现代妇女理论建构的深刻影响。在 20 世纪七八十年代，涌现出一批产生巨大影响的著作，它们以马克思主义为出发点，为女性解放理论的发展作出了重要贡献。其中包括拉雅·杜娜叶夫斯卡娅（Raya Dunayevskaya）的《罗莎·卢森堡、妇女解放和马克思的革命哲学》（1981）、莉丝·沃格尔的《马克思主义与女性受压迫：趋向统一的理论》（1983）、舒拉米斯·费尔斯通的《性的辩证法：女权主义革命的例证》（1970）、米歇尔·巴雷特（Michele Barrett）的《当代妇女压迫：马克思主义与女权主义的相遇》（1980）、齐拉·R.艾森斯坦（Zillah R. Eisentein）的《资本主义父权制与社会主义女权主义状况》（1979）、帕特·阿姆斯特朗（Pat Armstrong）等的《女权主义马克思主义或者马克思主义女权主义》（1985）、朱丽叶·米切尔（Juliet Mitchell）的《妇女：最漫长的革命》（初版于 1966 年，在 20 世纪七八十年代多次重印）、海迪·哈特曼的《马

---

① ［日］上野千鹤子：《父权制与资本主义》，邹韵、薛梅译，浙江大学出版社 2020 年版，第 1 页。

克思主义与女权主义不幸的婚姻》（1981）、艾里斯·杨（Iris Young）的《超越不幸的婚姻：对二元制理论的批判》（1981），等等。这些著作试图运用马克思主义的观点，深入分析性别不平等的根本原因，同时探讨妇女解放的实际途径。

恩格斯在创作《起源》时可能未曾预见到这本书对妇女解放领域的深远影响，特别是它为分析阶级和性别之间关系提供了唯物主义的方法论。社会主义女权主义学者哈特曼、沃格尔、杨等人，以唯物史观为出发点，主张经济物质生活深刻地制约了女性的心理和思想，同时性别分工制度与公、私领域的分离导致了性别不平等的经济处境。

20世纪70年代出现的社会主义女权主义运动，深受《起源》的影响。1969年秋在美国芝加哥成立了"芝加哥妇女解放联盟"，1972年联盟发表《社会主义女权主义：一个妇女运动的策略》，明确把自己定位于社会主义女权主义者。贾格尔指出：

> 社会主义女权主义者接受马克思主义关于社会主义是妇女解放的首要前提的论点。社会主义女权主义者认为，尽管社会主义是必要的，但却是不充分的。尽管实现了生产资料公有制，性别歧视却可能继续存在。社会主义女权主义者得出的结论是，除了改变经济基础之外，还必须直接借助文化活动来发展特殊的女权主义意识。①

马克思主义与当代社会主义女权主义存在着紧密的关联。马克思和恩格斯在《德意志意识形态》中深入阐释的意识形态理论对女权主义者产生了深远的影响。他们指出："支配着物质生产资料的阶级，同时也支配着

---

① 转引自李银河主编：《妇女：最漫长的革命》，生活·读书·新知三联书店1997年版，第294—295页。

精神生产资料。因此，那些没有精神生产资料的人的思想，一般地是隶属于这个阶级的。"① 对于妇女而言，这意味着不仅需要反对资产阶级经济基础，还要同时对抗父权制意识形态，包括工人阶级内部存在的父权制意识形态。

因此，如果认为男性工人和女性工人因为面临着共同的压迫，就能够团结一致进行斗争，未免有些天真。日本学者渡边雅男分析指出："马克思有关工人情况的论述特点在于，第一，意识到工人阶级由无数阶层构成而具有多重性；第二，意识到由于将工人阶级置于无限的竞争中而产生相互对立的个人的集团。"②

马克思在《资本论》中写道："从前工人出卖他作为形式上自由的人所拥有的自身的劳动力。现在他出卖妻子儿女。他成了奴隶贩卖者。"③ 作为女工和妻子，女人承受着双重压迫，一方面，遭受资本家的剥削；另一方面，在家庭中又不得不服从丈夫，从事无偿的再生产劳动。从女工所处的实际情况来看，她们需要冲破资产阶级和父权制共谋的虚假的意识形态。

尽管《起源》关于母系社会的一些观点在 20 世纪上半叶被新的科学发现，如人类学与考古学，证明并非完全正确，但这本书的精髓为妇女解放论者提供了灵感和理论起点。"它在历史上对社会主义运动产生了非常重大的影响，是马克思主义关于妇女压迫理论被后世阅读最多和引用最多的著作。恩格斯的观点不仅在社会主义国家中被制定为政策，而且吸引了全世界女权主义者的关注，她们试图理解妇女遭受压迫的起源与延续。《起源》对那些从唯物主义观点出发，想了解国家的起源、财产和性别压迫的

---

① 《马克思恩格斯文集》第 1 卷，人民出版社 2009 年版，第 550 页。

② ［日］渡边雅男：《马克思的阶级概念》，李晓魁译，社会科学文献出版社 2015 年版，第 63 页。

③ 《资本论》第 1 卷，人民出版社 2004 年版，第 455 页。

人们来说，仍然是一本必不可少的文献。"①20 世纪 70 年代的形势使得恩格斯的《起源》成为马克思主义关于妇女压迫理论中被广泛阅读和引用的重要著作。

二、从马克思主义视角出发的妇女解放运动再思考

在马克思主义发展史上，马克思本人没有写过专门论述妇女问题的著作，恩格斯的《起源》本来也不是一本专门阐明妇女遭受压迫的根源以及如何获得解放的论著，然而，这并不能说明马克思、恩格斯不关注妇女解放，他们关于妇女问题的许多论述，散见在许多文章中，从中我们仍可窥见其主要观点。

正因为这样，许多马克思、恩格斯同时代以及后来的马克思主义者，从历史唯物主义出发，沿着马克思主义的基本观点前进，对妇女问题进行了系统的论述，逐渐形成了马克思主义妇女解放理论的主要观点。尤其是一些女性马克思主义者，她们的理论观点往往呈现出一些独有的特征，对妇女解放的贡献更大。亚历山德拉·米哈伊洛夫娜·柯伦泰、罗莎·卢森堡、克拉拉·蔡特金等人是 19 世纪末 20 世纪初的代表人物，杜娜叶夫斯卡娅、费尔斯通、沃格尔、巴雷特等人是 20 世纪七八十年代的代表人物。

从马克思主义的视角出发，20 世纪早期妇女解放理论主要包括以下几点：

第一，反对资产阶级的女权运动。马克思主义者普遍主张反对资产阶级女权主义，因为后者在现有阶级社会的框架下谋求妇女平等，而并未对社会根本结构提出挑战。他们认为，资产阶级女权主义者往往寻求个体特

---

① Heather A. Brown,"Engels and Gender", in Kohei Saito (ed.), *Reexamining Engels's Legacy in the 21st Century*, Cham: Palgrave Macmillan,2021, p.211.

权，而不是真正挑战现有特权和社会不平等。自由主义的妇女运动往往为了达成自己的目的，牺牲工人或者底层妇女的利益，她们争取在职业领域中的平等权利，然而能够进入职业领域的往往是中上层阶级的、能够支付起高等教育的女性。因此，无产阶级一定要有自己的妇女解放运动。

第二，强调经济的决定作用。空想社会主义女权理论留给后来者的资源是非常丰富的，包括废除资本主义私有制，改革婚姻家庭制度，提倡情爱自由及离婚自由，打破男女分工等观点。马克思主义者扬弃了空想社会主义者的女权思想，把历史唯物主义的观点运用到对妇女问题的分析上，从一开始就提出物质资料生产的重要性。

早在 1898 年持有社会主义思想的女权主义者夏洛蒂·帕金斯·吉尔曼就在《妇女与经济》一书中指出：所谓"女人味"的观念是特定历史时代的产物，是妇女在经济上处于依附地位的结果；妇女脱离社会活动，失去经济作用，便只剩下性功能，她的唯一出路就是通过婚姻出售自己这个"性商品"，这是畸形的经济关系所导致的结果。[①] 因此，女性必须参加社会生产，取得经济上的独立，成为完整的个体。柯伦泰指出：历史唯物主义的追随者拒绝承认有任何独立于当下普遍社会问题而存在的特别女性问题。女性之从属地位的背后是特殊之经济成因，而自然属性只是这个过程的次要原因。通观人类历史，生产条件及形式都使女性处于从属地位，并逐渐把她们编配到被压迫与依附的地位上，而至今当中很大部分依然存在。[②]

第三，主张妇女解放与阶级斗争相结合。不存在一个同质的妇女解放运动，自由主义的妇女解放运动声称代表全体妇女，但其实只是代表了她们自己的利益，亦即她们所属的那个阶级的利益，这个阶级与资产阶级联

---

① 参见王政：《女性的崛起：当代美国的女权运动》，当代中国出版社 1995 年版，第 23 页。

② Alexandra Kollontai, "the social basis of the women question", in Estelle B. Freedman (ed.), *the Essential Feminist Reader*, New York: The Random House Publishing Group, 2007, p.176.

系紧密。在同样的社会条件下，女工和男工被同样的社会条件奴役，共同面对资本主义的压迫，尽管雇佣劳动的条件有时把女工变为男工的竞争者和对手，但这不是男性工人的错，而是资本主义剥削制度造成的。因此，无产阶级妇女解放运动必须与男性工人一起和推翻资产阶级统治的斗争相结合。

第四，社会主义社会才能真正解决妇女问题。妇女只有在一个社会化劳动、和谐和正义的世界中才能拥有平等权益和自由。妇女由于历史原因处于受压迫地位，资本主义工业化的发展加重了对她们的剥削，进一步降低了妇女的地位，因此，不改变整个社会制度，妇女就不能真正得到解放。社会主义国家的实践也证明，这些国家中的妇女比资本主义国家的妇女有更多的平等机会。

拉雅·杜娜叶夫斯卡娅是第一个将马克思《1844年经济学哲学手稿》和列宁《哲学笔记》翻译为英文的学者。在20世纪50年代，通过对这些文献的研究，杜娜叶夫斯卡娅逐渐形成了自己对马克思主义的理解，她将其称之为"新人道主义"或"马克思主义的人道主义"，并运用这一观点来探讨妇女解放。

在1981年出版的《罗莎·卢森堡、妇女解放和马克思的革命哲学》一书中，杜娜叶夫斯卡娅指出，20世纪70年代兴起的妇女解放运动揭示了以前无论是非马克思主义者还是马克思主义者都未曾关注的问题，即在革命阵营中存在的"男子沙文主义"（male chauvinism）。在马克思主义内部，对妇女问题的讨论往往未能得到充分回应，或者总是在革命成功之后才被考虑。然而，现在的情况应该发生改变，因为妇女本身作为一种新的革命力量兴起了。左派必须认真对待自己阵营内部的"男子沙文主义"，必须承认在革命之前、革命之中和革命之后都有必要正确处理这个问题。为实现这一目标，我们必须努力深入研究马克思的著作，不仅仅视其为"著作"，而是看作一种革命哲学。只有通过这样的努力，妇女解放运动才能充分发挥其作为理性和力量的潜力。

革命阵营中的"男子沙文主义"不仅存在普通群众中，甚至部分党的领导人也有这种思想。1910 年 8 月，奥古斯特·倍倍尔写给卡尔·考茨基的信中写道："妇女在一件事情上是很奇怪的。如果她们的偏见、激情或虚荣受到来自任何方面的质疑而不被考虑的时候，或者说如果她们感到受到伤害，那么，即使她们中最聪明的人也会大发雷霆，变得敌对到荒谬的地步。爱与恨并存，克制的理性是不存在的。"[①] 作为《妇女与社会主义》的作者，倍倍尔自认为是一位主张男女平等的妇女解放论者，然而，他对妇女，甚至是像蔡特金、卢森堡这样的妇女领袖的看法，也充满了男子沙文主义的气息。

马克思则完全不同，马克思在《1844 年经济学哲学手稿》中创立"人道主义"时，就把男人和女人的关系作为其非常重要的组成部分，卢森堡作为一位女权主义者和革命家，在理论创建上比考茨基这样的理论家要高明和深刻得多，是真正继承了马克思革命哲学的人。

从马克思主义的视角重新审视妇女解放运动，我们既看到了传统妇女解放理论对资产阶级女权的反对、经济决定作用的强调、阶级斗争的结合、对社会主义社会的期望；又认识到 20 世纪 70 年代以后，积极参加妇女解放运动的马克思主义者的独特贡献。这些马克思主义者不仅在理论上分析了妇女解放的复杂性，更突出了解决问题的根本途径。她们对马克思主义阵营内部存在的性别歧视及"男子沙文主义"进行的反思和批判表明，只有通过对内部"男子沙文主义"的认真对待并深入研究马克思主义，妇女解放运动才能向着为创造真正平等和正义的社会而努力。

---

①   Raya Dunayevskaya, *Rosa Luxemburg, Women's Liberation, and Marx's Philosophy of Revolution*, England: Humanities Press,1981, p.27.

三、马克思主义与女权主义的"相遇"与"结合"

马克思主义与女权主义的"相遇"与"结合"，首先表现在马克思主义阵营对内部存在的性别歧视进行反思和批判。20 世纪 70 年代的马克思主义者通过重新解读女性革命家的理论和生平，强调这些女性革命家的性别意识。这些女性既以革命家的身份出现，又在理论建树中体现了独特的女性视角，从而凸显了马克思主义与女权主义之间关系的多层次性。这并非仅仅是一种单一的批判或被批判的关系，而是一种复杂而深刻的相互影响，需要深入梳理和研究。

女权运动在法国大革命前后有组织地兴起，通常被视为左翼政治运动的一部分。然而，在社会主义阵营内部，尽管马克思和恩格斯主张男女平等，左翼阵营内部仍然存在着比较严重的性别歧视。一个明显的例子是1966 年，英国左翼知名学者雷蒙德·威廉斯、E.P. 汤普森和斯图亚特·霍尔领导的一批社会主义知识分子组建了"五一宣言委员会"，起草了一份长达 190 页的政治声明。这份声明涉及了当时所有重要的议题，却唯独没有提及妇女问题。[①] 考虑到朱丽叶·米歇尔的《妇女：最漫长的革命》于同年发表在这些学者自己的刊物《新左翼评论》上，这种忽视就耐人寻味了。

在马克思主义者的反思中，杜娜叶夫斯卡娅是其中一位著名的学者。通过对卢森堡这样一位女性革命家的研究，她强调卢森堡既是一位女权主义者，又是一位杰出的革命家，然而在马克思主义阵营中，卢森堡作为女权主义者的一面往往被忽略了。在新的革命形势下，有必要将这一被掩盖的层面凸显出来，以证明马克思主义并没有忽视妇女的独特利益，也没有

---

① 参见 [英] 唐纳德·萨松：《欧洲社会主义史——二十世纪的西欧左翼》，姜辉等译，社会科学文献出版社 2017 年版，第 625 页。

把妇女解放推到整个社会革命之后。杜娜叶夫斯卡娅通过对马克思的"革命哲学"进行解读，特别强调了马克思提出的"不断革命"的理论。她指出，要实现对资本主义制度的持续革命，必须有一个革命的主体，而妇女正是当前革命的主体，她们既参与革命行动也积极参与理论建构。在妇女解放运动中，作为革命主体的妇女能够很好地结合女权主义者和马克思主义者的身份。

杜娜叶夫斯卡娅进一步指出，身份差异政治确实会影响人们团结起来，但不同的身份还是有一些共同点的，马克思在《1844年经济学哲学手稿》中指出人类有很多共同性，例如我们对生存的需要，对陪伴的需要等。我们进行生产活动的方式可能有所不同，但它们都需要一个人类社会来实现，正是这种需求的共性为讨论差异提供了基础。马克思的论述为马克思主义者在今天制定斗争的策略提供了指导意义。妇女解放运动必须要包容和团结一切被压迫的群体，共同斗争，才能取得胜利。从同性婚姻，到生殖权利，再到不受性骚扰或性侵犯的生活权利，激进运动正在与试图让时光倒流的保守派反革命派进行全球范围内的斗争。今天的性别和性权利运动，只有把理论和实践结合成一个辩证的整体，才能成为革命的"新激情和新力量"的象征。①

除了像杜娜叶夫斯卡娅这样主要从马克思主义的立场和方法出发，与女权主义"相遇"之外，还有大量的女权主义者主动与马克思主义"相遇"，这是因为马克思主义深刻地阐明了工业社会对女性的压迫。然而，当这两者相遇时，情况是复杂的：

（新）马克思主义女权主义者们既不是以女权主义为视角的马克

---

① 参见 Kevin B. Anderson (eds.), *Raya Dunayevskaya's intersectional Marxism: race, class, gender, and the dialectics of liberation*, Cham: Palgrave Macmillan, 2021, p.114。

思主义者，也不是女性马克思主义者。她们的第一身份是女权主义者。若是为了女权主义的话，那么她们会利用马克思主义理论，必要的时候，甚至不惜对马克思主义理论做出修改。她们绝不会教条式地解释马克思主义理论。像她们这样的行为，绝不会是马克思主义理论对女权主义的应用，应该说她们是从女权主义的视角重读了马克思主义。①

代表这一立场的人物是米歇尔·巴雷特，她在1980年出版的著作《当代妇女压迫：马克思主义与女权主义的相遇》中阐述了这种独特的观点。巴雷特把自己归于具有女权主义理论和实践背景的社会主义女权主义者的阵营，她认为马克思主义和女权主义是两种不同的分析方法：马克思主义主要是分析占有和剥削之间的关系，它没有也不可能直接论述剥削者的性别和被占有劳动者的性别，因此，马克思主义对资本主义的分析是围绕着劳动和资本之间的主要矛盾而建构起来的，它所使用的分类，存在着"性别盲点"。与之不同，女权主义强调性别关系，特别关注男性对女性的压迫。

巴雷特认为，马克思主义女权主义的目标就一般意义而言，是必须了解性别关系是如何运作的，因为它对生产和再生产过程的理解可能不同于历史唯物主义。因此，探究性的组织、家庭生产、家务劳动等与生产方式、占有和剥削制度的历史变迁之间的关系成为马克思主义女权主义者的责任。其中最关键的是探究资本主义和妇女压迫之间的关系，而这需要从性别划分的角度来进行，这种性别划分在前资本主义社会就开始了，并且社会主义革命本身也无法消除这种性别划分。②

---

① ［日］上野千鹤子：《父权制与资本主义》，邹韵、薛梅译，浙江大学出版社2020年版，第8页。

② Michele Barrett, W*omen's Oppression Today: the Marxist/Feminist Encounter* (3rd edition), New York: Verso, 2014, p.9.

恩格斯《家庭、私有制和国家的起源》研究

——以性别理论为视角

在 18 世纪和 19 世纪的大部分时间里，女权主义者使用的语言是"权利"和"平等"。然而，到了 20 世纪 60 年代后期，"压迫"和"解放"成为女权主义新左派在政治活动中运用的关键词语。许多新女权主义者将这一时期称为"妇女解放运动"，这种语言的变化反映了女权主义政治观点的重大发展，也揭示了马克思主义与女权主义相结合的独特特点。

确实，从女权主义讨论的热点议题中，如家庭生活、性、父权制、家务劳动等，很难在马克思和恩格斯的著作中找到丰富的资源，更不用说现在一些更激进的话题了。然而，马克思主义并未远去，正像伊格尔顿所指出的：

> 马克思主义像达尔文思想或弗洛伊德思想一样，已经与现代文明交融在一起，像牛顿对于启蒙运动的重要意义一样，已经成了我们"历史无意识"中的一大部分。人们不用赞同牛顿或弗洛伊德的全部或大部分学说，就可以承认他们在现代的绝对中心地位。因此，很难看出马克思主义竟然会在现代性不死的情况下"死亡"。[①]

因此，许多女权主义者自发地接近马克思主义，即使像巴雷特这样对其进行批评的学者，也不得不承认几乎没有一个女权主义文本不涉及恩格斯的观点，如果要确定马克思主义对女权主义的一个主要贡献，那就是恩格斯的《起源》。

在《女权主义政治与人的本质》一书中，阿莉森·贾格尔为恩格斯进行了有力的辩护，认为是恩格斯而不是马克思完成了对女性被压迫问题的系统分析，《起源》已经被几代的马克思主义者认为是对女性问题的经典

---

① ［英］特里·伊格尔顿：《历史中的政治、哲学、爱欲》，马海良译，中国社会科学出版社 1999 年版，第 118 页。

阐释。恩格斯在《起源》中最大的贡献在于打破了传统观念，即在资本主义社会中女性的从属地位是"理所当然的"，从理性上讲是男女生理差异不可避免的结果。相反，恩格斯认为女性的从属地位是一种压迫的形式，是由阶级社会的状况所导致的，它之所以持续至今是因为它服务于资本的利益。①

贾格尔指出，自由主义将人的本质——无论是女性还是男性——视为相同的抽象个体，主张女性应该与男性一样享有个人尊严、平等、自主和自我实现的特征。理论上看，这种观点并没有错，关键在于：

> 根据这种平等的思想，每一个理性的个体都被赋予了平等的权利，而无视年龄的存在，无视种族、性别和经济地位的存在。当这个平等思想第一次被阐述的时候，它是非常先进的，而且即使是在今天的很多背景下它仍然是非常进步的。当然这种思想也存在严重的缺点，最明显的是，真正的人类存在不是抽象的个人主义，而是已经确定了种族、性别或者年龄的人群，人类生活在不同的历史阶段，尤其是参与社会关系的不同系统，而且他们有不同的能力和不同的需要。②

马克思主义对人的本质的认识比自由主义前进了一大步，更具有科学性和说服力。在《德意志意识形态》中，马克思、恩格斯写道："可以根据意识、宗教或随便别的什么来区别人和动物。一当人开始生产自己的生活资料，即迈出由他们的肉体组织所决定的这一步的时候，人本身就开始把自己和动物区别开来。人们生产自己的生活资料，同时间接地生产着自

---

① 参见［美］阿莉森·贾格尔：《女权主义政治与人的本质》，孟鑫译，高等教育出版社2009年版，第91—92页。

② ［美］阿莉森·贾格尔：《女权主义政治与人的本质》，孟鑫译，高等教育出版社2009年版，第69页。

己的物质生活本身。"① 人与动物的区别在于人的实践活动，而实践的核心特征在于它本质上是一种社会活动。从这种历史唯物主义的观点出发，女性的本质是历史的，是不断变化着的，"从女性作为人类的角度看，女性的本质必然形成于女性的实践、她们的生理构造和她们物质的、社会的环境之间的辩证联系"②。

　　总之，女权主义和马克思主义的交集历史悠久，关系既有分歧又有合作。马克思主义者通常集中在经济不平等及其对政治体系的影响上进行批判，而女权主义者则关注涵盖家庭生活和人际交往等各个领域的性别体系的不平等。20 世纪 70 年代女权主义的复兴打开了马克思主义和女权主义相结合的大门，新一代的马克思主义女权主义者更加强烈地批判资本主义经济制度导致妇女经济上的不独立、劳动价值被贬低以及存在工作中性别隔离现象等问题；同时，她们也审视家庭领域中存在的男女权力关系不平等，对公私领域的分离进行激烈的批判。现代女权主义者在继续强调阶级、经济结构和资本主义作用的同时，也不断扩展视野，关注性别认同、性别表达和其他社会构建的方面。

第二节　阶级与性别

　　阶级、阶级分析与阶级斗争是历史唯物主义中极为关键的概念和理论，这一理论框架为分析妇女受压迫提供了有力的武器。尽管妇女争取解放的理论流派众多，但基本上没有脱离马克思主义的阶级分析。即使那些认为马克思主义中存在"性别盲点"的人，也承认阶级与性

---

① 《马克思恩格斯文集》第 1 卷，人民出版社 2009 年版，第 519 页。
② ［美］阿莉森·贾格尔：《女权主义政治与人的本质》，孟鑫译，高等教育出版社 2009 年版，第 91 页。

别是不可分割的，并运用阶级和阶级斗争的理论来分析性别压迫和妇女解放。

然而，阶级范畴不能替代性别范畴，阶级解放也并非等同于妇女解放。从历史上看，相当长的时间里，无论哪个阶层的妇女确实作为一个整体遭受压迫，这表明妇女具有超越阶级的共同利益；与此同时，如果脱离阶级而谈论妇女解放又容易陷入空谈。在历史和社会的复杂交织中，需要深刻理解阶级和性别的交叉点，以便更全面地把握妇女解放的多维度面向。

一、19 世纪中后期至 20 世纪早期马克思主义者关于阶级和性别的观点

在马克思主义诞生之前，妇女争取权利的主要理论武器是自由主义。自由主义者视争取妇女权利为社会改革方案的一部分，包括争取与男性一样的教育权，尤其是高等教育；争取选举权；争取工作权，要求妇女能够进入主要是一些男性独占的职业领域，如法官、外科医生等；提高女性的法律地位，特别是已婚妇女的法律地位；对妇女作为工人和母亲的福利的关注，争取同工同酬等。她们对资本主义有批判，但并未谋求对资本主义的彻底改造。

19 世纪妇女运动的共同特点是争取与男性一样享有完整的公民权。同时期的空想社会主义者将关注点放在工人阶级妇女身上，争取组织女工加入工会，缩短工作时间，抗议工作场所的性骚扰等。这表明阶级与性别在妇女争取权利运动的初期就交织在一起，时而融合，时而分裂。

在 1848 年之前，社会主义者和女权主义者似乎可以在平行的轨道上行进，但在 19 世纪末，他们在政治上出现了严重分歧。"女权主义"这一术语，一开始就被马克思主义—社会主义者所拒斥。女权主义在马克思主

义者看来，是与"资产阶级"联系在一起的。女权主义者提供的方案并没有解决资本主义的统治和剥削问题。马克思主义者主张以革命的方式推翻阶级秩序和财产制度，只有这样妇女的解放才能实现。这一时期出版了两本非常重要的著作，奥古斯特·倍倍尔的《妇女与社会主义》，以及弗里德里希·恩格斯的《家庭、私有制和国家的起源》。此外，还有两篇比较短的文章，一篇是卡尔·马克思的女儿埃莉诺和她的伴侣爱德华·艾威林（Edward Aveling）发表在伦敦《威斯敏斯特评论》（1886）上的文章，另一篇是克拉拉·蔡特金在1889年第二国际工人协会成立大会上的演讲，这两篇文章也被广泛传播。

爱德华·艾威林和埃莉诺·马克思·艾威林（Eleanor Marx Aveling）在介绍倍倍尔的《妇女：过去、现在和未来》（后改名为《妇女与社会主义》）一书的英译本时，明确指出，妇女问题的根本在于经济问题，妇女的地位是由经济基础决定的，妇女问题是整个社会制度问题之一。尽管自由主义者为改善妇女地位做出了努力，如争取妇女选举权、呼吁废除《传染病法》、开放高等教育、开放更多职业等，这些斗争本身确实是值得称赞的。然而，除了废除《传染病法》以外，其他的斗争大都与工人阶级妇女无关。因此，对妇女问题的讨论既要考虑整个妇女群体面临的困境，更要关注劳动阶级妇女整体地位低下，像劳动者一样被剥夺了作为人的权利，不得不依附于男性。

艾威林指出，在德国，离婚受到严格限制，对男人来说，女人被视为未成年人，一个地位很低的丈夫也可以惩罚自己的妻子，所有的事情都由丈夫做主，妻子的财产也归丈夫管理。婚姻制度只对丈夫有利，丈夫可以提出离婚，而妻子则不能，除非她能证明受到残酷的虐待，这样的婚姻制度比卖淫还要糟糕。是什么造成了妇女整体地位的低下、成为男人的奴隶呢？是资本主义的私有制。因此，结论必然是消灭私有制，这样一来，建立在私有制基础上的国家就不存在，就不会有一个只限制女性的法律，而是男女平等的实现。婚姻将变成纯粹的私人事务，基于爱而结合，女人不再是男人的奴隶。①

克拉拉·蔡特金在 1889 年第二国际工人协会成立大会上的演讲《关于妇女劳动问题》中，她首先批评了社会主义阵营中反对妇女参与有酬劳动的观点，指出在当前的经济发展中妇女劳动是必要的；妇女劳动的自然倾向或者是使每个人必须贡献给社会的劳动时间减少，或者是使社会财富增长。妇女劳动本身的问题不是由于同男劳力竞争而降低了工资，而是劳动本身受资本家的剥削。同时，蔡特金也指出：争取社会平等的女工们，为她们的解放对自称为妇女权利而奋斗的资产阶级妇女运动不抱任何希望。资产阶级妇女运动的大楼是建立在沙滩上的，没有现实基础。女工们完全确信，妇女解放问题绝不是孤立存在的一个问题，而是巨大社会问题的一部分。她们已完全清楚地认识到，这个问题在今天的社会里永远也得不到解决，而只有在社会进行根本改造之后才能得到解决。②

总体而言，这两篇文章强调了两个关键观点。第一，无论是中产阶级的妇女还是劳动阶级的妇女，都作为整体受到压迫。解决这种压迫的关键并非在于"资产阶级"的女权运动，因为这种运动无法根本解决妇女地位低下的问题，他们都强调必须废除私有制。

第二，他们都表达了这样的信念，即在社会主义社会，男女无论是在劳动领域还是在家庭领域，都会实现平等。所以，"传统意义上的社会主义妇女解放论，为解析歧视和压抑结构理论提供了阶级统治这一变量。它指出，压迫女性是阶级统治的因变量，那么反抗作为现今阶级统治形式的资本主义的斗争不单是解放女性的斗争，更是所有无产阶级男性和女性

---

① 　参见 Edward Aveling and Eleanor Marx Aveling：*The Woman Question*，2021 年 10 月 8 日，https://www.marxists.org/archive/eleanor-marx/works/womanq.htm。

② 　参见［德］克拉拉·蔡特金：《关于妇女劳动问题》，2021 年 3 月 1 日，见 https://www.marxists.org/chinese/clara-zetkin/mia-chinese-clara-zetkin-18890719.htm。

共同的战役。所以，如果阶级统治消亡的话，女性解放也自不必说了"。①
因此，表面上看女性是受到男性的压迫，但实质上女性的受压迫地位是资本主义制度导致的结果。

妇女从属地位的根源，在于资产阶级对无产阶级的剥削。只有由胜利的无产阶级建立的社会主义新秩序才能提供解决妇女问题的答案。所以，是资本主义而不是男性统治是敌人，社会主义革命才是解决妇女问题的出路。

在 1907 年 8 月的第二国际斯图加特代表大会期间，召开了第一次欧洲社会主义妇女会议，代表们通过了一项决议，呼吁各成员党派支持所有人的选举权。然而，对马克思主义者来说，争取妇女选举权的斗争本身永远不会被视为终极目标，而是被看作实现更广泛的无产阶级解放斗争的手段。

阶级相对于性别、工人阶级的解放相对于妇女特殊利益的政治优先性始终是早期马克思主义者坚持的观点。这种观点在各个方面都有所体现，即使是在支持妇女选举权这一共同目标上，也能明显看到不同的政治取向。

柯伦泰也是持这种观点的一个典型代表。她同样反对俄国"资产阶级"女权主义，在一篇关于《国际妇女节的真实含义》（1913 年）的文章中，她指出：很久以前，工人阶级妇女和资产阶级妇女参政论者就各行其道了，她们对于人生目标的追求大有不同。柯伦泰指出：

> 女权主义者的目的是什么？是在男权统治的资本主义社会争取和男性同等的利益和权力。女性工人的目的是什么？是为了废除一切出身和

---

① ［日］上野千鹤子：《父权制与资本主义》，邹韵、薛梅译，浙江大学出版社 2020 年版，第 1—2 页。

财富带来的特权。对于女性工人来说，谁是领导者并不重要，是男是女都可以。她只想和整个阶级的群众一起，安安静静地当一名工人。

女权主义者总是在各时各地强调自己的平等权利，而女性工人表示：我们呼吁每一个公民的权利，既为男人、也为女人，我们不会忘记，我们不仅是工人，也是公民和母亲！作为诞生希望的母亲，我们要求国家和社会对我们母亲的身份和我们的孩子提供特别的关注和保护。

女权主义者一直在努力寻求政治权利，在这点上她们与女性工人之间也产生了分歧。

对资产阶级女性而言，政治权利仅仅是她们在这个剥削工人阶级的世界里更方便开路的手段。对于女性工人而言，政治权利则是通往劳动人民理想国的坎坷之路的一小步。①

柯伦泰的这篇文章，总结了早期的马克思主义者在阶级和性别关系上与其他女权主义的区别，反映了在妇女运动中存在着不同阶级和政治立场之间的分歧，即使在共同争取妇女选举权这一议题上，不同阶级的妇女在追求的目标和动机上也存在显著差异。

俄国十月革命后，柯伦泰负责妇女工作，苏俄在妇女解放的道路上前进了一大步，1917 年 12 月中旬，政府以法令形式确立了双方同意离婚和公证结婚，1918 年 12 月颁布的《家庭法典》被视为当时世界上最为进步的家庭与社会性别立法。

在此后的时期，苏俄政权采取了一系列法令，旨在保护工人阶级妇女并促进她们的平等权利。这包括规定母亲可享受八周全薪产假、哺乳休息时间和提供工厂休息设施、免费的产前与产后照料，以及现金津贴等

---

① ［俄］柯伦泰：《国际妇女节的真实含义》，2023 年 2 月 1 日，见 https://www.marxists.org/chinese/kollontai/marxist.org-chinese-kollontai-191303.htm。

措施。

柯伦泰于 1918 年发表的小册子《共产主义与家庭》描绘了社会主义国家中的家庭生活。改造后的家庭设有公共厨房、公共洗衣房和国家托儿津贴，为妇女提供更多服务。母亲们可以体面地养活自己和孩子，同时，家庭中的女性和男性不再是以支配 / 从属为特征的关系，而是建立在平等的"爱人和同志"基础上。这一时期，压迫妇女的娼妓业也消失了，妇女实现了彻底的解放，享有平等的家庭生活。

列宁在 1918 年的讲话可以为早期马克思主义者对于阶级和性别关系的观点做一个总结。

> 从很久以前起，在几十年以至几百年的过程中，西欧各次解放运动的代表人物都曾提出要废除这些过时的法律，要求男女在法律上平等，可是任何一个欧洲民主国家，任何一个最先进的共和国，都没能实现这个要求，因为，只要还存在资本主义，保留土地私有制和工厂私有制，保留资本的权力，那么，男子就会有特权。俄国所以能实现这一点，完全是因为从 1917 年 10 月 25 日起，这里确立了工人政权。……
>
> 苏维埃政权这个劳动者的政权在诞生后的最初几个月里，就在有关妇女的立法方面实行了最彻底的变革。苏维埃共和国彻底废除了使妇女处于从属地位的法律。我指的就是专门利用妇女较弱的地位把她们置于不平等的甚至往往是受屈辱的地位的法律，即关于离婚、关于非婚子女、关于女方要求子女的生父负担子女抚养费的权利的法律。①

---

① 《列宁选集》第 4 卷，人民出版社 2012 年版，第 45—46 页。

因此，结论必然是没有社会主义就没有妇女解放，妇女解放是与整个无产阶级的解放联系在一起的，没有必要也不可能有单独的妇女解放。倍倍尔、恩格斯、艾威林夫妇、蔡特金、柯伦泰、列宁等人一贯阐明的观点是，资本主义而非男性统治是妇女解放的敌人，工人阶级的女性与其集中攻击所有男性的特权，不如联合工人阶级的男性为打败他们共同的敌人——资产阶级而斗争，社会主义革命才是最终的答案。这一鲜明的观点成为马克思主义阵营中关于阶级和性别关系的党性路线原则。

二、女权主义者对马克思主义阶级与性别观点的批评

根据恩格斯在《起源》中的分析，原始共产主义社会虽存在性别分工，但这仅仅是一种不同的劳动分工，因为在没有私有财产的情况下，性别关系仍然是平等的。在氏族内部，妇女享有与男子相等的权利，而在母系继承制度下，妇女还拥有更高的威望和权力。随着生产力的逐渐发展，私有制度的出现导致了建立在生产资料私有制基础上的阶级分化，而妇女则失去了一切权利，沦为男性的奴隶。性别压迫和阶级压迫几乎同时出现。然而，对于这一分析，20世纪70年代后的许多学者，包括马克思主义者在内都提出了质疑。

杜娜叶夫斯卡娅在研究了马克思《人类学笔记》后，指出，

马克思在发现易洛魁妇女享有极大的自由时，他认为最重要的是表明在美国的文明摧毁印第安人以前妇女享有多大的自由。的确，首先全世界都是"文明的"民族剥夺了妇女的自由，就像英帝国主义在征服爱尔兰时剥夺了妇女的许多自由一样。马克思对资本主义的痛恨随着研究资本主义以前的社会而变得更加强烈。但是，他远没有像恩格斯那样得出结论说，脱离"母权制"标志着"女性的具有世界历史

意义的失败"，而是说明在原始公社内部就已经出现了这种地位的差别，很清楚，妇女在原始公社中所享有的自由远不是全面的。马克思指出，尽管妇女被允许"通过她们自己选择的发言人"表达她们的意见，但是"决定却是由氏族会议作出的"。

其次一点，这是和前一点分不开的，就是妇女的反抗，即马克思在每一次革命中所看到的"妇女的酵素"。①

马克思指出的事实是，在原始公社解体以前很久，在平均主义的公社内部就已经出现等级问题，可见，在没有阶级存在的原始共产主义社会中已经有性别不平等出现了。

盖尔·卢宾借用了马克思关于"社会关系"的理论框架，用来分析性别不平等的起源。马克思认为，使黑人变成奴隶，一台棉纺机变成资本的关键是关系。卢宾进一步追问道：

> 我们同样可以问：一个顺从的女人是个什么人？她是人类雌性中的一员。可这个解释就跟没解释一样。一个女人就是一个女人。她只有在某些关系中才变成仆人、妻子、奴婢、色情女招待、妓女或打字秘书。脱离了这些关系，她就不是男人的助手，就像金子本身并不是钱……等等。那么这些使一个女性变成一个受压迫的女人的关系是什么呢？②

如果运用马克思的理论框架来分析的话，就是有一个系统性的社会组织，这个组织将女性作为天然材料接受，做成驯化的女人产品。盖尔·卢

---

① ［美］拉·杜娜耶夫斯卡娅：《马克思的"新人道主义"、"民族学笔记"和妇女解放》，都梁译，《马列主义研究资料》第 2 辑，人民出版社 1987 年版，第 209 页。
② 转引自王政、杜芳琴主编：《社会性别研究选译》，生活·读书·新知三联书店 1998 年版，第 23 页。

宾把这种关系称为"性 / 社会性别制度"。正是在性 / 社会性别制度中，女性成为压迫的对象。

原始社会中，亲属制度起着决定性的作用，为了维持亲属关系，人们就需要赠送、接受和交换礼品，女人正是作为"礼品"可以用来交换的。而且以女人为礼品的结果远比其他礼品交换的作用要大的多，因为这样建立起来的不仅是互惠关系，还有亲属关系。在这种社会组织中，男性扮演着交换的主体角色，而女性成为被动的被交换对象，使男性成为这一社会组织中的受益者。这表明原始社会中妇女并非如恩格斯在《起源》中所陈述的那样，享有与男性相等的权力和权利。相反，这一实践印证了妇女自早期就处于一种从属地位。

贾格尔指出：恩格斯《起源》的伟大意义在于，破除了传统上认为资本主义社会中女性的从属地位是"自然"的迷信，提出女性的从属地位是一种压迫的形式，是由阶级社会的状况所导致的，它之所以持续至今是因为它服务于资本的利益。[①]

同时，贾格尔也质疑了马克思主义关于劳动的性别区分的观点。马克思和恩格斯认为，由于人类是通过两性进行繁衍的生物种类，因此男女之间的生理差异具有本体论的基础。即使在原始社会妇女还享有较高的地位时，就已经有了基于性别上的分工。

在传统马克思主义概念框架下，一些问题无法被提出来。例如，似乎没有一个特别的马克思主义的方式来提出这样的问题：为什么男性例行公事似的殴打和强奸女性，而不是相反的情况。再如，既定的马克思主义的阶级概念对于询问女性是否可以拥有一个特殊的阶级

① 参见［美］阿莉森·贾格尔：《女权主义政治与人的本质》，孟鑫译，高等教育出版社2009年版，第92页。

立场是没有意义的。在市场中的女性与她们的男性工作伙伴共有一个阶级，而在市场以外的女性依照她们的权利却被排除在阶级系统之外。①

20世纪60年代，女权主义者从苏联等社会主义国家妇女的地位以及左翼社会运动中观察到，妇女传统的性别角色并没有发生实质性改变。公共领域中存在严重的性别歧视现象，甚至在婚姻家庭中，男性仍然占据主导地位。因此，女权主义者对马克思主义的阶级理论提出了批评，认为其存在"性别盲"问题。她们指出，马克思所强调的无产阶级主要指的是提供劳动力的男性工人，而马克思主义者所倡导的革命策略主要集中在阶级斗争上，将资本主义和阶级制度视为压迫妇女的唯一根源。因此，性别压迫在这一观点中被简化为经济问题，而妇女问题则被纳入阶级与国家问题的范畴，将婚姻、生育和家庭制度的不平等与压迫视为次要议题。在这一背景下，女权主义者强调，妇女遭受压迫的根本原因是父权制的存在，而不仅仅是阶级对抗。

三、妇女＝阶级？

在人类历史的长河中，妇女作为一个群体长期以来承受着各种形式的压迫。这种压迫的本质，究竟与其他受压迫的群体有何不同？压迫者是否也可能自身受到压迫？更深层次地，被压迫者是否可能成为其他群体的压迫者？这一系列问题贯穿于妇女与阶级关系的探讨中。

恩格斯在《起源》中，对妇女的压迫进行了深入的分析，揭示了妇女

---

① ［美］阿莉森·贾格尔：《女权主义政治与人的本质》，孟鑫译，高等教育出版社2009年版，第115页。

作为一个群体受到压迫的历史根源。然而，这种压迫并非单一而普遍，不同阶级的妇女面临着各异的困境。上层社会的妇女虽然没有权利，但一般而言，她们没有遭受到经济上残酷的剥削，相反，底层社会的妇女往往为上层社会的妇女提供服务。因此，一方面，上层阶级的妇女遭受父权制的压迫，没有公民权利，没有婚姻自主权，高等教育受限，工作机会受限等；另一方面，作为统治阶级的一员，她们也在剥削其他妇女的劳动。

这引发了一个深刻的问题：被压迫者是否有可能成为其他群体的压迫者？在无产阶级内部，男性对女性的权力仍然显著，表现为歧视、对家务劳动的无偿占有以及对妇女参与社会生产的排斥，甚至家庭暴力。这说明，仅仅用阶级压迫的因素是无法解释清楚妇女屈从地位的。

凯特·米利特认为："女人往往能够超越男权制社会中通常的那种阶级分层，因为无论女性的出身和教育程度如何，她永久性的阶级关联比男性要少。经济上的依附性使她与任何一个阶级的联系都是附带的、间接的和临时的。"① 这表明性别问题有溢出阶级与种族问题的部分，这个"溢出"的意思包括两个层面：首先，女性与阶级的关联比男性更少，更容易变更。这是因为大多数女性的物质地位倾向于反映出她们的父亲或者丈夫的位置，因此从阶级的角度来解释性别的不平等是合理的。其次，在阶级和种族矛盾解决后，性别问题还需要面对自己独特的矛盾，必须用不同于解决阶级、种族问题的方法和手段来解决属于性别问题的特殊问题。

正因为妇女问题的解决以及妇女解放是一个比阶级和种族解放更为漫长的过程，引发了不同领域的学者对妇女与阶级关系问题的关注。

马克思主义女权主义者借鉴了马克思主义的基本思想，特别是对社会阶级的经济结构进行分析和对资本主义的批判。他们运用马克思主义原则来研究经济结构和阶级关系如何与性别关系相交互，从而塑造妇女的经历

---

① ［美］凯特·米利特：《性政治》，宋文伟译，江苏人民出版社 2000 年版，第 47 页。

和导致妇女的压迫。这些学者强调资本主义在使性别不平等永久化方面的作用，女性不仅作为劳动力市场上的工人被剥削，而且作为家庭领域的无偿劳动者被剥削，为劳动力的再生产作出了贡献。马克思早就指出，在资本主义社会，妇女承担了再生产的一切，包括生育、洗衣、做饭、清洁、提供情感支持等家务劳动，这就使男性工人可以腾出手来继续生产剩余价值。

女性本来作为一个群体，应该团结起来进行斗争，然而，女性内部充满着差异，阶级分化了妇女。马克思在 1854 年 8 月 1 日《纽约每日论坛报》上发表的文章中有这样一段话：

> 某些属于所谓自由派的政治家大谈其"资产阶级和工人阶级的联盟"，但是这种思想是荒谬的，不切实际的。雇主和工人，主人和奴仆之间横着一条不可逾越的鸿沟。至于说到家仆，达尔福特的最近的箴言就讲得很透澈：他说："想到那些照管我们的舒适和需要的男男女女，我们住宅的常住户，——我们对他们的情感和性格就像对另一行星上的居民一样了解得很少——竟同我们住在一起，就不免令人伤心。"为了不把"两个行星的居民"混同起来，资产阶级太太们忘记了她们自己不久前也属于下层等级，竟迫使自己的女仆戴上标志她们的下等身分的"包发帽"，并且很少允许女仆穿得漂亮些，因为她们担心不这样就会失去她们作为土地或是金钱的所有者的特征。①

对马克思主义女权主义者来说，阶级观念是理解包括压迫妇女在内的所有社会现象的关键。改变使性别不平等长期存在的经济结构，消灭私有制，推翻资本主义制度是妇女解放的出路。

---

① 《马克思恩格斯全集》第 10 卷，人民出版社 1962 年版，第 685 页。

马克思主义女权主义者除使用阶级理论来分析妇女问题外，也提出了父权制的理论。她们将父权制视为资本主义经济关系的产物，认为对妇女的压迫植根于资本主义的生产方式，以及在这个体系中剥削妇女劳动的具体方式。

以舒拉米斯·费尔斯通等思想家为代表的激进女权主义提供了独特的阶级与妇女关系的见解。他们不仅将性别统治视为与阶级统治相同的基本统治，还将性的等级制度视为一切不平等的根源。费尔斯通认为父权制是女性受压迫的根本原因，她强调需要彻底改变社会，以消除父权制，从而消除基于阶级和性别的压迫。如果革命对剥削与压迫，即两性之间的关系毫无触动的话，那么，任何形式的革命都是徒劳的。

费尔斯通明确提出妇女是一个阶级，她认为仅仅将"阶级"用于区分与生产资料相关的社会群体过于狭隘。因此，仅仅依靠阶级斗争无法完全实现女性的解放。将妇女运动纳入阶级斗争框架，只能使女性解放成为阶级斗争的附属物。

激进女权主义者强调性解放的重要性，认为传统性规范助长了女性的压迫，因此主张废除传统的性别角色，建立男女之间的新平等关系。费尔斯通呼吁彻底消除性别角色，主张废除"女人"和"男人"的分类。她认为性别角色是社会建构的，是压迫的工具。消除这些角色被视为朝着消除阶级和性别等级制度迈出的关键一步。

费尔斯通对阶级与女性关系的激进女权主义观点侧重于挑战传统结构，尤其是与生殖和家庭有关的结构。通过提倡使用技术和消除性别角色，她设想了一个女性从生理限制和社会等级中解放出来的社会。

另一个对阶级与妇女压迫做出理论贡献的是社会主义女权主义。马克思主义女权主义和社会主义女权主义在对资本主义的批判，以及对经济和性别压迫的相互联系的认识上有着共同的基础，然而，这两种观点在其重点、理论框架和社会变革策略方面存在区别。

社会主义女权主义具有更广泛的焦点，包括资本主义、父权制、种族主义以及其他形式的不平等等各种压迫制度。社会主义女权主义者认为妇女的解放与从多重交叉的压迫中解放出来存在着复杂而错综的联系。他们承认父权制作为一种独特的压迫制度与资本主义并列存在。在认识到资本主义和父权制交织的同时，社会主义女权主义者强调解决基于性别压迫问题的独立性，并与其他社会等级制度相结合。

与马克思主义女权主义强调推翻资本主义社会不同，社会主义女权主义倡导以更"温和"和交叉的方式进行社会变革。他们既认识到改变经济结构的必要性，同时也强调在各种社会正义运动中建立联盟以解决压迫的重要性。社会主义女权主义者主张通过合作和协同努力，以更全面的方式推动社会变革，以实现妇女的解放和各种社会正义目标。

阶级分析对于说明社会化劳动的不平等很有说服力，然而，阶级分析不能说明为什么同样的有酬劳动，却因为性别分工，同工不同酬，妇女处在不利的、报酬比较低、工作不稳定的处境；阶级分析也不能很有效地说明为什么家务劳动大多数是由妇女承担，而且是无偿劳动，她们必须依靠丈夫获得生活费用。在这方面文化女权主义有着独到的分析，她们相信女性的从属地位超越了阶级界限，父权文化规范和习俗影响着不同社会阶层的女性，解决这些文化问题对于实现有意义的性别平等至关重要。

文化女权主义强调文化因素、社会规范和价值观对理解女性受压迫的重要性。他们认为，女性的从属地位在文化实践和信仰中根深蒂固，超越了经济或阶级分析。文化女权主义者关注社会的文化、符号和语言方面，分析性别角色和刻板印象是如何构建的，他们认为女性的从属地位通过文化符号、语言和传统得以延续和加强。

特别是，文化女权主义者批评主导地位的父权文化，认为这种文化塑造了对女性不利的社会价值观和规范。他们指出父权文化不仅反映，而且积极促成了妇女在各个生活领域的边缘化。因此，解决这些文化问题是性别平等的关键，超越了仅仅依赖经济和阶级分析的范畴。

在妇女与阶级关系的深入探讨中，我们发现这是一个极具复杂性和多层次性的课题。尽管妇女的社会地位与阶级关系紧密相连，所受到的压迫程度也与阶级地位相关，但妇女问题不能简单还原为阶级问题。马克思的阶级概念有助于分析不同阶级的妇女所经历的压迫程度的不同，但不能因此而认为女性在任何情况下都不能形成跨越阶级的共同战线。妇女作为一个整体所处的地位使她们能够团结起来，共同反对性别不平等成为可能。

妇女与阶级之间的关系错综复杂，不能孤立地理解。各种女权主义观点提供了深刻的见解，阐明了女性的经历是如何被阶级结构和其他社会因素共同塑造的，反过来又如何影响着阶级结构和其他社会因素。在追求妇女解放的道路上，理解和综合考虑这些复杂而交叉的因素至关重要。

第三节　差异与平等

从历史来看，妇女整体作为"第二性"处于从属的地位，全球各个地方都有妇女在反抗性别歧视，当这些妇女聚在一起时，发现她们面临着一些共同的问题，因此，集体反抗便成为人们所说的妇女解放运动，即反抗性别歧视、性剥削与性压迫。然而，在妇女进行反抗的过程中，人们深深意识到妇女被阶级、种族、宗教、习俗等所分裂，很难有一个达成共识统一的标准来衡量妇女解放的程度。第二次世界大战后，联合国在提高妇女地位，推动妇女发展方面进行了大量的工作，终于在 1979 年 12 月 18 日联合国大会第 34/180 号决议通过了《消除对妇女一切形式歧视公约》。这

恩格斯《家庭、私有制和国家的起源》研究

——以性别理论为视角

一《公约》成为国际上衡量妇女地位的标准，为团结全球妇女共同反抗性别歧视提供了基础。

一、多重交叉的压迫和歧视

女性的经历不能仅仅通过阶级分析来理解，而是应该承认各种社会类别的相互作用，包括种族、阶级、性别，等等。这些因素交织在一起，塑造了妇女的经历，导致了多种多样、往往是复合形式的压迫。其中，种族、性别和阶级的关系被认为是核心因素。

在 19 世纪 50、60 年代，争取权利的黑人妇女早已认识到了种族、性别和阶级之间的紧密联系。废奴主义者、被解放的奴隶以及妇女权利活动家索杰纳·特鲁思（Sojourner Truth）在积极参与废奴运动时，就强调了妇女权利的重要性。奴隶制废除后，废奴主义者内部发生分裂，一部分主张仅仅争取黑人男性的公民权，而特鲁思坚持认为，应该给予所有黑人，包括黑人妇女公民权。在 1867 年的一次演说中，近 80 岁高龄的特鲁思说明了为什么争取黑人女性的权利是重要的：

> 人们对有色人种男子争取权利一事谈论很多，但对有色人种妇女却只字未提；如果有色人种男性得到了他们的权利，而不是有色人种妇女得到了她们的权利，有色人种男子将成为有色人种妇女的主人，情况将和以前一样糟糕。所以，我赞成在事情进行的时候，让事情继续下去；因为如果我们等到它静止不动，就需要很长一段时间才能让它重新运转起来。白人妇女要聪明得多，比有色人种妇女知道得多，而有色人种妇女几乎什么都不知道。她们出去做洗衣工，这差不多是一个有色人种妇女能从事的最高的工作，与此同时，她们的男人无所事事，昂首阔步地走来走去；当妇女们回家时，他们向她们要钱，把

钱都拿走了，然后因为她们没有及时做饭而责骂她们。①

可见，黑人妇女不仅在经济上遭受白人统治者的剥削，还在黑人男子手下受到双重压迫。因此，有色人种女性活动家认识到，性别、种族和文化与社会结构和制度是不可分离的。

20世纪七八十年代，新生代的有色人种女性活动家认为，黑人妇女所经历的压迫是前所未有的深重。她们不仅遭受到阶级和性别的压迫，还面临着种族的压迫，置身社会的最底层。黑人妇女要面对的是一整套的压迫，与白人中产阶级女性相比，她们没有任何特权。这些学者公开批评白人妇女运动中的种族主义，认为这一理论把妇女看作是一个整体，假定"作为女人"团结了全部女人，而没有把种族或阶级差异考虑在内。种族、阶级和性别压迫是联系在一起的，有色人种妇女在受到阶级压迫的同时还要遭受种族歧视所带来的苦难。从这时起，人们开始越来越关注多重交叉的压迫和性别歧视。

贝尔·胡克斯认为，种族歧视、性别歧视和阶级偏见，即便在理论上可以分开，实际上也是不可分的。这些压迫形式中的任何一种都不可能提前被铲除，不可能在与之相连的其他压迫形式被消灭之前寿终正寝。② 要想终结这些问题，就必须把这些问题作为整体发起攻击。因此，很多黑人女权主义者和社会活动家从根本上认可马克思主义对具体经济关系进行分析而得出的理论，认为所有受压迫的人民，包括妇女要获得解放，就必须要摧毁资本主义、帝国主义和父权统治的政治经济制度，未来的革命一定是总体上的革命，是认同女权主义和反种族主义的社会主义革命。

---

① Sojourner Truth ,"Two Speeches", in Estelle B. Freedman (ed.), *the Essential Feminist Reader,* New York: The Random House Publishing Group,2007, p.65.

② 参见［美］罗斯玛丽·帕特南·童:《女性主义思潮导论》，艾晓明等译，华中师范大学出版社2002年版，第320—321页。

由于种族因素的影响，作为黑人女权主义者，她们更愿意去团结进步的黑人男性，因为她们要与种族主义作斗争。与此同时，她们也要反对白人和黑人男子的性别歧视，他们会从种族、性和阶级的观点出发看待性别问题。在黑人妇女的生命中，父权统治下的性政治与阶级和种族政治一样广泛，很难将这三者分离，因为它们在她们的生命中一直是共存的。

在贝蒂·弗里丹的《女性的奥秘》中，妇女的新人生计划是走出家门、寻找自我，因为在家庭中，她是丈夫的妻子，孩子的母亲，唯独失去了自我。家庭是白人女性受压迫的地方，是父权制统治的地方，然而，对黑人女性来说，她们是一定要出去工作的。在某些时刻，尤其是黑人男性失业率居高不下的情况下，女性就是家庭的主要收入者和一家之长，这样一来，家庭对于黑人妇女反而具有重要意义。任何寻求建立家庭是压迫场所的普遍性解释的理论并不一定适用于黑人妇女。这种在女权运动内部对家庭持不同的观点，主要是由于阶级地位和种族的不同。

在这里，马克思主义的阶级概念可以帮助我们更加清楚地认识这一复杂问题。马克思主义认为，阶级是生产资料有相同关系的一群人，而阶级差别的基本标志就是他们在社会生产中所处的地位，因而也就是他们对生产资料的关系。贝尔·胡克斯批评美国的女权主义已经变成了资产阶级的意识形态，这种女权主义没有看到阶级，也就是由占有社会财富和生产资料的不同，而存在的社会经济政治方面的等级制。这种制度往往是作为性别和种族划分的现实性基础存在，并使得性别和种族的等级得以继续存在。

我们这个群体还没有社会化以至于可以扮演剥削者或压迫者的角色，也没有制度化的"他者"可以让我们去剥削或压迫。白人妇女和黑人男性具有这两方面的特性。他们可以是压迫者，也可以是被压迫者。黑人男性可能是种族歧视的牺牲品，但性别歧视让他们可以作为妇女的剥削者和压迫者。白人妇女可能是性别歧视的牺牲品，但种族歧视可以让她们成为黑人的剥削者和压迫者。这两个群体进行了支持他们利益的解放运动并且赞同对其他群体的继续压迫。黑人男性的性别主义者破坏了根除种族主义的斗争，而白人妇女的种族主义者破坏了女权斗争。只要这两个群体，或者其中任何一个，把解放理解为获得与白人男性统治阶级一样的社会平等，那么他们在持续的对他人的剥削和压迫中便有着既得利益。①

早在阶级压迫和种族压迫出现之前，就已经有了性别压迫，这就意味着即使推翻了阶级和种族压迫，性别压迫也不会自然而然地消失，阶级、性别、种族都是相互关联的，它们都受到类似的制度和社会结构的支持，因此，多种交叉的压迫和歧视面对的现实困境告诉我们，一种剥削体系不可能在有其他压迫体系仍然保持完整的情况下被消除。只有重新认识性别、种族、阶级这三种制度及它们之间的相互关系，才能更全面地思考关于妇女解放的议题。妇女的解放只有通过同时反对性别、阶级和种族压迫的斗争来实现。

妇女解放决非挑起两性战争，任何性别之间的对立源于性别剥削、阶级压迫以及种族歧视的存在。正视差异是走向团结的第一步，只有真实地认识差异、承认差异，妇女才能在共同的基础上建立团结，共同投身于反抗父权制、阶级斗争和反种族歧视运动中。在这个过程中，只有首先深刻认识并理解多重交叉的歧视和压迫，以及性别、阶级、种族等因素的相互关联构成的复杂现实，通过同时挑战和消除这些交叉的压迫，才能实现真正的妇女解放。

---

① ［美］贝尔·胡克斯：《女权主义理论：从边缘到中心》，晓征、平林译，江苏人民出版社 2001 年版，第 19 页。

二、承认差异共同斗争

女权运动的一个伟大贡献就是引起了人们对全球范围内妇女受剥削和压迫问题的关注。在全球范围内，妇女是最受压迫和剥削的一个群体。在饥饿、贫穷、文盲的人群中，妇女的比例总是高于男子；在劳动力市场上同工不同酬，在劳动场所存在着性骚扰；在家庭内部，性暴力屡禁不绝。在这种情况下，所有的妇女理应团结起来，共同向性别压迫与歧视做斗争。然而在现实中，妇女内部的差异性也越来越凸显出来，尤其是20世纪70年代兴起的女权运动。这场运动在广泛的群众基础、基层组织和宣传方面存在一些不足，导致其似乎只与参与组织的妇女相关，使其陷入一种脱离社会的边缘状态。

如何对待妇女内部的差异性？如何求同存异，团结更多的妇女向着性别剥削与歧视做斗争？这不仅是一个重大的理论问题，也是实践中的一个重要的战略问题。与全世界无产者联合起来不同，性别歧视、种族主义、阶级特权和其他偏见把妇女们分裂开来，我们必须正视这种差异，承认这种差异，然后在差异的基础上寻求联合和团结。

从来没有一个统一的女权运动，如果硬要说有的话，那只能是对妇女和女权运动的刻板印象，这一刻板印象导致了妇女更深的分裂。西蒙娜·德·波伏瓦在其名著《第二性》中讲道："人类是男性的，男人不是从女人本身，而是从相对男人而言来界定女人的，女人不被看做一个自主的存在。""女人相较男人而言，而不是相较女人而言确定下来并且区别开来；女人面对本质是非本质。男人是主体，是绝对；女人是他者。"①《第二性》的伟大贡献是有共识的，然而，必须警惕的是，这个论述是将女人作为一个整体，在女权运动中有导致本质主义的危险性。

---

① ［法］西蒙娜·德·波伏瓦：《第二性》第1卷，郑克鲁译，上海译文出版社2011年版，第8—9页。

贝尔·胡克斯作为一名黑人女权主义者，在谈到她自己从事女权运动的经历时，认为妇女总是被刻板化为一个同质的群体，特别是黑人妇女，"被认可的'真正的'黑人女性声音只能是痛苦的声音，听到的只能是受到伤害的声音，在那种环境中相反的叙述不能被听见和受到尊重"。① 在那个空间中建构出了一种特殊的黑人女权主义的"本质主义"，即所有的黑人妇女都是受害者、牺牲者、弱者，凡对此持不同意见的妇女均被视为敌人，它不允许有差异的存在，对妇女的团结造成了严重的不利影响。

影响妇女团结起来的因素有很多，其中阶级、种族，以及全球范围内的发达国家与发展中国家的关系是主要方面。

阶级分化是研究社会在资源分配和获取知识及权力方面与性别不平等的一个关键概念，也是影响妇女团结最重要的因素。近些年来，新自由主义构建了许多女性成功的故事，这些女性既经济独立，事业有成，又有美满的家庭。在新自由主义的眼中，女性只有"性征"是重要的，是属于女性的独特气质，而阶级、种族等都隐而不见了。这显然是错误的，这导致的后果就是过于强调女性身体的价值，甚至提出"情色资本"的概念，认为女性有着独特的优势，可以凭借这些优势取得成功。

> 女性气质往往不再与心理特征和行为（作为养育者，或者照顾者，以及家务劳动承担者，和母职）联系在一起。相反，女性气质越来越被理解为一种身体特征，并与拥有年轻、强壮和性感的身体联系在一起。这种对女性气质作为身体特征的理解，具有排他性和不可达到的美丽标准，指出了想达到和受人尊敬的女性气质外观的边界。②

---

① 转引自罗钢、刘象愚主编：《后殖民主义文化理论》，中国社会科学出版社 1999 年版，第 397 页。

② Mary Evans & Carolyn H. Williams (eds), *Gender: the Key Concepts*, New York: Routledge, 2013, p.62.

如果拥有这样优势的女性还是处于不利的地位，那么这就是妇女个人的问题。因此，新自由主义不再是批判社会经济结构的不平等，而是把妇女受压迫、处于不利的地位归咎于个人原因。

实际上，一般而言，妇女的贫困程度远远高于男性，当劳动力市场波动时，妇女首先会失业，雇主也不愿意投资对妇女进行培训，因为无利可图。白人中产阶级的妇女所认为的压迫，一定不同于黑人妇女，也不同于工人阶级妇女，因此她们所说的妇女解放运动有时会损害贫穷和劳动阶级妇女的利益。而其他妇女每天面对着剥削，她们是不可能忽略阶级斗争的。

种族歧视是妇女团结的另一个障碍。对有色人种妇女来说，白人妇女所体现的种族歧视是无法容忍的，

> 白人女性歧视和剥削黑人妇女，但同时在与她们的交互作用中嫉妒她们并与她们竞争。没有一种交互作用的过程可以产生能使信任和相互关系发展的环境。白人妇女用这种忽视对种族歧视问题进行关注的方式形成了女权主义理论和实践后，她们把呼吁注意种族问题的责任转向了其他方面。在讨论种族歧视或者种族特权时她们不必采取主动，只是听非白人妇女在不以任何形式改变女权运动结构、不丧失她们的支配地位的条件下讨论种族歧视问题。①

可见，即使女权运动中包含黑人妇女，但如果白人中产阶级妇女不能正视她们的种族优越感，不能消除对黑人妇女的刻板印象，不能做到平等地合作，妇女的团结一致是无法想象的。

发达国家和发展中国家妇女运动的不同，也给妇女团结带来了不利影

---

① ［美］贝尔·胡克斯：《女权主义理论：从边缘到中心》，晓征、平林译，江苏人民出版社 2001 年版，第 61 页。

响。法国大革命以来的妇女争取权利运动很快就发展成为世界性的政治运动，今天在全球化的进程中，女权运动分裂为西方的与非西方的对立，西方的女权运动处于强势的地位，并且构建了妇女解放的叙事。

西方女权主义著作以话语生产方式，把非西方或者第三世界妇女生活中的物质和历史异质性殖民化，生产出一个复合的、特殊的"第三世界女性"。"这个一般的第三世界女性基于她的女性性别（即性别上的约束）和'第三世界'（读作愚昧、贫困、无知、受传统束缚、笃信宗教、忙于家务的、以家庭为指向的、受迫害的等等）而过着一种基本上是残缺的生活。"①以至于非西方的女权学者愤怒地说："女性主义理论把我们的文化实践检验为'封建残余'，或把我们标志为'传统的'，还把我们描写成政治上不成熟的女性，应当根据西方女性主义的精神来接受了解和教导，我们必须持续不断地对她们进行挑战。"② 这种西方/非西方二元对立的划分，是女权主义本质主义的一种表现形式，把所有非西方的妇女建构成为一个受压迫的、无权的、等待解放的整体，而实际上，这种妇女群体在现实中是不存在的。

尽管阶级压迫、种族歧视、西方/非西方的二元对立分裂了妇女，但是妇女仍然有可能团结起来的。分离主义，无论是主张男女分离，把男性看作是压迫者、剥削者、女性的敌人，还是主张妇女内部的分离，在现实中既不可行，也会对妇女运动造成很大的损害。

首先我们必须承认差异，正视差异，彼此尊重，然后在差异的基础上，找到相互团结的连接纽带。既然身为女性，一定有很多施加于女性身上的相同枷锁和束缚，人们需要在有差异和分歧的情况下走到一起，相互交流、交锋，然后在斗争之后达到理解和团结，共同对付性别歧视主义，对付

① 转引自罗钢、刘象愚主编：《后殖民主义文化理论》，中国社会科学出版社1999年版，第420页。
② 转引自罗钢、刘象愚主编：《后殖民主义文化理论》，中国社会科学出版社1999年版，第422页。

各种形式的对妇女的歧视。为此，身为女性的性别意识就变得十分重要了。

作为总体的性别意识，至少包括三个要素：第一，女性自觉。承认妇女自己对自身生活经验与需求的阐释具有真实性，认可她们的价值标准。第二，女性共同的利益。无论个人由于所处社会地位如何不同，对于特定社会中男人作为整体对女人作为整体施加的制度性不公正，要有清醒的认知。第三，共同斗争。挑战文化中支撑男性特权的强制性权力、力量或权威，建立一个平等包容的社会。

正如胡克斯所指出的：

> 妇女不需要完全消除差异以求团结。我们不需要一起承受共同的压迫以求平等地斗争来结束压迫。我们不需要用反对男性的观点把我们联合在一起，我们必须共同分享的经历、文化和思想的财富是那样的伟大。我们可以成为姐妹，共同的利益和信仰、我们对差异的正确评价、我们的为了结束性压迫的斗争和政治团结把我们结合在一起。①

三、联合国消除对妇女一切歧视公约

女权运动没有一个统一的纲领和目标。早期的妇女解放运动主要由白人中产阶级妇女推动，她们追求与同阶级男性相等的权利，却忽视了阶级差异和不同种族妇女的处境。因此，马克思主义者批评女权主义是资产阶级的妇女运动是有道理的。当种族歧视与性别歧视和压迫交织在一起时，不同阶级与种族的妇女要想对什么是解放达成共识就更加困难。这种由阶级和种族分裂而引发的情况显然对消除性别歧视构成了阻碍。

---

① ［美］贝尔·胡克斯：《女权主义理论：从边缘到中心》，晓征、平林译，江苏人民出版社 2001 年版，第 78 页。

　　在父权社会中，妇女作为一个整体确实经历了普遍的压迫和歧视。如何使不同阶级、种族的妇女团结起来，为争取妇女权利和消除性别歧视而共同奋斗，成为来自各阶层、各种族、不同背景和政治团体的妇女活动家共同努力的目标。这一目标在联合国《关于消除对妇女一切形式歧视公约》中取得了一定的共识。

　　联合国成立后，来自不同阶级和种族、各类政治团体的妇女代表通过协商，推动了一系列旨在保护妇女权利的宣言和公约。《公民权利和政治权利国际公约》以及《经济、社会及文化权利国际公约》这两个人权核心公约中，明确规定缔约国有责任确保男性和女性在享有公民、政治、经济、社会及文化方面平等权利。这标志着国际社会对性别平等问题的日益重视和共同致力于消除妇女一切形式歧视的重要进展。

　　除了一系列人权文件中涉及妇女权利的规定外，联合国还专门制定并通过了一系列旨在保护妇女权利的国际公约。其中，1979 年 12 月通过的《关于消除对妇女一切形式歧视公约》是其中最为重要的一项，目前已有超过 190 个国家批准了该公约。

　　第二次世界大战后，尽管联合国制定了众多人权文件，明确规定所有人都应该享有基本人权、人格尊严和价值，无论种族、肤色、性别、语言、宗教、政治观点、国籍、社会背景、财产、出生或其他身份差异。然而，性别不平等的问题依然存在，性别歧视仍然屡禁不止。有鉴于此，联合国认为有必要制定一个专门针对妇女问题的人权文件，保护妇女的各项权利，尤其是公民与政治权利以及经济、社会文化权利。1967 年 11 月，联合国大会通过了《消除对妇女歧视宣言》。

　　该宣言重申了男女权利平等的基本原则，指出对妇女的歧视在世界范围内仍是一个普遍现象，这种歧视阻止妇女平等参与政治、社会、经济和文化生活，是妇女发展的障碍。虽然该宣言是第一个以妇女为主体阐明各方面人权的国际文件，然而它并未对歧视做出明确的定义，同时也缺乏法律效力和约束力，仅仅是一份指导性的纲领。

20 世纪 70 年代，随着全球女权运动的兴起和蓬勃发展，国际社会对妇女问题表现出越来越浓厚的兴趣，对歧视妇女和性别不平等的关切逐渐升温。为了应对这一问题，1976 年，联合国妇女地位委员会起草了《消除对妇女一切形式歧视公约》。随后，于 1979 年 12 月 18 日，联合国大会在第 34/180 号决议中通过了该公约。此后，1999 年，联合国大会再次通过了《消除对妇女一切形式歧视公约关于个人投诉和询问程序任择议定书》。该议定书接受对妇女权利受到侵犯的个人或个人团体的投诉，并允许对妇女权利受到严重或系统性侵犯的情况进行调查。

《消除对妇女一切形式歧视公约》（以下简称《公约》）被普遍视为妇女的国际权利法案，是联合国在捍卫妇女权利方面制定的至关重要的国际法律文件。该公约明确定义了什么是歧视妇女，并制定了终结这类歧视的国家行动议程。

第一，《公约》明确定义了"对妇女的歧视"，标志着对妇女问题和妇女权利的认知迈上了新的台阶。该公约对"妇女歧视"的定义在理论上具有重大突破，为社会认识性别歧视提供了实践标准。

《公约》第一条明确规定，"对妇女的歧视"一词指基于性别而作的任何区别、排斥或限制，其影响或其目的均足以妨碍或否认妇女不论已婚未婚在男女平等的基础上认识、享有或行使在政治、经济、社会、文化、公民或任何其他方面的人权和基本自由。[①] 随着《公约》被广泛的认知，社会上对妇女直接的明显的歧视减少了，然而，在"性别中立"的旗号下，间接的隐性的歧视仍然存在，且更加难以辨认。

消除对妇女歧视委员会在第 28 号一般性建议中，对歧视做了进一步

---

① ［美］玛莎·A. 弗里曼等：《〈消除对妇女一切形式歧视公约〉评注》（上），戴瑞君译，社会科学文献出版社 2020 年版，第 66 页。

的说明，明确《公约》适用于基于性别的歧视，即使这类歧视并非故意。这可能意味着，即使对妇女和男子给予相同或中性的待遇，如果不承认妇女在性别方面本来已处于弱势地位且面临不平等，上述待遇的后果或影响将导致妇女被拒绝行使其权利，则仍可能构成对妇女的歧视。

第二，《公约》要求缔约国通过立法确认妇女的所有权利，确保在国家层面上充分遵守《公约》的所有权利，这包括公民、政治、经济、社会、文化、家庭等所有领域给予妇女平等的权利，这些具体规定为消除对妇女的歧视提供了法律依据。

妇女人权与其他人权一样，具有普遍性。妇女享有与男子一样的公民和政治权利，如担任各级政府公职。同时，妇女也享有经济、社会和文化权利，如教育平等权，消除在就业方面对妇女的歧视等。此外，妇女人权还有其特殊性，这主要是由妇女的生理特征所产生的权利，如生殖健康权、生育权等，如不能使妇女因为结婚或生育遭受歧视，同时禁止以怀孕或产假为理由解雇妇女等。《公约》第四条第 2 款规定，缔约各国为保护母性而采取的特别措施，包括本公约所列各项措施，不得视为歧视。

鉴于妇女长期以来处于不利的地位，消除对妇女歧视委员会认为，为了消除对妇女的歧视，缔约国必须规定实质上和形式上的平等。形式上的平等可以通过不带性别色彩、表面上平等对待妇女与男子的法律和政策来实现。然而，只有缔约国审查法律和政策的实施及效果，并确保其规定事实上的平等并照顾到妇女的不利地位或被排斥状态，才能实现实质上的平等。因此，对于妇女而言，实质上的平等比形式上的平等更加重要。

第三，《公约》加深了对妇女人权的理解。由于历史原因，某些妇女群体不仅受到性别歧视，还遭受来自种族、族裔、宗教、残疾、年龄、阶级、种姓等多种因素的歧视。其中文化和传统的力量以陈规型的观念习俗及规范的形式出现，从而在法律、政治和经济上对提升妇女地位产生限制。家庭中的不平等是所有其他歧视妇女现象的根源，且常以意识形态、传统和文化的名义合理化。在家庭关系的经济层面上，实现实质上的平等必须解决以下问题：教育和就业不分性别，确保每个人都有发展个人能力、从事专业和做出选择的自由，不受任何陈旧观念、僵化的性别角色和偏见的限制。

尽管国际社会一致谴责对女性进行"女性生殖器割礼（FGM）"，但是在一些国家和地区，这种行为仍以"传统文化和习俗"的借口存在。在这些国家，女性生殖器割礼是一项根深蒂固的社会规范，其根源就在于性别不平等。女性生殖器割礼对女性没有任何健康益处，相反，可能引发长期并发症，包括剧烈疼痛、大量出血、伤口感染、不孕不育甚至死亡。此外，实施割礼还会增加艾滋病的传播风险。遭受过女性生殖器割礼的女性在分娩时还可能面临产后出血、死胎和早产等并发症。这种行为是对女性基本人权的侵犯和践踏。《公约》第 5 条明确要求缔约国采取一切措施，改变男女的社会和文化行为模式，以消除基于性别而分尊卑观念或基于男女定型任务的偏见、习俗和一切其他做法。

联合国不仅制定了保护妇女的国际人权文件，还建立了专门保护妇女权利的组织和机构，包括联合国大会、经济和社会理事会、人权理事会、妇女地位委员会、消除对妇女歧视委员会、联合国秘书处人权中心、人权事务高级专员办事处等。在这些机构中，成立于 1946 年的妇女地位委员会和人权委员会在促进和保障妇女人权方面发挥着最为重要的作用。

为了加速实现两性平等和妇女赋权的进展，联合国大会于 2010 年 7 月 2 日一致投票通过，决定建立一个独立的联合国机构——联合国妇女署（UN Women）。该机构整合了四个世界性机构和办公室，包括联合国妇女发展基金、提高妇女地位司、性别问题和提高妇女地位特别顾问办公室、联合国提高妇女地位国际研究训练所。联合国妇女署的主要职责是致力于增强女性权利，促进性别平等。于 2011 年 1 月 1 日，联合国促进两性平等和妇女赋权实体——妇女署正式开始运作。

人权理事会于 2010 年 9 月第十五届会议上设立了法律和实践中的歧视妇女问题工作组，这是实现男女平等漫长道路上的里程碑事件。多年来，许多宪法和法律改革都曾尝试将妇女人权充分纳入国内法，但是仍有许多不足之处。不论在战争还是和平时期，在公共领域还是私人领域，对妇女的歧视现象始终存在。工作组的主要任务是与国家和其他行为者进行协商，确定和推动消除针对妇女的歧视性法律的良好实践，并进行意见交流。工作组的五名成员由人权理事会于 2011 年 3 月任命，并于 2011 年 5 月 1 日开始履行职责。

联合国的一系列公约和组织框架虽然仍需不断完善和改进，但它们至少在全球范围内取得了基本的共识，为妇女创造了一个共同的平台，让她们能够团结起来，共同面对全球性的性别不平等，为消除对妇女的歧视奠定了坚实的基础。这一共识的形成对于妇女的团结具有深远的意义，不论是跨越阶级、种族还是国界，都为妇女争取平等权利提供了有力的支持。

联合国的公约为妇女提供了法律依据，明确了她们的权利，也规定了消除歧视的国家行动议程。因此，这一系列公约不仅是法律文件，更是连接世界各地妇女的纽带，促使她们在共同的目标下形成更加牢固的联盟。这种妇女的团结不仅改变了她们在社会中的地位，也为全球性的性别平等事业注入了强大的动力，成为推动社会变革和进步的重要力量。

第八章　资本主义与妇女压迫

在《家庭、私有制和国家的起源》家庭篇中，恩格斯深刻地讨论了家长制家庭的兴起，特别强调其两个主要特点：首先，这种家庭体制将非自由人纳入其体系；其次，存在明显的父权制度，即父权支配着妻子、子女以及一定数量的奴隶，且父亲拥有生杀之权。① 恩格斯认为这种父权制家庭在古罗马就已经出现了。尽管父权制家庭在历史上发生了多次变迁，但妇女一直处于从属地位，男性仍然牢牢掌握着控制权。随着资本主义时代的到来，父权制表现出与前资本主义时代不同的特征，对妇女的压迫变得更加系统化和隐蔽化。资本主义早期不仅在法律制度方面有一整套相关规定，还通过父权制意识形态来为这一制度进行辩护。第二次世界大战后，妇女逐渐赢得了政治权利、平等就业等方面的权利，资本主义父权制经历了冲击而发生了一些改变。然而，尽管发生了一些变化，资本主义整体结构并没有根本改变，妇女仍然面临压迫和歧视。

第一节　资本主义父权制

资本主义父权制是随着社会历史的发展，尤其是资本主义时代的到来

---

① 参见《马克思恩格斯选集》第 4 卷，人民出版社 2012 年版，第 66 页。

而产生的压迫妇女的特殊形态。尽管在原始社会已经存在性别等级关系，但随着阶级的兴起，尤其是资本主义制度的确立，父权制呈现出一些新的特点。恩格斯在《起源》中对家庭、私有制和国家之间关系的深刻分析为我们理解资本主义和父权制对妇女的压迫提供了重要的理论基础。资本主义制度下的父权制在18世纪以后的欧洲社会中，引发了对已婚妇女地位以及家庭与国家关系的长期争论，揭示了隐藏在这些争论背后的历史上两性之间政治、社会和经济权力的不平等分配。资本主义父权制这一术语的提出，既强调资本主义对妇女的剥削和压迫，又凸显了家庭中存在的性别不平等关系。

一、资本主义制度下的性别政治

孟德斯鸠（Charles-Louis de Secondat）是启蒙时期较早探讨政体与妇女地位的思想家。在《论法的精神》一书中，他指出，影响妇女美德最关键的因素是骄横奢侈之风，而奢侈之风与不同的政体关系甚大。在君主政体中，妇女受到的约束很少，妇女与奢侈如影随形，懦弱又虚荣；在专制政体下，妇女是奢侈的对象物，都被囚禁在家中；"在共和国里，妇女在法律上是自由的，但是受风俗的奴役。那里摈斥奢侈，腐化和邪恶也一齐被摈斥。"[①] 只有在共和政体下，妇女才具有品德。

启蒙时期对社会秩序的批评使人们更趋向认同共和政体的观点，并激发了对性别政治的反思。

在《女权辩护》中，玛丽·沃斯通克拉夫特强调政治权利是建立在共同拥有理性基础上的自然权利，使妇女处于屈从地位"既违反自然权利又

---

① 参见［法］孟德斯鸠：《论法的精神》（上），张雁深译，商务印书馆1995年版，第104—105页。

不公正"。

> 假使女人和男人是分享天赋的理性的话，是谁使男人成为唯一的审判者的呢？

> 各种不同的暴君，从昏庸的国王到昏庸的家长，都是使用这样论调的辩论者；他们全都渴望扼杀理性，然而他们却总是说他们窃据理性的宝座是为了于人有利。当您否认妇女享有公民权利和政治权利、强迫一切妇女幽居家庭、在黑暗中摸索的时候，您不是扮演着同样的角色么……

> 但是假如不许妇女分享天赋人权，不许她们有发言权，那么为了抵赖自相矛盾和不公平的罪名，首先就必须证明她们缺乏理性，否则你们的新宪法中的这个缺点，将永远说明：男人一定会以某种形式像暴君那样行动，而暴君专制无论在社会的哪一部分显示其厚颜无耻，都会破坏道德。①

在法国大革命前，一些女性和支持她们的男性开始为女性公民权利而呼吁和辩论，充分显示了妇女争取权利的运动一开始就是政治运动，具有鲜明的政治性，性别政治逐渐凸显。人们逐渐认识到，性别关系体现了权力关系，包括国家、宗教、学术权威，以及男性对女性的支配关系。父权制并非仅限于家庭内事务，通常与社会组织的基本问题联系在一起，是制度层面的事，牵涉政治、经济等多种制度，包括社会参与权利、财产继承权利、受教育权利等。

尽管 20 世纪 60 年代的社会结构与恩格斯在《起源》中描述的父权制

---

① ［英］玛丽·沃斯通克拉夫特：《女权辩护》，王蓁译，商务印书馆 2007 年版，第 12—13 页。

有了很大的改变，妇女获得了政治权利，参与工作的权利，工资差距的缩小和女性受教育机会的增加。然而，正如费尔斯通在其著作《性的辩证法》中指出的那样，20 世纪 70 年代的女性处于矛盾的境地：一方面，她们享有大部分法律上的自由，被认为是完全的政治公民，却依然缺乏实质的权力；她们虽有接受教育的机会，却因社会的限制而无法、也未被期望将所学应用于服务社会；她们获得了穿衣和性方面的自由，但仍然遭受性剥削。① 男女之间等级关系的维持和强化有多种途径，特别是在传统政治哲学忽视私人领域的情况下，性别政治揭示了政治与非政治之间分野的性别特征，关注两性之间的权力不平等，并致力于改变这种格局，使妇女摆脱被支配的地位。

进入 20 世纪后半叶，尽管妇女获得了公民权利，性别之间的不平等仍然存在。对资本主义父权制的批判更加凸显了性别政治的重要性，这一批判主要体现在"个人即政治"的口号上。"个人即政治"这一更具包容性的政治概念伴随着 20 世纪 60 年代新社会运动的出现，并对性别政治产生了深远的影响。

"个人即政治"在这些运动中被作为一种挑战，可以看到自己视野的局限性，即什么构成了"政治"，同时也意味着在追求正义的过程中追求真实性。在它最初的一些引用中，"个人即政治"这句话宣布了在任何特定的背景下，对自己的特权或压迫地位进行反思的必要性，以避免将自己的价值观强加于他人，作为创建参与式民主的一种手段。最后，它表明每个人至少被一种身份受到压抑的关系所困；没有人能声称自己作为一个主体或一个物化的他者，从异化或压迫中得

①　Shulamith Firestone, *The Dialectic of Sex: The Case for Feminist Revolution*, New York: Farrar, Straus & Giroux, 2003, pp.28-29.

到"自由"。新社会运动的组织原则是"正视自己的压迫",呼吁进行自我反思,这将揭露每个人与压迫关系的共谋或受害。最终,"个人即政治"会激励女性坚持认为,曾经被认为是道德问题或日常互动中的琐碎冒犯(性别主义)是压迫性规范和结构性力量的表征。①

在"个人即政治"的口号下,个体的痛苦被公之于众,个人的痛苦转化为政治问题。此后,个人空间不再仅仅是家庭内事务,而成为社会开始认识和命名犯罪行为的空间。对性和性别伤害直言不讳的公开表明,这并非关乎个体的不道德或异常行为,而是规范男性特权和权利。人们逐渐认识到,个体的痛苦并非个人失败或认知的结果,而是权力和支配关系的产物,这推动妇女们呼吁惩罚性暴力并改革婚姻法,使家庭暴力成为法定的刑事犯罪。

将男女之间的关系视为一种权力关系,并引入政治理论和实践中,在凯特·米莉特的著作中表现得更为明显。她明确指出,性政治中的政治不是指会议、主席和政党的定义,而是指一群人用于支配另一群人的权力结构关系和组合,是一种性的权力等级。② 这种性的等级制度是与其他形式的不平等联系在一起的,性关系是人类社会最基本的关系。根据与生俱来的权力(男性或者女性)指定,一个阵营支配另一个阵营,从而在社会秩序中确立了一种压迫制度。这种制度渗透并腐蚀了所有其他人类关系、思想和经验的各个领域。

我们的社会,像历史上的所有其他文明一样,是一个男权制社会。只要我们回想一下这样一个事实,一切就会变得一清二楚:我们

---

① Lisa Disch & Mary Hawkesworth (eds.) , *The Oxford Handbook of Feminist Theory*, Oxford University Press 2016, p.596.

② 参见[美]凯特·米利特:《性政治》,宋文伟译,江苏人民出版社2000年版,第32页。

的军队、工业、技术、大学、科学、政治机构、财政，总而言之，我们这个社会所有通往权力（包括警察这一强制性权力）的途径都完全掌握在男人手里。这种认识十分重要，因为政治的本质是权力。甚至那一超自然的权力——神权，或"上帝"的权力，连同伦理观和价值观，以及我们文化中的哲学和艺术——或者，就像 T.S.艾略特曾经评说过的那样：文明本身，都是男人一手制造的。[①]

因此，如果人们要进行革命，首先必须消除压迫制度中这一最卑劣的形式，否则，人们争取解放的一切努力都只会使自己重新陷入原先的焦虑之中。

性的等级制度，也可以称为父权制，资本主义一般能从父权制中获益。然而，父权制并非意味着男性一律是压迫者，而女性则是被压迫者，因为在父权社会中，男性的地位也是多样的。

父权制的概念在不同领域和历史时期的学者中有不同的含义，因此当代学者更倾向于以动态的方式理解父权制。英国学者西尔维亚·沃尔比认为父权制就是一种男性统治、压迫和剥削女性的社会结构和实践的体系。[②]"社会结构"一词的使用在这里是很重要的，因为它清楚地表明了不同的社会结构下父权制的表现是不一样的，父权制概念在最初的含义上是年长的男子作为家长，有权支配其他人，包括年轻男子在内，而资本主义父权制则具有新的特征。

沃尔比进一步提出要用六种结构来理解资本主义父权制。[③]

1. 家庭内部的父权制生产关系：妇女的家务劳动被她们的丈夫或同居者剥夺了，家庭主妇是生产阶级，而丈夫是剥削阶级；

---

① [美]凯特·米利特：《性政治》，宋文伟译，江苏人民出版社 2000 年版，第 33—34 页。

② Sylvia Walby, *Theorizing Patriarchy*, UK: Blackwell Publishers Ltd.1990, p.20.

③ Sylvia Walby, *Theorizing Patriarchy,* UK: Blackwell Publishers Ltd.1990, p.21.

2.经济层面的父权结构是有薪劳动：妇女被排斥在某些高薪稳定类型的工作之外，并且被限制在收入较低、不熟练的工种里；

3.父权制国家：就像资本主义和种族主义一样，国家在其政策和行动中系统性地偏向于父权利益；

4.男性暴力构成了一个更深层次的结构，尽管它明显具有个人主义和多样化的形式；

5.性关系中的父权关系：主要体现在男女之间性的双重标准；

6.父权制文化制度：这种结构由一系列机构组成，这些机构在各种领域（如宗教、教育和媒体）中创造了父权视角下的女性形象。

这六种结构相互之间有因果关系，又具有相对独立性，体现了资本主义父权制下性别政治的复杂性，揭示了它在资本主义制度中的多层面体现。

二、资本主义生产关系下的劳动性别分工

在资本主义生产关系下，性别政治不仅局限于家庭内部的父权化和性别分工的强化，同时在有薪劳动市场中也表现为对妇女的排斥和工资差距。对资本主义制度下劳动性别分工的深入研究展示了其新特点，理解这一分工不仅有助于全面认识现代社会中存在的性别不平等，更能为我们克服这些不平等障碍提供启示。

妇女解放论者一直呼吁人们关注历史上不公正和不公平的劳动性别分工。马克思主义为我们提供了一个总体的理论解释模型，通过马克思主义的唯物史观和对社会再生产的研究，我们可以更深刻地分析劳动性别分工。

就像文化和历史建构的性别系统一样，可以在至少三个层面上分

析明确的性别分工：它们生产和再生产的象征或意识形态意义；它们所依赖或使之成为可能的规范性（或越轨性）社会角色和关系；以及它们所调动的个人自我认同和动机的不同生活经历。虽然所有这些方面都有助于形成性别等级模式，但它们可能不会以平行或一致的方式起作用。①

按照恩格斯在《起源》中的分析，最初的性别分工是基于自然的需要，女性负责生育和照顾孩子，而男性则承担外出打猎和部落保护的任务。尽管存在这种最初的性别分工，但并没有形成明显的性别等级制度。实际上，男性主导的性别等级制度是随着私有制生产资料的出现而逐渐形成的。因此，性别等级制度并非自然而然的现象，而是人为构建的，就如同阶级这样不平等的结构是集团和社会的问题。性别不平等的社会关系建立在男性占有经济财富、政治权力、文化声望和社会地位的不平等基础上。

随着资本主义生产制度的确立，对妇女的影响超过了对男性的影响。在前资本主义社会，妇女通过在家庭经济活动中贡献劳动和技能，为家庭提供了相当大的现金收入。她们与丈夫共同努力，甚至在相同条件下与丈夫一同参与行业协会。但是，资本主义制度的到来，使丈夫与妻子之间的经济伙伴关系解体了。在资本主义生产条件下，工厂与家庭逐渐分离，挣工资的劳动越来越依赖于在工厂中取得，导致家庭照料工作完全依赖于妇女，而这种劳动往往是不被社会认可的、无报酬的。妇女变得越来越依赖男人，即使有时妇女也参加社会化大生产，但通常从事技术水平较低、报酬相对较低、不稳定的工作。明显地，在劳动力市场中，男人的支配地位得到性别分工的维护，妇女变成了劳动力的后备军。

---

① Lisa Disch & Mary Hawkesworth（eds.）,*The Oxford Handbook of Feminist Theory*, Oxford University Press 2016, p.285.

父权社会的性别分工是阻碍妇女解放和发展的重要因素。海迪·哈特曼在《资本主义、家长制与性别分工》中指出,男权制是在物质王国中而不是在意识形态中运转,它有各种具体形态,其物质基础是性别分工。在资本主义社会中,性别分工是等级制的,男人在上面,妇女在底层。

> 按性别分工是资本主义社会的基本机制,它维护男人对女人的优势,因为它坚持在劳动力市场中对妇女实行较低的工资。低工资使妇女依赖男人,因为它鼓励妇女结婚。已婚妇女要为丈夫料理家务。于是,男人从较高工资和家庭分工中得到好处。这种家庭分工反过来又为削弱妇女在劳动力市场中的地位起作用。这么一来,等级制家庭分工被劳动力市场永久化,反之也一样。这一过程是资本主义和家长制两种连锁制度长期影响的结果。①

艾里斯·杨对哈特曼等人的将父权制与资本主义制度等同的二元论提出异议,她主张将资本主义和家长制两者结合在一起,进行资本主义家长制的一元论分析。然而,在关键问题上,即性别分工对妇女的影响方面,一元论与二元论的主要观点是一致的。杨甚至提出使用性别分工这一范畴,而非阶级斗争的范畴来分析女性的压迫地位。她认为性别分工在分析水平上比阶级范畴更为具体、范围更广,使用这一范畴可以使女权主义仍然保持在唯物主义框架内。

艾里斯·杨提出了人们通常对于生产或劳动范畴的狭隘理解,认为其只涉及现代工厂中具体物质产品的生产是不全面的。她主张,在生产关系或劳动活动中产生的生产关系应当是指包含在任何工作或活动中的社会关

---

① 转引自李银河主编:《妇女:最漫长的革命》,生活·读书·新知三联书店1997年版,第49页。

系，人们应该在这个意义上分析性别分工。而且通过性别分工这一范畴，"社会主义女权主义者一方面可以看到阶级、统治、生产和分配关系现象，另一方面又能看到同一社会经济制度的问题——妇女受压迫的现象。这样我们可以要求所有马克思主义者把妇女状况和她们受压迫的结果看成是他们的社会形态方法的组成部分"①。对资本主义性别分工的分析，说明了资本主义制度下，妇女的处境是资本主义本身的结构和动因起作用的结果。人们不应该因为父权制是最早出现的妇女压迫制度，就把它和资本主义制度分离开来，父权社会和资本主义社会是合而为一的。她的结论是："把妇女推向边缘，从而使她们起次要劳动力的作用是资本主义本质的和基本的特性。"②

日本学者上野千鹤子引入了市场与市场外部——自然与家庭的模型分析了资本主义制度下的性别分工。就像"市场"从"自然"中获得资源和能源以进行生产，并随之排出工业废物一样，"市场"也从"家庭"中将"人"这种资源作为劳动力进行"投入"，同时将那些无法成为劳动力的老人、病人、残疾人当作"工业废物"产出。她在高度赞扬马克思主义的阶级理论的同时，也批评"家庭"是不在马克思阶级分析的视域内的，而实际上，家庭也反映了统治与权力关系，也是资本主义压迫制度的组成部分。"父权制资本主义"就是生产关系与再生产关系通过资本主义和父权制这一历史的固有形态，以相互"辩证"的关系而存在的。③

按照上野千鹤子的分析，市场与家庭的辩证关系是："第一，使市场与家庭分离且加强这种分离的是市场。第二，在市场'外部'的人们正是

---

① 转引自李银河主编：《妇女：最漫长的革命》，生活·读书·新知三联书店 1997 年版，第 90 页。

② 转引自李银河主编：《妇女：最漫长的革命》，生活·读书·新知三联书店 1997 年版，第 92 页。

③ 参见［日］上野千鹤子：《父权制与资本主义》，邹韵、薛梅译，浙江大学出版社 2020 年版，第 21 页。

随着市场的形势被市场排除的。第三，通过市场'外部'的存在，市场本身获得了无法比拟的利益。"① 因此，无论是市场还是家庭，从本质上说都是处在资本的统治和支配下。尽管家庭历经了变化，但其核心，即妇女不仅在公共领域受到歧视，而且在家庭这样的"私人"领域中，也同样受到压迫，从事着无偿的再生产劳动——只不过家庭内部的压迫从市场角度来看是不可见的，不会引起人们的关注。

马克思在讨论工人阶级的情况时，注意到了工人内部存在的各种各样的分界线。"较高级劳动和简单劳动，熟练劳动和非熟练劳动之间的区别，有一部分是基于单纯的错觉，或者至少是基于早就不现实的、只是作为传统惯例而存在的区别；有一部分则是基于下面这样的事实：工人阶级的某些阶层处于更加无依无靠的地位，比别人更难于取得自己劳动力的价值。"② 如果把这一观点应用到性别分工下的妇女劳动，就会发现大多数妇女从事报酬低、缺乏技能、单调乏味的工作；即使做一样的工作，同工不同酬的现象也大量存在。妇女在家庭中提供照顾生产者的服务，如做饭、洗衣、养育下一代的生产者、照顾老年人，这种劳动是无偿的，她们仅仅从丈夫那里拿到维持生活的钱。这一过程导致妇女在家庭和社会中都承受着双重的不平等和压迫。

三、对新自由主义的批判

马克思主义者在分析性别不平等问题时，主要是认为这种不平等是由于资本主义制度的压迫，而不仅仅是父权制造成的。男性对女性的支配是社会化劳动中资本支配劳动的结果，因此，阶级关系，即一个阶级在经济

---

① ［日］上野千鹤子：《父权制与资本主义》，邹韵、薛梅译，浙江大学出版社 2020 年版，第 18 页。
② 《马克思恩格斯文集》第 5 卷，人民出版社 2009 年版，第 230 页。

上剥削另一个阶级，是社会结构的主要特征。这一主要特征决定了性别关系的不平等。马克思主义女权主义者进一步发展了这一观点，并用这一理论武器分析和批判新自由主义主导下的经济全球化。在全球范围内，新自由主义导致的不平等加剧，大量生活在贫困中的女性的比例远远超过男性。与此同时，资本掌握者积累了巨大的财富，继续对妇女进行压迫和剥削。

妇女解放运动在 20 世纪 70 年代到 80 年代末的发展经历了一系列事件，包括"里根主义"和"撒切尔主义"的兴起等。这一时期的结束标志着新自由主义主导的经济全球化到来，为妇女解放和性别平等带来了新的挑战。在这一新形势下，妇女面临着更为复杂的社会和经济问题。

杰梅茵·格里尔在 1970 年发表的《女太监》成为第二波女权运动的经典作品，引起了巨大轰动，并在之后多次再版，被翻译成多国文字。21 年后的 1991 年，格里尔为《女太监》的再版写作了一个前言，指出妇女面临的新困境：

> 1989—1990 年间，随着世界格局发生巨变，全世界的贫穷女性一下子被推进了消费社会；在这种消费社会中，无论为人之母还是老者弱者，都没有任何保护，对保健、教育和提高全体人民生活水准都没有任何承诺。在这两年当中，成百万妇女眼睁睁地看着她们世界的底线失守。尽管她们失去了子女赡养费、养老金、医院津贴、日间护理费，失去了本应受到保护的工作，而且她们曾经工作的学校和医院也都关门闭户，但却无人大声疾呼。她们是有说话的自由，但却发不出声音。她们有购买基本服务的自由，但却无钱购买。她们有沉溺于最古老的私人企业形式即卖淫的自由，把肉体和灵魂出卖给消费主义，否则就只有挨饿的自由、乞讨的自由。①

---

① 　[澳] 杰梅茵·格里尔：《女太监》，欧阳昱译，上海文艺出版社 2011 年版，第 3 页。

　　在上百年的妇女解放运动冲击下，资本主义父权制不断改变其形态，展现了强大的适应性。经济全球化是一场全球范围内人员、资本、商品、服务和技术流动的大规模变革，导致了国家内外性别分工和不平等的加剧，对妇女的影响是巨大的。经济全球化的特征之一就是劳动女性化。劳动女性化指的是世界大部分地区妇女劳动参与率的急剧增加，以及工作条件的变化。

　　尽管全球化导致了妇女参与有偿劳动的人数增加，但对很多妇女而言，这也意味着她们更多地从事低薪和服务行业的工作，通常缺乏工作保障和福利。随着相对富裕的妇女进入劳动力市场，她们开始通过一些收入购买不再在家中生产的家政服务。这些服务现在主要由贫困妇女、受到种族和民族歧视的男性提供。[1] 例如，保姆、女佣和性工作者所做的工作是为女性提供服务的主要例子，而女性在出口制造业的低收入工作中也占主导地位。这一现象反映了经济全球化对于不同社会群体中妇女地位和工作机会的复杂影响，同时也凸显了劳动市场上的性别不平等。

　　人们为新自由主义辩护的理由之一是声称自由市场将使每个人受益，因为它鼓励创造就业机会和经济繁荣，同时强调个体能够"自由"地把握工作机会。然而马克思早在《资本论》中论及劳动者时，就深刻地指出，劳动力占有者没有可能出卖有自己的劳动对象化在其中的商品，而不得不把只存在于他的活的身体中的劳动力本身当做商品出卖。[2] 劳动者没有别的商品可以出卖，自由得一无所有，没有任何实现自己的劳动力所必需的东西，他们的自由就是能够把自己的劳动力当作自己的商品来支配，妇女的处境就更为艰难。

　　底层劳动者，特别是妇女，往往被迫从事非正式化工作，包括外包、

---

① 　Mary Evans (eds). *The SAGE Handbook of Feminist Theory*, London: SAGE Publications Ltd,2014, p.500.

② 　参见《马克思恩格斯文集》第 5 卷，人民出版社 2009 年版，第 196 页。

临时工、兼职劳动、家政服务等，这种劳动类型通常缺乏正规的法律保障和社会福利。妇女在这些领域中所面临的不平等条件包括低薪、缺乏工作保障、缺乏职业晋升机会等。这种非正式化工作的性质意味着妇女更容易成为经济脆弱的一部分，加剧了性别收入差距。此外，这些工作往往没有稳定的工时和福利，使妇女更加容易受到经济冲击的影响。因此，非正式化工作不仅是经济全球化中性别不平等的体现，还是导致妇女在经济中处于边缘地位的结构性问题的一部分。

联合国发布的《可持续发展目标情况：2022 性别状况一览》报告显示，在减贫方面取得的进展出现逆转，妇女和女孩受害最深。截至 2022 年底，和 3.68 亿男人和男孩相比，大约有 3.83 亿妇女和女孩生活在极端贫困中。在 2022 年，有约 9.38 亿妇女和女童每天维持生活的费用不到 3.2 美元，17 亿人不到 5.5 美元。在菲律宾，有 3300 万妇女和女孩每天不到 5.5 美元勉强维持生计。由于女性把更多的时间花在无薪照护和家务上，加剧了在其他方面的性别不平等。即使在经济开始缓慢复苏、就业增加的情况下，妇女工作情况仍然不乐观，主要原因是妇女主要集中在非正规就业领域中。经济的下行压力，使得 2021 年工人的收入仅为新冠疫情大流行前的 64%，而照护工作的无酬劳动，以及有限的母亲福利及育儿假，加剧了性别不平等。[①]

当然，由于女性在全球化进程中占据了不同的位置，因此对全球女性和她们所做工作的影响并不相同。阿鲁扎（Cinzia Arruzza）等人在《为 99% 的人争取女权主义：一个宣言》中指出，有两种女权主义：一种是以希拉里·克林顿、"脸书"（facebook）的首席运营官谢里尔·桑德伯格等人为代表的，她们把女权主义看作资本主义的，她们想要的是女性可以和

---

① 以上数字引用于《Progress on the sustainable development goals: the gender snapshot 2022》，2023 年 5 月 1 日，见联合国网站 https://www.unwomen.org/en/digital-library/pub-lications/2022/09/progress-on-the-sustainable-development-goals-the-gender-snapshot-2022。

男性一样平等地在工作场所和家庭进行统治；另一种则是为反抗资本主义与父权制的联盟，为建立一个没有性别歧视，没有剥削和暴力的社会而斗争的女权主义。后一种女权主义就是为了 99%的人争取的女权主义。

> 它(新自由主义——作者注) 以全球北方的专业管理阶层为中心，专注于"向前一步"和"打破玻璃天花板"，致力于帮助少数享有特权的女性爬上公司和军队的高层。它提出了一种以市场为中心的平等观，与流行的企业对"多样性"的热情完美吻合。尽管自由主义女权主义谴责"歧视"并倡导"选择自由"，但它坚决拒绝解决使大多数女性无法获得自由和权力的社会经济制约因素。它的真正目的不是平等，而是精英管理。它不是寻求废除社会等级制度，而是旨在使其"多样化"，赋予"有才华"的女性权力，让她们能够上升到高层。把女人简单地当作一个"未被充分代表的群体"，它的支持者试图确保少数享有特权的人能够获得地位，并获得与自己阶级的男人同等的待遇。根据定义，主要受益者是那些已经拥有相当大的社会、文化和经济优势的人，其他人都被困在地下室了。①

根据主流经济学，经济发展对于减少贫困是必要的，妇女在世界贫困人口中所占比例极大，这就清楚地表明贫穷的边缘妇女需要女权主义。然而，享有特权的资产阶级女性引导了女权主义运动，并选择女权主义理论来服务于她们的阶级利益。资本主导的全球化，贫困人群尤其是贫困妇女提供了支持全球资本主义的廉价劳动力，并为富裕国家中所有收入水平的妇女，提供了参与有偿劳动力所需的低成本商品化劳动。因此，真正的女

---

① Cinzia Arruzza, Tithi Bhattacharya, Nancy Fraser, *Feminism for the 99% : A Manifesto,* New York: Verso 2019, p.11.

权主义必定是反资本主义的、反帝国主义的以及反对种族主义的。

能够改善妇女和被边缘化的男子的不利后果的全球化，不是由资本主导的全球化，而是自下而上的全球化。

> 自下而上的全球化是由不同的团体组成的，这些团体对全球化有直接的经验，并在地方、区域和国家各级从事发展替代实践，如环境保护、劳工组织、性别预算和其他社会正义倡议。它要求从最高层到最基层各级政府的经济和政治决策民主化。遏制跨国公司的集中权力是一项多方面的任务。然而，自下而上实现全球化将使女性和男性能够进一步实现性别平等和公平、机会平等和所有人获得资源的目标。①

上野千鹤子也对新自由主义提出批评，反对认为新自由主义为每个人提供了机会，使女性能够凭借自身优势与男性竞争的观点。她特别对所谓的"情色资本"概念提出了批评。"情色资本"是指女性可以通过自身的性魅力，为自己赢得最大的优势。上野千鹤子指出，"情色资本"不仅不能通过努力获得，还无法积累，只会随着年龄的增长而减少。此外，"情色资本"的价值只能被单方面评估，评估标准完全掌握在评估者手中。她强调，在资本的所有者对资本没有控制权的情况下将其称为"资本"是错误的。资本主义从根本上与私有权挂钩，而"情色资本"的归属者（即女性）是否拥有其所有权存在疑问。在这种情况下将其称为资本，不过是一种带有误导性的隐喻罢了，这个概念只是对"年轻漂亮的女人更占便宜"这一通俗的社会常识做了些学术层面的粉饰而已。上野千鹤子明确表示，

---

① Mary Evans (eds.), *The SAGE Handbook of Feminist Theory*, London: SAGE Publications Ltd, 2014, p.509.

年轻漂亮并不能产生经济价值，在性市场上，仍然有巨大的经济资本在起作用，女性只不过是"情色商品"罢了。①

在新自由主义主导的全球化浪潮下，妇女所面临的挑战远非表面可见。从非正式化工作到性别不平等的加深，我们见证了全球性别问题的复杂性和紧迫性。正是在这样的挑战中，一些女权主义者呼吁对新自由主义进行批判，并强调在反对性别歧视和剥削的同时，也应反思资本主义的结构性问题。阿鲁扎等人提出的为99%的人争取女权主义，以及上野千鹤子对"情色资本"的批评，都促使我们深入思考，真正的性别平等不仅是少数精英女性的权力赋予，更是全球妇女和边缘群体共同受益的目标。

第二节　人自身生产理论的再思考

恩格斯在《起源》中的很多观点，经过时间和实践的检验，在20世纪70年代以来焕发出新的生命力，对性别政治的影响深远，其中"两种生产"理论尤为重要。恩格斯说："根据唯物主义观点，历史中的决定性因素，归根结蒂是直接生活的生产和再生产。但是，生产本身又有两种。一方面是生活资料即食物、衣服、住房以及为此所必需的工具的生产；另一方面是人自身的生产，即种的繁衍。"② 恩格斯的这一创见，把生育提高到影响历史进程的决定性因素，得到了各个派别妇女解放论者的高度评价。尽管恩格斯本人对人自身的生产谈论的不多，但这一思路为后来各种妇女解放理论提供了源泉。人自身的生产，即种的繁衍——生育，是只能由妇女承担的生产任务。20世纪70年代以来兴起的人类再生产理论认为，

① 参见〔日〕上野千鹤子、铃木凉美：《始于极限》，曹逸冰译，新星出版社2022年版，第6—8页。
② 《马克思恩格斯选集》第4卷，人民出版社2012年版，第13页。

人自身再生产是指对人的生产、养育、照料、陪护等与生命再生产相关的劳动。由生育进而到再生产理论的发展，对妇女解放的理论和实践影响很大。

一、公共领域与私人领域的分裂

公共领域和私人领域的区分在我们理解社会演变和性别关系时变得至关重要。这种区分在前资本主义社会中并不如此明确，而在资本主义时代才逐渐显现。在这个时代，人们开始将社会生活划分为公共领域和私人领域，这对于个体的角色、权利和责任产生了深远的影响。

恩格斯说，生产也包括人自身的生产，即"种的繁衍"，联系马克思和恩格斯关于人自身生产的论述，显然不能仅仅把生育理解为生物学意义上的，而是要把生育与特定的社会关系及经济结构联系起来。

人类自身的生产一开始就是与社会关系联系在一起的，种族繁衍对人类来说，从来不是生物学意义上的。家庭像妇女自身一样，被视为自然的产物，而实际上它是文化的产物。

人类社会为了存在发展下去，不仅要进行物质资料的再生产，也要进行人的再生产。"再生产是指对人的生产、养育、照料、陪护等与生命再生产相关的劳动。我们之所以称之为劳动，是因为这种行为可以转移给他人。而这些劳动之所以被称为无偿劳动，是因为在较长的时间里，它一直被看作是私人领域之中的'无形劳动'，是任何女性都可以从事的免费劳动。"[①] 贾格尔认为，马克思主义最明显的缺陷是从未真正解释过为何是女性要做"女性工作"：

---

① ［日］上野千鹤子：《父权制与资本主义》，邹韵、薛梅译，浙江大学出版社2020年版，第1—2页。

尽管恩格斯在描述原始社会劳动的性别区分上是正确的，他的解释仍然完全遗漏了应该回答的最重要的问题：为什么会发生这种情况？其中有生理原因吗，并且如果的确这样，这些原因今天仍然在起作用吗？根据恩格斯的说法，既然女性受压迫最终起源于原始的劳动性别区分，只要这个分工仍然没有得到解释，恩格斯的解释就是不彻底的。①

因此，要深入探讨人自身生产领域的问题，必须首先分析公共领域与私人领域的分离，以及这种分离对妇女的影响。

长期以来占据主流的观点是，尽管男女两性在许多方面相似，但男女的生理的不同更为重要，并将其视为所有社会道德和组织的基础。男人和女人的不同角色、特征和生活方式根植于他们不同性别的生理特征，这些特征影响着他们的骨骼、肌肉、细胞和神经系统。这种观点认为生理特征决定了妇女不应从事政治生活，妇女如果试图跨越性别所指定的界限，将难以吸引男性，违背了妇女应该承担的角色。

近代工业社会分离了"市场"和"家庭"。法国大革命前后，对女性屈从地位的批评使人们意识到，两性关系既不是上帝赋予的，也不是完全由"自然"决定的，而是由社会建构的。恩格斯在《起源》中提出：

> 在包括许多夫妇和他们的子女的古代共产制家户经济中，由妇女料理家务，正如由男子获得食物一样，都是一种公共的、为社会所必需的事业。随着家长制家庭，尤其是随着专偶制个体家庭的产生，情况就改变了。料理家务失去了它的公共的性质。它与社会不再相干

---

① [美] 阿莉森·贾格尔：《女权主义政治与人的本质》，孟鑫译，高等教育出版社2009年版，第106页。

了。它变成了一种私人的服务；妻子成为主要的家庭女仆，被排斥在社会生产之外。①

历史上，那些试图把女性局限在家庭中的人，用尽一切手段，试图在所谓的公共和私人领域之间构建不可逾越的界限，并为妇女在家庭中的屈从地位阐述最新的、更有力的理由。尽管早在 1673 年，笛卡尔学派的神职人员浦兰·德·拉巴尔（Poullain de la Barre）就声称"思想没有性别"，然而，那些批判女性参与政治活动、组织协会、自我教育的男性精英的歧视观点仍然占据着主导地位。法国大革命时期，著名的记者普吕多姆得知在省级城市建立了两个妇女俱乐部后，就开始抨击她们的一系列做法。他在广受欢迎的出版物《巴黎革命》的专栏中猛烈抨击了此类活动：

> 以祖国的名义，以这些妇女心中所怀的爱的名义，以自然的名义，她们不能在自然中迷失方向，人们不能违反他们的天性，以良好的家庭道德的名义，妇女俱乐部就是一种瘟疫，我们呼吁里昂善良的女公民留在家里，看管她们的家庭，不必担心拉穆雷特主教的改革教义问答，也不必假装阅读社会契约论。我们请她们想想，如果法国的每个城镇、每个小村庄都效仿她们，无疑会给共和国带来巨大的错误和麻烦。到处都会有俱乐部，而很快就会没有照顾良好的家庭了。②

在普吕多姆看来，女性参与任何公民社会生活都会分散她们对本应由她们操持家务的注意力。

妇女的劳动处于整体经济的边缘，女性受到压迫的物质基础是建立

---

① 《马克思恩格斯选集》第 4 卷，人民出版社 2012 年版，第 84—85 页。

② 参见［美］卡伦·奥芬：《欧洲妇女解放史 1700—1950》，朱晓慧等译，复旦大学出版社 2024 年版，第 59 页。

在劳动的性别分工上的。在资本主义条件下，这个分工被典型性地定义为两个领域：市场的"公共"领域和家庭的"私人"领域。前者被解释为男性的领域，后者被解释为女性的领域。表面上看妇女被赋予了自己的世界——家庭，然而，即使女性做绝大部分的家务，也并不意味着她们可以最终控制这一领域。即使在妇女可以参加劳动的公共经济中，工作又被区分为适合男人做的工作和适合女人做的工作，男人和女人很少在同一个工作中肩并肩地工作。

性别陈规定型对妇女的不利影响很深。性别陈规定型是一种认为女性和男性应该拥有某些特质或特点、或认为其应该扮演某种角色的归纳性观点或先入之见，而理由仅仅是她/他属于女性或男性社会群体。性别陈规定型往往限制了女性和男性发展个人技能、追求职业生涯和对生活与人生计划做出选择的能力。男性是理性的，因此适合从事公共事务和国家管理，女性是温和的、缺少理性的，所以更适合养育，这样就为把抚养孩子、照顾老人的责任落在她们的肩上提供了合理性。

西尔维亚·沃尔比在对父权制进行研究后，区分出两种不同的父权制形式，即私人的和公共的。在私人父权制中，处于丈夫或父亲地位的男性是女性从属地位的直接压迫者和受益者，妇女被排除在公共领域之外；在公共父权制中，妇女可以进入公共和私人领域，她们不被禁止进入公共领域，但仍然在其中处于从属地位。对女性的剥夺更多的是集体行为，而不是单个的家长。①

传统父权制的核心是私人父权制，在资本主义条件下，父权制有所改变，变为公共父权制，资本主义家庭可能仍然是男权压迫的场所，但它不再是女性存在的主要场所。

在恩格斯早期讨论父权制家庭的理论中，他聚焦于家庭性别体制的起

---

① Sylvia Walby, *Theorizing Patriarchy*, UK: Blackwell Publishers Ltd.1990, p.178.

源和演变，强调父权制家庭在性别不平等中的关键作用。后续学者在此基础上深入研究，并将家庭性别体制的概念应用于不同社会和文化背景，以深刻理解和分析性别关系的复杂性。

家庭性别体制强调家庭中存在的性别角色和关系，描绘在传统家庭中男性通常担任经济提供者和决策者，而女性被期望负责子女的养育、家务和关心家庭成员的需求。这种性别体制通过规范和期望性别角色，限制了个体在家庭中的行为和地位，常导致性别不平等和性别角色刻板印象的传承。

而公共性别体制关注社会机构和公共领域中的性别规范和权力关系，包括政治、经济、教育和劳动市场等领域。这一体制反映为男性在领导职位、政治权力、高薪工作和决策制定等方面的相对优势，限制了女性的机会和升迁，加剧了性别不平等。妇女解放必须打破公共领域和私人领域的划分。

二、生育

生育是由妇女的生物性所决定的，因此形成了妇女"自然"地要承担养育责任的观念。在前资本主义社会，生育并未受到充分重视，人们对再生产劳动的关注有限，也未提出两性分工的历史解释。尽管恩格斯在《起源》中提出了人自身再生产的理论，直到20世纪70年代之后，女权主义者才普遍认为有必要深入分析人类再生产活动的历史过程，研究再生产活动的生物本质与社会组织之间的辩证关系。更重要的是，她们开始将生育与妇女解放紧密联系，既探讨了生育的生物性，又深入研究了生育的社会性。因此，人类再生产不仅是一个生物学问题，也是一个政治问题，是社会关系与生物过程相互交织的复杂议题。

马克思与恩格斯对生育的社会属性有着深刻的见解，他们指出：

　　每日都在重新生产自己生命的人们开始生产另外一些人，即繁殖。这就是夫妻之间的关系，父母和子女之间的关系，也就是家庭。这种家庭起初是唯一的社会关系，后来，当需要的增长产生了新的社会关系而人口的增多又产生了新的需要的时候，这种家庭便成为从属的关系了（德国除外）。

　　……

　　这样，生命的生产，无论是通过劳动而生产自己的生命，还是通过生育而生产他人的生命，就立即表现为双重关系：一方面是自然关系，另一方面是社会关系；社会关系的含义在这里是指许多个人的共同活动，不管这种共同活动是在什么条件下、用什么方式和为了什么目的而进行的。①

　　在科学对女性生育的解释出现之前，生育一直被视为一种神秘的现象。这股神秘力量在世界各地母神崇拜的实践中得到了体现。随着农业劳动的兴起和战争的发生，男性的地位逐渐上升，导致了某一历史时期女神体系的瓦解，从此，妇女成为家庭的奴隶。男性从事的活动得到越来越多的重视，身为狩猎者的男人在人类历史上的重要性得到了普遍的认可。男性在狩猎中的协作需要更多的沟通和社会组织技巧，正是通过这些活动，复杂的脑部发展、人类社会的起源以及社会进化的动力得以提供，而这一切都源自男性狩猎者的贡献。正如萨利·斯洛科姆（Sally Slocum）所指出的："喂养断奶后的婴孩，学习处理较复杂的人际关系，应用采集所发展的新技能及文化上的发明——凡此种种都需要智慧。游猎所需要的技巧博得了过多的关注，采集与养育子女所需要的技巧却乏人关心。"②

---

① 《马克思恩格斯文集》第 1 卷，人民出版社 2009 年版，第 532 页。

② 参见 Sally Slocum,"Woman the Gatherer: Male Bias in Anthropology", in Rayna R. Reiter, *Toward an Anthropology of Women*, New York: Monthly Review, 1975, pp.36-50。

　　妇女通过生育实现了她们的生理属性，这被视为她们的"自然"使命。然而，生育从来不是纯粹生物性的，它受到一定社会结构的制约和控制。米切尔指出："历史上妇女没有进入关键的生产领域，不仅仅是在压迫关系中她们的体弱所致，还由于她们在生育中的作用。妇女在生育后需要脱离工作休息一段时间，但这并不是决定性的因素，而是妇女在生育中所起的作用。"①公私领域的划分，使得妇女在家庭中的作用只有三种，即生育、性和教育后代。只要把生育视为一种自然现象，是私人事务，妇女就没有希望获得解放，就注定要成为社会剥削的对象。正像西蒙娜·德·波伏瓦所说的："女人有卵巢、子宫，这就是把她封闭在她的主体性中的特殊条件。"②

　　从历史上看，生育从来都不是妇女个人的或家庭的"私事"，而是受到社会关系的制约以及国家调节和控制的"人口政治"。19世纪晚期，医学权威断言，为了国家的利益，已婚妇女不应该受雇佣，即使被雇佣了，她们也不应该在新生儿需要她们的全部关注和身体需要营养时出去工作。20世纪早期，为了应对人口减少带来的危机，欧洲国家都采取了一系列措施，通过法律将堕胎定为犯罪，把宣传节育信息的人视为罪犯，简化结婚法律要求。

　　　　妇女解放的反对者把女权主义关于妇女进行有偿劳动（尤其是进入"男性"行业）之权利的主张解读为一种威胁，既危及民族国家的人口与经济健康，也影响妇女自身的身体与心理健康。他们认为，工作的妇女无法生育，也不能培养健康的孩子。妇女对"权利"的要求很可能妨碍她们对社会和国家作为母亲的"职责"。不仅如此，妇女

①　转引自李银河主编：《妇女：最漫长的革命》，生活·读书·新知三联书店1997年版，第19页。

②　[法]西蒙娜·德·波伏瓦：《第二性》，郑克鲁译，上海译文出版社2011年版，第8页。

解放的反对者甚至提出"个人主义"女权论述的威胁，声称未婚的"独立"女性会成为"第三性"。事实上，他们似乎相信解放的妇女既威胁男人的男子气，也危及国家民族的安全。①

一些女权主义理论家认为，生育控制是性别主义、父权制社会生存的必要条件，社会通过对女性生殖权利的控制，从而达到对女性的控制，使女性始终处于屈从的地位。这就是当人们考虑流产和胎儿权利的时候，往往忽略了一个非常关键的问题，即女性的身体完整性和自治权是什么。女性的身体不属于国家；不属于医生；不属于她的丈夫或是性伙伴，或者是孩子的父亲；而且，最重要的是，她也不属于胎儿。

人类生殖过程的社会组织本质上是政治性的。因此，权力的概念在对妇女生育的整个分析中是无所不在的，因为每个社会关于哪些妇女有资格（或没有资格）生育孩子，她们可以生育多少个孩子，以及与谁一起生育的规范都必须通过某种社会控制手段来强制执行。

如果将生产关系中的阶级概念引用到再生产中来，我们可以称男性是再生产统治阶级，而女性是再生产被统治阶级。女性虽然持有叫做"子宫"的这一再生产手段，但是子宫从肉体上属于女性身体的一部分完全不意味着女性"所有"子宫。父权制的企图一直都在试图支配并控制作为再生产手段的子宫。再生产统治阶级试图让女性始终对自己的身体保持无知，并将其身体的管理委托于男性，将避孕和生育的自我决定权从女性手中夺走。②

---

① [美]卡伦·奥芬：《欧洲妇女解放史 1700—1950》，朱晓慧等译，复旦大学出版社 2024 年版，第 270 页。
② [日]上野千鹤子：《父权制与资本主义》，邹韵、薛梅译，浙江大学出版社 2020 年版，第 74—75 页。

　　由于生育并非妇女个人事务，因此当前存在着广泛的共识，即应该将"生育"与"权利"相结合，赋予妇女权力，使她们能够自主决定是否成为母亲，以及生育的孩子数量。在目前仍然普遍存在性别分工的情况下，妇女对抚养孩子和照顾孩子负有最大的责任，她们必须在生育问题上拥有最终的发言权。这一观点充分体现在联合国1994年召开的人口与发展会议上所通过的决议："生殖权利所包含的某些人权已得到各国法律、国际人权文件和联合国协商一致通过的其他文件的承认。这些权利的基础在于承认所有夫妻和个人均享有自由、负责任地决定生育次数、生育间隔和时间、并获得这样做的信息和方法的基本权利，以及实现性和生殖健康方面最高标准的权利。此外还包括他们有权在不受歧视、强迫和暴力的情况下做出有关生育的决定。"①

　　20世纪后期，全球范围内新自由主义经济和社会政策的兴起引起了对妇女生殖权利的广泛关注。新自由主义的经济和社会政策扩张产生了一个经常被忽视的后果，即对妇女生殖自由的深刻影响。原本旨在保障生殖健康服务和使母亲能够兼顾工作和育儿的社会政策，正面临着被取消、大幅削减甚至未能启动的困境。

　　对于新自由主义全球商业议程是否真能帮助女性更大程度地掌控她们的生育，很多人对此表示忧虑。劳动力、技术、制药、意识形态以及国家政策在生殖领域之间日益增长的相互依赖，反映了新自由主义日益全球化的趋势。在这一过程中，一方面，通过获得相对可靠、安全、廉价的生育控制形式、堕胎和产科护理，很多女性有了更多的选择和控制权；另一方面，这种途径也伴随着越来越多的社会监视和对生殖行为的管控。全球性代孕母亲的存在，凸显了妇女的生殖如何被资本所利用。在代孕母亲这种

---

① 《国际人口与发展会议的报告》，2023年8月1日，见 https://www.un.org/zh/conferences/population.

利用子宫谋取金钱的交易中，货币决定了子宫生产和再生产物的所有权归属。而货币这种资源恰恰体现了社会权利资源，"所以其分配（规则）基于性产生的差异。在这种差异下，可以说父权制的痕迹被'爱'美化并抹去，更直截了当地表现为用货币语言表示的再生产统治与被统治的关系。"①

因此，在一个社会的再生产管理系统中，赋予其活力的因素既非永恒普适也非不可变。它是由持续的内在联系决定的，这包括历史的、物质的、政治的和意识形态的过程相互作用，这即是再生产的政治本质。

在社会再生产的政治体系中，单纯依赖个人或妇女自身去解决生育问题是远远不够的。为了实现妇女的真正解放，人们需要转变观念，重视人类再生产的社会性方面。生育不仅是个体家庭的问题，更是整个社会的责任。必须要改变家庭性别制度与社会性别制度，改变经济结构与社会关系，才能把妇女从生育的负担中解放出来。

三、家务劳动

20世纪70年代之后，学者们逐渐将妇女解放的焦点转向人类自身再生产的领域——家庭，并探讨家庭与妇女解放、性别平等之间的错综关系。

恩格斯在《起源》中的重要贡献之一是通过历史的透镜分析家庭的演变，并批判那种将家庭抽象化、概念化的观念。这种观点认为家庭是自然而然的、不言而喻的存在，无论是在封建社会、奴隶社会还是资本主义社会，其本质都是相同的观点。恩格斯指出，家庭具体的组织形式是由社会

---

① ［日］上野千鹤子：《父权制与资本主义》，邹韵、薛梅译，浙江大学出版社2020年版，第75页。

的生产方式和相关的社会关系决定，因而，随着生产方式的不同，家庭也在不断地发生变化。

家务劳动是近代才有的概念，这并不意味着近代之前就没有家务工作，然而，把家务作为一种"劳动"提出来，是近代才有的现象。这主要源于资本主义对市场与家庭的明确区分，以及公共与私人领域的性别划分，其中公共领域被视为男性的天下，而私人领域则是女性的责任。随着时间推移，"工作"和"生产力"逐渐变成仅仅指有薪酬的劳动，与之密切相关的是男性作为家庭供养者的角色确立。

巴雷特批判了激进女权主义在家庭问题上的观点，反对她们将父权制定位为家庭中男女分裂的结果。以舒拉米斯·费尔斯通为代表的激进女权主义者认为，核心家庭只是从"一直存在于任何地方"的基本生物家庭发展而来的。费尔斯通将生物家庭描述为生殖单位，并断言它建立在以下事实之上：1.妇女受其生殖生物学的支配，因此依赖于男人生存；2.人类婴儿在很长一段时间内依赖成年人；3.基本的母子相互依存是普遍的；4.两性自然之间的生殖分工是所有劳动分工、经济和文化阶层，甚至可能是种姓分工的起源。巴雷特指出，费尔斯通所提及的前三个事实都只不过是对当代资本主义家庭信念的描述，将其概括为普遍的生物学前提是错误的；而第4个事实是一个理论断言，与它应该遵循的前提没有明显的关系。所以，即使是像费尔斯通这样的女权主义者，也受到把家庭看作是自然的意识形态的影响，而实质上，家庭在历史上是不断经历变化的。①

巴雷特明确指出，"家庭"只是作为一种意识形态的建构而存在，因为家庭的结构、亲属关系的定义和意义，以及家庭本身的意识形态，都存

---

① Michele Barrett, *Women's Oppression Today: the Marxist/Feminist Encounter* (3rd edition), London, New York: Verso, 2014, p.261.

在于各种极其不同的社会类型中。那种认为生殖关系是在父权制家庭中形成的，是独立于资本主义生产关系之外的观点是错误的。巴雷特强调家庭的相对性和其作为一种社会构造的本质。

这种对家庭的全新理解不仅是学术上的观点调整，更在马克思主义研究中引发了对性别和再生产活动的深入探讨。就像关注阶级概念对生产方式分析的重要性一样，通过引入性的统治，关注再生产活动对妇女的影响，进而关注家庭中的不平等的权力关系，拓展了马克思主义的问题域。在这一新的视角下，人们认识到无论在哪个历史时期，女性不仅是生产者，更是再生产者。这意味着生殖繁衍不应被简单地视为一种自然过程，而是需要在社会关系和权力结构的背景下深入审视的重要议题。

在资本主义社会中，妇女参与社会化生产，被认定为"生产者"，然而，她们并未被纳入资本主义生产方式的核心。相反，妇女被归类于父权制度的领域，即再生产领域。这主要是生产方式与再生产方式之间的强制性分离所导致的。"只有在工业社会这样特殊的社会中，生产与再生产通过性别分配，将女性的再生产劳动增加到最多，而将男性的再生产劳动削减为最少。"①

马克思主义传统一直强调资本主义社会关系核心的剥削性工资合同，并在政治上强调再生产环节的阶级斗争。然而，在马克思主义思想史中，性别关系和男性统治的问题由于各个时代所面对的主要矛盾是阶级斗争，而被忽视和边缘化。这一理论重心的转移体现在对家务劳动的讨论中。对于妇女在再生产领域中的特殊地位以及她们在社会生产中的被边缘化问题，家务劳动的研究弥补了马克思主义关于性别问题的空白。

---

① ［日］上野千鹤子:《父权制与资本主义》，邹韵、薛梅译，浙江大学出版社 2020 年版，第 71 页。

　　"家务劳动"概念的提出使人们意识到家务劳动同样是一种劳动，并重新思考如何定义"生产性的"，从而增进了妇女对自己劳动价值的认知，提高了她们的女性权利意识。家务劳动的实质是，在城市化—工业化中未被市场化而剩余的"家庭内劳动"，其核心在于劳动的分割——"有收入的工作"和"无收入的工作"，及其对应的男女的性别分工。① 家务是"无收入的工作"，是"无偿劳动"，而从这种无偿劳动中获利的是市场与资本家，以及市场中的其他男性。

　　　　在"家务劳动是劳动"的认识之下，家庭这一神圣不可侵犯的"黑匣子"被强行公之于众，"爱的共同体"的神话被打破，而其中的不平等也昭然若揭。特别是在通过劳动，从五彩缤纷的公共领域之中分离出的私人领域里，"劳动"这一概念的引入标志着私人领域的解体，也意味着在理论角度上马克思主义拓展适用于私人领域。②

　　妇女不得不承担照顾家庭的重任，即使拥有平等的选举权，实现真正的平等在现实生活中仍然存在困难。一位家庭主妇或许可以像她的丈夫一样去投票站，但她可能因忙于照料家务而没有时间行使这一权利。事实证明，缺乏家务劳动的社会化，妇女要想实质性地行使她们的权利仍然面临一些困难。

　　资本主义生产关系中，妇女的家务劳动被重新定义为非经济劳动。因此，大多数妇女所做的实际家务，从打水到做饭和洗衣服，在经济上变得不可见，在文化上也被贬低。唯一"有价值"的贡献是那些能带来现金的

---

① 〔日〕上野千鹤子：《父权制与资本主义》，邹韵、薛梅译，浙江大学出版社2020年版，第30页。
② 〔日〕上野千鹤子：《父权制与资本主义》，邹韵、薛梅译，浙江大学出版社2020年版，第42页。

工作。这一家务劳动概念的提出迫使社会重新审视妇女的家务劳动，呼吁国家对母亲提供更多支持。

建立在性别基础上的分工，对马克思主义者来说，主要是对资本有利。尽管女性在前资本主义社会也是处于从属地位，但资本主义制度的确立使得被社会化大生产所排斥的妇女劳动的状况变得更加恶化。女性无偿从事抚养孩子、照顾老人和病人、做饭等必要的社会工作，资本家通过这种方式减轻了劳动力再生产的支付负担，而劳动力再生产又是资本的最终决定因素。

> 马克思主义的核心范畴几乎完全无法应用于女性工作的传统领域——家务。马克思主义理论主要集中在生产上，并且这种理论将家务尤其是资本主义的家务定义为外部生产。而且，家务劳动被定义为人类劳动力再生产。再生产自身被分解成两个部分：一方面是通过休息和提供食物，现有工人劳动力实现日常再生产；另一方面是指通过分娩和养育新的工人。[①]

家务劳动的性别分工促使了对妇女在资本主义社会地位的深入探讨。经济形势的衰退迫使妇女参与社会化大生产，然而，对于大多数妇女而言，既是薪酬劳动者又是家务劳动者加重了她们的负担。在工作场所，她们面临着劳动的性别隔离、同工不同酬等问题；在家庭中，她们又要承担主要的家务劳动。

家务劳动论证的最大贡献就是发现了"家务劳动"本身。这一概念阐释了：1.家务劳动是劳动；2.通过不正当剥削的劳动这一问题明确了压迫

---

① ［美］阿莉森·贾格尔：《女权主义政治与人的本质》，孟鑫译，高等教育出版社2009年版，第109页。

女性的物质基础。① 通过对再生产理论的深入分析和批判，最终形成了一种多层面的反资本主义批判，并提出了对生产、家务和儿童护理进行集体重组的建议，以使妇女成为与男性平等的经济伙伴。这为实现性别平等和社会公正提供了有力的理论支持。

第三节　父权制意识形态国家机器及其批判

在恩格斯晚年对历史唯物主义作出的重要贡献中，一方面强调了经济因素的决定性作用，认为它是社会历史发展中终极性和根源性的因素；同时，他也强调了经济因素并非唯一的决定性因素，上层建筑对历史进程的影响同样重要，有时甚至能够加速或延缓历史的进程。尽管生产方式和社会关系在从原始社会到奴隶社会、封建社会再到资本主义社会中发生了变化，但妇女的从属地位却相对稳定。在这一背景下，我们需要深入研究父权制意识形态，并将其作为一个独立的变量进行探讨。

人类历史上，父权制及为其辩护的意识形态共同导致了妇女的屈从地位。随着资产阶级统治的确立，父权制意识形态被保留了下来，充分说明父权制意识形态具有顽强的适应性。资本主义制度与父权制意识形态相结合，形成一种强大的观念力量，广泛存在于社会生活所有领域，渗透在人们的思想和心灵之中，成为一种维护性别不平等的巨大的社会现实力量，并为这种不平等现象提供合理性论证。尤其值得注意的是，妇女在家庭中的无偿劳动不仅是对劳动力的再生产，更是意识形态上再生产着资本主义所需的支配和从属关系。因此，实现妇女解放不仅需要对社会制度进行根

---

① ［日］上野千鹤子：《父权制与资本主义》，邹韵、薛梅译，浙江大学出版社 2020 年版，第 42 页。

本性改革，也需要进行一场深刻的意识形态革命。

一、父权制意识形态的主要特点

父权制是随着私有财产的出现而逐渐形成的社会现象，已经存在上千年的历史。18 世纪法国大革命前后，一方面，涌现了大规模的争取女性权利的运动；另一方面，"知识战争"持续升温。所谓的"知识战争"即支持妇女权利与反对妇女权利的双方，运用当时的"科学"来为自己的主张进行论证和辩护。这场知识战争主要发生在文化意识形态领域，对整个妇女解放运动产生了深远的影响。

尽管目前对于"父权制"没有统一的定义，但对其本质及核心还是有共识的。父权制指的是一种权力和权威主要由男性掌握的社会制度，男性通常被视为政治领导、道德权威、社会特权和财产控制的主要角色。在父权社会中，妇女往往面临体制上的劣势，受到各种形式的歧视和压迫。父权制可以在不同的文化和历史时期以不同的形式和程度表现出来，它影响着生活的各个方面，包括家庭结构、社会规范、经济制度和政治制度。

总体而言，父权制是一个系统的、结构化的、等级制的性别不平等制度，构成了性别主义的概念框架。父权制意识形态的核心在于对男性特权和权力的维护，并通过合理化来使其得以存在。

父权制意识形态的特点主要有：

第一，女性主体性的丧失。

主体性指的是个人与个人、个人与社会之间关系形成的过程和形式。尽管人们对主体性包括哪些因素存在争议，但在当前的性别政治讨论中，焦点主要集中在主体、话语、规范及权力之间关系的形成上。父权制意识形态的基础是建立在二元对立的基础之上的，男人就像女人一样是被语言、规范和权力塑造出来的，然而两者产生的过程不同。波伏瓦指出，女人在这个世界上是没有位置的，女人被取消了主体性，"女人相较男人而言，而不是男人相较女人而言确定下来并且区别开来；女人面对本质是非本质。男人是主体，是绝对；女人是他者"。[①] 这一观点说明在人类历史的很长一段时间里，哲学和历史都是通过男性的视角来看待世界的，将其他男性视为历史主体的一部分，而将女性视为他者、非主体、次要甚至是偏差的存在。

在性别政治中，成为一个男人或女人，或者说成为主体，从来都不是一个封闭、完成的状态，而是一个不断发展的过程。在这个过程中，权力和意识形态占据着主体的位置。阿尔都塞认为，个体之所以会成为主体，就在于意识形态，没有意识形态，也就没有主体的概念。意识形态把个体建构为主体，主体是构成所有意识形态的基本范畴，因为所有意识形态的功能就在于把具体的个人"建构"成为主体。

意识形态和主体的关系是双重的，主体的存在不能没有意识形态，反过来，意识形态又要通过主体发挥作用，这是一种日常生活中意识形态的再生产，通过这种实践，保证了人们是具体的、个别的、可识别的和不可替代的主体。在历史上，女性的从属地位在法律、制度、习俗和实践中都有证据支持。在漫长的历史过程中，以男尊女卑为核心的性别主义意识形态逐渐内化，导致女性自身主体性的丧失。

父权制意识形态通过家庭、教育、教会、大众文化等途径进入个体，表面上看，个体是一个有见解能行动的主体，然而真正的主体却是意识形态，因为它始终支配着人的观念。因此，即使在法律、制度和文化习俗中女性处于从属地位，在"妇女问题"引起关注之前，大多数妇女也未必认

[①] ［法］西蒙娜·德·波伏瓦：《第二性》第 1 卷，郑克鲁译，上海译文出版社 2011 年版，第 9 页。

为这是一种压迫和不平等。

父权制意识形态已经深刻渗透到人们生活的各个方面，将女性笼罩在这种意识形态的迷雾中，其中最常见的也是影响最大的就是家庭中的性别分工。性别分工指的是男性和女性（在一对夫妇的家庭中）为了维持家庭而划分和分担有偿和无偿工作的方式。有偿工作是指在家庭之外为雇主从事的工作，以换取工资，而无偿工作包括家务劳动、照顾和维护其他家庭成员。性别划分在家务和照顾工作中的普遍存在是"被性别化"的核心要素，性别意识就是在日常活动中被完成或产生的，例如做家务和照顾孩子就是女性的天职。

在这种意识形态下，男性被期望在外工作养家，而女性被期望从事家务。这种家庭模式一直被视为"模范"或"标准"的家庭形式。将男性描绘为在公共领域以公民和企业家身份活跃，而将女性描绘为在私人领域以妻子和母亲的身份依赖于男性，这种意识形态通过社会机构和文化传递，强化了性别角色的刻板印象，将男性与公共活动、职业成功联系起来，将女性局限在私人领域、以家庭角色为主。这进一步强化了父权制度，使得性别不平等在各个层面得以存在和传承。

现代家庭同样被国家的父权制权威和各种各样的机构所制约，尤其是贫困家庭和工人阶级家庭，政府机构和改革家试图通过专家们的工作消灭任何偏离规制的个人和家庭生活。即使是中产阶级，专家们也宣称他们知道什么样的个人生活和家庭生活更好，因而人们更应该听从他们的指导。①

---

① Margaret Andersen, Dana Hysock, *Thinking About Women,* NJ: Pearson Education,Inc.2009, p.157.

　　甚至在 21 世纪，仍然不断听到批评女性参与社会劳动的声音，这些人认为，很多社会问题都是女性参与社会劳动造成的，女性应该重新发现"内在的"照顾人的天性，奉献家庭而不是寻求事业的成功。

　　当然，在不同的特定历史背景下，性别、性别认同和性别实践呈现多种模式，女性的主体性也并非通过默认一种单一的性别模式而得出，实际情况要复杂得多。性别期望和作为一个性别化个体的经历之间常常存在着张力。然而，总体而言，意识形态的再生产导致女性持续被定义和被言说，从男性角度审视，这种隐含着两性权力不对称的社会关系通过文化和政治在各代之间传承。正是在这一过程中，女性主体意识逐渐丧失。

　　第二，借"科学"之名，贬低女性的知识、经验和生活。

　　尽管科学家强烈主张科学是中立和客观的，然而实际上，科学与社会的权力中心密切相关，并与资本主义和父权制度交织在一起。知识的生产和建构并非中立，所谓的科学经常被用来支持性别歧视和种族主义。因此，当代性别研究的一个核心议题就是从政治角度审视和理解知识，讨论知识与伦理、科学与价值的关系。学者们不仅寻求创造更多关于女性和性别的学术知识，以抵制主流科学、社会科学和人文科学中忽视或贬低女性经验的长期传统，而且还寻求批判性地审视学术界如何生产知识，揭示这种生产所依赖的性别假设，以及这些知识之间的权力关系。

　　19 世纪后半叶，妇女解放运动面临的主要批评来自支持性别天生存在差异的科学理论。法国社会学家弗雷德里克·勒普莱（Frederic LePlay）在对工人和农民家庭进行调查中，于 1864 年发表的专著《社会改革》中指出，妇女的角色应该局限于家庭，不应涉及制造业、商业或财产。儒勒·米什莱在他广受欢迎的著作《爱》（1859 年）和《妇女》（1860 年）中，很大程度上借鉴了当时关于女性生殖生理学的医学研究，认为妇女作为永久"病人"的学说是正确的。他认为，"妇女"必然要在男性的家庭中处于男性的权威之下，她的思想和她的身体都受到男性的优越属性熏陶。①
英国、法国、德国和瑞士的体质人类学家运用他们在测量古代和近期的头
骨方面的专业知识来证明妇女的低下。

反对妇女接受高等教育的观点声称，高等教育会破坏妇女的生殖能力
或导致神经衰弱，受过高等教育的妇女可能会以某种方式完全男性化，失
去了女性特质，变成"不男不女"的人。由此可以看出，被称为"科学"
的知识是如何生产的，这种知识是如何为合理化性别歧视奠定"科学"基
础的。

除此之外，科学还贬低了通常与女性有关的知识，而强调与男性有
关的知识，并赋予其科学的荣誉称号。研究人员通常认为男性是人类的典
范，而女性则是越轨或劣等的，忽视了女性的经历和需求。人类学家埃米
莉·马丁（Emily Martin）分析了当代生物学教科书上的生殖图像，发现
精子被描述为主动、积极的，而卵子则被描述为被动的。这些文本强调
精子是主动产生的，而女性卵子"只是待在架子上，像积压的库存一样慢
慢退化和老化"。文本作者将卵子的角色比作睡美人："一个沉睡的新娘，
等待她的伴侣的神奇之吻，这一吻会给她注入让她复活的灵魂。"② 更有甚
者，从卵子和精子经历的不同，引申出男性特质和女性特质的不同，并且
认为男性主动、有进取心、有攻击性是自然的，有其生理基础。

认知神经学家吉娜·里彭（Gina Rippon）在《性别化的大脑》一书
中指出：几个世纪以来，所谓的"女性大脑"一直被描述为体积过小、发
育不全、进化落后、组织不良和普遍存在缺陷。由此认为它是女性自卑、
脆弱、情绪不稳定、无能的原因，因此，女性不适合具有任何责任、权

---

① 参见 [美] 卡伦·奥芬：《欧洲妇女解放史 1700—1950》，朱晓慧等译，复旦大学出版
社 2024 年版，第 149—151 页。

② Margaret Anderson, Dana Hysock, *Thinking About Women*, NJ: Pearson Education, Inc.2009,
p.315.

力，也不能成为伟人。① 然而，最近 30 年的研究发现，人类的大脑是可塑的，大脑与环境之间存在着相互紧密联系，大脑反映的是它们曾经的生活，而不仅仅是主人的性别。

当然，揭示科学中的性别偏见并不意味着要放弃科学，而是要理解在科学研究中，偏见可以渗透到科学家对主题的选择、研究对象的选择、概念的定义、观察方法、数据的分析和解释以及报告方式等方方面面。科学研究所宣称的许多"真理"往往只是男性主导的社会利益的反映。我们所要做的是通过认识到科学知识与产生科学的社会系统之间的相互作用，采取一种更具包容性和反思性的观点。经过反思的科学是一种更人性化的科学，在这种科学中，科学被用于将人类从种族、阶级和性别偏见中解放出来。

第三，分化女性。

恩格斯在《起源》以及其他著作中，分析了在男性工人和女性工人中发生的冲突。发生这种冲突，除资本家会从中获利，男女工人物质利益的不同外，父权制意识形态的影响也是其中的主要因素。对于男性工人来说，女工不仅是对自己工作及工资的威胁，同时也破坏了男性工人对女性角色、对家庭的期望。男性工人的理想家庭模式是，自己外出劳动养家，妻子从事家务和再生产劳动。

父权制意识形态不仅在造成女性与男性不平等这一观念方面起着强大作用，同时也在女性内部造成了分裂。如果说资本主义依赖于男人和女人的性别分工获利，用尽一切手段防止他们团结起来，推翻资本主义制度，那么，女性自身的分裂，对维护父权制社会是非常有利的。

妇女并不是一个同质的整体，而是经常被阶级、种族、宗教等区分为

---

① Gina Rippon, *The Gendered Brain: The New Neuroscience That Shatters the Myth Of the Female Brain* , London: The Bodley Head,2019, p.xii.

各个不同的群体。然而，父权制意识形态首先是把妇女作为一个整体来看待的，然后与阶级、种族等因素结合起来。

正如著名的黑人女权主义者贝尔·胡克斯所指出的那样：

> 作为女性，我们都有亲身经历，体验过父权制思想教育：那就是把自己看得不如男人；为获得父权制的认可，把自己看成与其他女性竞争的永恒与唯一；怀着嫉妒的、恐惧的、仇恨的眼光看其他女性。性别主义的思想使我们毫不仁慈地批评彼此，毫无怜悯地惩罚彼此。女权主义思想帮助我们意识到女性的自我仇恨，帮助我们从作用于我们意识的父权制思想中解脱出来。①

魏宁格引起广泛争议的著作《性与性格》，也是将女人看作是单一形式进行分析的，他认为女性属于同一种类型，现实中不同的个体只是这个类型的不同比例的混合体。② 女性可以分为两种类型，母性型和妓女型。尽管魏宁格承认现实中的女人都是处于这两种类型之间，但他用了很多对比来突出两者的不同。母性型是只考虑孩子的，单偶婚的，具有勇气和毫无畏惧；妓女型是讨厌孩子的，多欲的，怯懦和恐惧的。母亲与人类之间保持着一种连续而完整的关系，妓女则完全处于这种关系之外。③ 突出这两种不同的类型，实际上就是要求妇女站队，是做一个母亲还是妓女！

1846 年，皮埃尔-约瑟夫·蒲鲁东就告诫说，妇女只能选择成为妓女或家庭主妇。2006 年，美国学者菲利普·朗曼（Phillip Longman）在《重

---

① ［美］贝尔·胡克斯：《激情的政治：人人都能读懂的女权主义》，金城出版社 2008 年版，第 17 页。

② ［奥］奥托·魏宁格：《性与性格》，肖聿译，中国社会科学出版社 2006 年版，第 81 页。

③ ［奥］奥托·魏宁格：《性与性格》，肖聿译，中国社会科学出版社 2006 年版，第 235—244 页。

回父权制》一文中，老调重弹，鼓吹人类之所以没有灭亡就是因为有父权制。他认为，父权制不只是简单地意味着男性统治一切。实际上，这是一个特殊的价值体系。它不仅要求男性结婚，还要求他们同一个门当户对的女性结婚。生育率下降导致很多社会问题，主要原因在于经过妇女运动后，社会给予妇女太多的选择。而在父权制下，"私生子"和单身母亲都不能被容忍，因为他们破坏了男性对下一代的投资。因此，他得出的结论是，一个国家要变得强大，就必须保持高生育率，而维持高生育率的方法是社会只为妇女提供三种选择——成为修女、妓女，或嫁给一个男人并生孩子。①

上野千鹤子指出："分而治之，是支配统治的铁定法则。支配者总是将支配对象分离隔断，让他们相互对立，绝不允许他们之间产生连带感。从女性的角度来说，就是来自男人的圣女与娼妓的分离支配，再加上阶级与人种的裂隙。"②女性被分化之后，她们的力量就被大大削弱，这对父权制是有利的。

在当前社会中，我们仍然能够看到这种分化策略的影响，女性在不同的社会角色和身份中被刻意对立，从而削弱了她们作为整体的力量。这种分化不仅是一场关于个体选择的争论，更是反映了父权制意识形态对社会结构的深刻影响。通过对女性实行分而治之，父权制在维护自身地位的过程中不仅巩固了性别差异，还加强了对其他社会层面的控制。

二、父权制意识形态国家机器

父权制意识形态的维系路径涉及多个方面，通过渗透于社会的价值

---

① 参见 Phillip Longman,"The Return of Patriarchy", in *Foreign Policy* , Mar.- Apr., 2006, pp.56-65。

② ［日］上野千鹤子：《厌女：日本的女性嫌恶》，王兰译，上海三联书店 2015 年版，第34—35 页。

观、生物学的假设、公私领域的分化、经济和教育上的不平等、文学艺术中的强权、阶级、神话和宗教以及心理控制等渠道，建立起一种男性对女性的统治关系。正像穆勒所指出的：

> 不论拥有的权力怎样满足其自豪感，也不论行使权力有什么个人利益，这件事并不局限于某一阶段，而是全体男性都共有的。它不像大多数支持者需要的主要是抽象的东西那样，也不像派系之间通常竞争的政治目标那样除了对领袖外，对其他任何人均无私人的重要性，这件事直接关系着一个家庭的男性家长及其家庭，以及将要成为家长的每一个人。①

在这种环境中成长起来的孩子，一代代继承了父权制的意识形态，认为女性的屈从地位是自然的，丧失了反思和批判的能力。

尽管人类社会形态经历了从原始社会、奴隶社会、封建社会，到资本主义社会的演变，父权制的意识形态呈现方式发生了改变，但其性别不平等的核心却没有发生变化。这表明了父权制与社会形态之间关系的复杂性。在这个演变过程中，父权制意识形态逐渐适应不同社会环境，通过不同时期的制度、文化、经济结构和风俗习惯来维持和巩固。这也反映了性别不平等作为一种持久的社会问题，与社会形态的变迁相互交织，而不是简单地受制于特定社会形态。

社会形态的改变常常以经济政治制度及其相关组织的变革为首要标志，难以改变的是人们继承下来的意识形态，传统观点是其中的组成部分。这凸显了意识形态具有独立性。特别是在父权制意识形态中显现的性

---

① ［英］约翰·斯图尔特·穆勒：《妇女的屈从地位》，汪溪译，商务印书馆 2007 年版，第 294—295 页。

别之间的权力关系和性别不平等，并未因为物质利益的相似而在阶级内部产生性别平等意识。海迪·哈特曼有力地说明了不仅资本家，还有男性工人同样从父权制中获益，因此在男性工人和女性工人之间爆发斗争，甚至激烈的冲突丝毫不奇怪。

赖希认为，经济基础与意识形态之间并不总是一致的，有时会发生断裂。庸俗马克思主义"造成了经济与意识形态之间、'结构'与'上层建筑'之间的机械对立；它使意识形态刻板地、片面地依赖于经济，看不到经济发展对于意识形态发展的依赖性"[1]。因此，要用政治心理学来解释这种"断裂"。他认为，"每一种社会形态的意识形态不仅具有反映这个社会的经济过程的作用，而且更重要地，还具有把这个经济过程深植于作为社会之基础的人民的心理结构中的功能。人以两种方式屈从于他存在的条件：直接通过他的经济和社会地位的影响，间接依靠社会的意识形态结构"[2]。因此，意识形态的变化速度相对较慢，尤其是当产生性别不平等的经济基础并未发生根本变革时，这一变化更加缓慢。

阿尔都塞的意识形态国家机器理论可以更好地说明父权制意识形态的相对独立性。阿尔都塞高度推崇马克思、恩格斯的国家理论，认为他们把国家称为国家机器，即阶级统治的暴力工具，阐明了国家实质；然而，"国家机器"理论只是马克思主义国家理论的开始，还必须从再生产的观点出发来透视国家和意识形态的关系。

从"再生产"的角度出发，阿尔都塞把国家机器分为两类，一类是强制性国家机器，另一类是意识形态国家机器。意识形态国家机器是以一些各具特点的、专门化机构的形式出现的，它包含着一定数量的实体，如宗

---

① [奥] 威尔海姆·赖希：《法西斯主义大众心理学》，张峰译，上海三联书店 2017 年版，第 10 页。

② [奥] 威尔海姆·赖希：《法西斯主义大众心理学》，张峰译，上海三联书店 2017 年版，第 14 页。

教、教育、法律、工会及传媒等。两种不同类型的国家机器的关系是"第一，只有一个强制性的国家机器，而有许多的意识形态的国家机器；第二，强制性国家机器完全属于公共的领域，意识形态国家机器则属于私人领域，工会、学校、教会、党派、文化团体等都是民间的；第三，强制性国家机器大量并首要地运用镇压来发挥功能，而辅之以意识形态，意识形态国家机器大量并首要地运用意识形态发挥功能，而辅之以镇压"①。

从阿尔都塞的意识形态国家机器理论的角度来看，父权制不仅与强制性国家机器密切相关，同时也被视为一种独立存在的意识形态国家机器，它在社会的私人领域中扎根并发挥作用。即便在国家的经济政治制度发生变革的情况下，强制性国家机器可能经历调整，但意识形态国家机器仍然延续着。

这一理论框架为解释父权制意识形态相对独立于社会形态变迁的现象提供了理论依据。尽管在很多国家中，制度层面上已经取得了性别平等的法律进展，然而，由于父权制意识形态的存在，性别不平等的问题仍然存在于社会的深层结构中，阻碍着性别平等的全面实现。

马克思主义女权主义者对阿尔都塞的意识形态理论给予了高度评价，尤其是他关于意识形态建构主体，以及家庭意识形态国家机器的观点。他们认为这一理论为解释妇女受压迫提供了新的分析工具，特别是在阶级压迫无法完全解释妇女压迫的情况下。

阿尔都塞认为，意识形态和主体的关系是双重的，主体的存在不能没有意识形态，反过来，意识形态又要通过主体发挥作用，意识形态把个体建构成主体，就是镜像结构。这种镜像复制由意识形态所构成，而它又保证了意识形态的功能作用。意识形态镜像结构同时确保：1.把个体传唤为

---

① 朱晓慧：《哲学是革命的武器——阿尔都塞意识形态理论研究》，学林出版社 2007 年版，第 189 页。

主体；2. 主体对主体的臣服；3. 主体与主体的相互承认，主体之间彼此认识，以及主体的自我认识；4. 对上述三点的绝对担保，以及当主体认识到自己的身份并恰当地做人、行事时，对他行动一切顺利的绝对担保。[1] 这种镜像复制通过意识形态的构建，确保了父权制意识形态的统治地位。

阿尔都塞的主体理论对马克思主义女权主义有着深远影响，为女性主体的建构问题和性别分工与资本主义生产的关系问题提供了理论基础。女性主体性强调了女性对自身的认同和理解，包括对性别、身份、价值和角色的自主定义。然而，妇女的地位受到阶级、种族等多重因素的影响，将她们简单地想象为整体性的受压迫者是错误的。妇女并非单一群体，而是表现出多样性。

在这多样性中，有一部分女性可能成为父权制度的既得利益者，愿意放弃自身主体性，成为维护体制的同谋者。她们在这一过程中可能扮演帮凶的角色，通过支持父权制度，甚至在其维护中充当监工。这些女性的存在为父权制度提供了支持，使得这一体制能够继续存在并占据统治地位。

然而，阿尔都塞的主体理论提醒我们，对父权制意识形态来说，女人就是女人，无论处于哪个社会阶层，都无法摆脱父权制意识形态的束缚。因此，妇女是可以团结起来，不断提高性别意识，共同向父权制意识形态发出挑战的。

家庭是父权制意识形态国家机器发生作用的主要场所，家庭如果不发生根本的改变，父权制意识形态国家机器就不会消失。当资本主义制度消失后，在新的社会形态下成长起来的新人，就会有新的气象。恩格斯说：

> 这一代男子一生中将永远不会用金钱或其他社会权力手段去买得妇女的献身；而这一代妇女除了真正的爱情以外，也永远不会再出于

---

[1]　参见陈越编：《哲学与政治：阿尔都塞读本》，吉林人民出版社2003年版，第371页。

其他某种考虑而委身于男子，或者由于担心经济后果而拒绝委身于她所爱的男子。这样的人们一经出现，对于今日人们认为他们应该做的一切，他们都将不去理会，他们自己将做出他们自己的实践，并且造成他们的与此相适应的关于个人实践的社会舆论——如此而已。①

经济、政治和意识形态层面之间的关系是十分复杂的，帕特里夏·希尔·柯林斯（Patricia Hill Collins）指出，在美国，黑人妇女受到的压迫有相互依存的三个方面，它们都被制度化和结构化了。在经济方面，对黑人妇女的压迫是把她们强行集中在"服务性行业"；在政治方面，对黑人妇女的压迫是拒绝给予她们所有白人男子和许多白人妇女通常享有的权利和特权，包括非常重要的平等受教育权利；在意识形态方面，对黑人妇女的压迫是把一套限制自由的"支配性形象"强加给黑人妇女，用来证明和解释白人男子以及（一定程度上）白人妇女对待黑人妇女的态度。②在这一理论概括中，意识形态方面的作用比经济和政治两个方面更强大、也更有力地维持了对黑人妇女的压迫，没有强大的意识形态支持、证明其合理性，种族、阶级和性别压迫就不可能继续下去。

父权制意识形态国家机器的存在证明了经济基础与意识形态之间并不是简单的决定与被决定的关系，经济决定论忽略了意识形态的独立性与在维持性别压迫方面的强大力量，把妇女受压迫简化为阶级经济剥削，否认性别压迫，忽视父权结构对个人心理机制的影响。我们看到即使在社会主义国家，针对妇女的暴力，性别歧视等仍然存在。所以将对妇女的压迫完全归结为资本主义的运作是不全面的，家庭和家庭意识形态的作用是相当大的。况且经济和意识形态之间不可能有明确的区分，生产关系植根于深

---

① 《马克思恩格斯选集》第4卷，人民出版社2012年版，第94页。

② 参见［美］罗斯玛丽·帕特南·童：《女性主义思潮导论》，艾晓明等译，华中师范大学出版社2002年版，第321页。

刻的意识形态分工，不能仅仅通过经济范畴来研究。

三、父权制意识形态批判

资产阶级大革命打碎了封建等级的人身依附制度，个人得到了自由，人们不再受到有形的外在强制，不再服从僵死的权威；然而，权威并没有消失，而是变换形式，内化为人们心中的权威，父权制意识形态在这个过程中起到了决定性的作用。

父权制意识形态国家机器是与其他意识形态国家机器紧密联系在一起，共同维护父权制。持续上千年的父权制意识形态的特点在于，这种对妇女的统治不需要军队、法庭和监狱，它是自愿地接受的，作为被统治的一方，女性不抱怨并同意参与。正因为如此，妇女是历史上最早受到压迫的群体，妇女受压迫是最普遍的现象，存在于一切已知的社会中，这种压迫最深也最难根除。妇女解放运动的目的之一就是揭示这种意识形态的不合理、不公正，唤醒和提高妇女自身的性别意识，进而改变性别规范和不平等，逐渐消除意识形态对妇女的影响。

妇女运动的历史证明，妇女解放是一个过程，而不是某个或某几个具体行动，仅仅改变一些法律条文，并不能实现妇女解放，必须要进行总体革命，即推翻不合理、不公正的政治经济制度，同时也要消除父权制意识形态的影响。

父权制意识形态的核心是性别主义，即基于生理性别的歧视。弗洛伊德的观点"身体即命运"即是代表。弗洛伊德主张男女由于荷尔蒙和染色体的不同而在生理上存在差异，女性先天就比男性要软弱，社会应当维护这一自然秩序，保证男性有统治地位，女性则服从这种统治。弗洛伊德认为，男女孩的生殖器官的差异决定了妇女后天的性质，女孩是较少攻击性和反抗性的，也缺乏自信；她们较需要他人的喜爱，因此，也较依赖而柔和。弗洛伊德认为小女孩到了 5 岁，发现男女在生殖器官上有差别，她对自己没有阴茎作出了反应，产生了阴茎嫉妒，之后女孩子经历俄狄浦斯情结和阉割情结的过程会给她带来创伤，使她在成长为妇女的人生中形成一些特质，如虚荣、缺乏爱的能力、道德感不强等。①

然而，针对弗洛伊德的性别本质论，心理学家卡伦·霍妮（Karen Horney）强调文化因素是女性问题及其性别定位的重要诱因。霍妮认为，由阴茎嫉妒造成的对女性性别角色的不满是女性阉割情结的重要原因。②女性的精神障碍是基于对男性阴茎的妒忌，但并非妒忌阴茎这一器官本身，而是对男性特权的妒忌。女性之所以希望成为男性，是因为她们渴望拥有那些被文化认为属于男性的特质或特权，例如力量、勇气、独立、成功、性自由以及选择伴侣的权利，这些特质并非由生物因素决定，而是由文化因素塑造。父权制意识形态通过弗洛伊德等人的性别观念在社会中传播，并对女性的身心健康造成负面影响。

魏宁格也持同样的观点：

> 女人会全身心地投入性活动，换句话说，女人会全身心地投入怀孕和生殖活动。她与丈夫、孩子的关系构成她的全部生活。相反，男性却并不仅仅要求满足性欲。正是在这个方面，男女两性才体现出了真正的差异。男人体现为从事性活动的强度，女人则体现为性活动及其附带活动在全部生命活动中所占的比例。区分这两种表现是很重要的。人类的女性更多地投入性活动的领域，这就是两性之间意义最重大的差异。……不仅如此，女性还会被与性活动相关的事情完全占据，

① 参见［奥］弗洛伊德：《精神分析引论新编》，高觉敷译，商务印书馆 1987 年版，第 92—107 页。
② ［美］卡伦·霍妮：《女性心理学》，许科等译，上海锦绣文章出版社 2009 年版，第 13 页。

并由此感到满足；而男性还会对其他许多事情感兴趣，例如战争、体育运动、社会事务、娱乐活动、哲学、科学、商务、政治、宗教和艺术。①

　　魏宁格标榜自己不反对妇女解放，他的主要目的是批评男性。然而，他认为女性所有的错误都是由男人造成的，男人应该负责，因为男人造就了女人。这种论调其实是认为妇女没有理性，没有道德感，心智不成熟，因而没有能力为自我选择负责，是古老的歧视女性论调的翻版。更何况，他认为这些特征是与生俱来的，是永远存在的。如果女人对性活动之外的事情产生了兴趣，那完全是为了她爱的那个男人，这种观点显然是基于性别刻板印象和对女性能力的贬低。

　　父权制意识形态的力量远远超过了正规的权力制度，逾越了阶级和种族的界线。它以社会规范的形式传递，通过教育、文学、宗教及大众媒体等手段强化，使人们将其内化在心灵深处。这样的内化导致女性否定自我、丧失主体性，并塑造着她们的性别认同。性别认同是指女性与男性在文化和社会中所处的角色不同，以及个体对这个角色的经验，包括内在的认同和外在的表现，如衣着、行为和举止的方式等。性别认同是一个社会化的过程，在此过程中起决定性作用的不是生理因素，而是与男性和女性的社会角色相关的价值观和行为规范。

　　对性别本质主义提出强烈批评的是美国历史学者琼·斯科特，她于1988年发表了《社会性别：一个有效的历史分析范畴》的文章，使得人们开始关注社会性别。斯科特的文章标志着性别概念上的重大转变。她认为：社会性别身份和关系并不仅是个人或私下的事；它们是由家庭、宗教、医学、国家权威以及各种各样的其他制度和习俗所规定执行的。与此

---

① ［奥］奥托·魏宁格：《性与性格》，肖聿译，中国社会科学出版社2006年版，第92—93页。

相应，社会性别也为家庭、国家政权和其他社会制度的清楚表达和它们的正当性的确立提供了一定的语言和范畴。对社会性别的充分关注能够阐释清楚妇女的生活，但更根本的是，这样做能够使人们对社会生活的运作本身进行探索。① 从此，性别成为社会关系中的一个建构要素，逐渐成为性别政治的共识。

性别领域中的知识战争揭示了渗透在科学中的男性中心主义和性别歧视。科学并不像自身标榜的那样中立、客观，在很多方面都是以男性为中心的。对科学的反思，动摇了隐含在知识和理论中的权力与政治，揭开了研究过程的神秘面纱，使我们更加认清在学术生产的特定话语、历史、地缘政治和制度之间的互动关系。

吉娜·里彭指出，如果我们跟随一个女婴或男婴的大脑之旅，就可以看到从出生的那一刻起，甚至更早，这些大脑可能会走上不同的道路。玩具、服装、书、父母、家庭、老师、学校、大学、雇主、社会和文化规范——当然还有性别刻板印象——都可以为不同的大脑指明不同的方向。

> 随着神经科学领域激动人心的突破，固有的、二元的独特性标签正在受到挑战。我们开始意识到，先天与后天密不可分。过去被认为是固定的和不可避免的东西被证明是可塑的和灵活的，我们的身体和社会对生物变化的强大影响正在被揭示出来。即使是写在我们基因里的东西，也可能在不同的语境中以不同的方式表达出来。②

吉娜·里彭作为一个认知神经学家通过实证得出的结论，佐证了几十

---

① 贺萧、王政：《中国历史：社会性别分析的一个有用的范畴》，《社会科学》2008 年第 12 期。

② Gina Rippon, *The Gendered Brain: The New Neuroscience That Shatters the Myth of the Female Brain*, London: The Bodley Head, 2019, p.xviii-xix.

年前阿尔都塞作为一个意识形态专家提出的观点。阿尔都塞认为，人一出生只是一个小生物，这个小生物能够生存下来，不是变为一只小狼或小熊的孩子生存下去，而是作为一个人类的孩子生存下去，是因为从一开始，它就完全被男女性别秩序的束缚所宰制，"拉康表明了从每个婴儿出生之前就为每个要降生的婴儿准备就绪，而且在他发出第一声哭声前就抓住他，把他的身份地位和角色指派给他，因此把他固定的命运分配给他的这一秩序、法则的作用"①。

性别主义的具体表现之一就是各种各样的厌女症。厌女症是不分性别的，男性会有，女性也会有。男性身上表现为"女性蔑视"，女性身上表现为"自我厌恶"。上野千鹤子说："在性别二元制的性别秩序里，深植于核心位置的，便是厌女症。在这个秩序之下，无论男人女人，无人能逃离厌女症的笼罩。厌女症弥漫在这个秩序体制之中，如同物体的重力一般，因为太理所当然而使人几乎意识不到它的存在。"②

厌女症的存在导致男性与女性之间的关系呈现为权力关系，分化了女性与女性之间的团结。社会生活中广泛存在的男性气质和女性气质的划分形成了一种强大的观念力量，渗透在社会的各个领域，成为维护男性统治女性社会现实的巨大力量。与此同时，厌女症的存在也分化了女性团结的力量。对女性气质的教育和意识形态渗透削弱了女性的进取心和独立性，使她们自觉不自觉地自我厌恶、自我贬低。

理论上，女性作为"第二性"长期受到歧视和不公正的对待，她们本应有深刻的认识和动力去改变不平等的现状。然而，现实情况却复杂多样。长期受到父权制意识形态的影响，并不是所有的女性都能够意识到自

---

① ［法］路易·阿尔都塞：《列宁和哲学》，杜章智译，（中国台北）远流出版事业股份有限公司1990年版，第228页。

② ［日］上野千鹤子：《厌女：日本的女性嫌恶》，王兰译，上海三联书店2015年版，第1页。

己主体地位的丧失。除了那些认可从属地位并不感到受压迫的女性外，还有一些女性心甘情愿地丧失主体性，为了在父权制的庇护下分享一些权力。波伏瓦指出，有些女人并不要求成为主体，因为女人没有成为主体的具体办法，因为女人感受到与男人相连的必要联系，而不再提出相互依存，还因为女人往往乐于担当他者的角色。① 在父权制意识形态中，一些女性可能充当同谋和监工的角色，这是父权制意识形态达成目的的重要一环。这种现象进一步强调了社会结构及其意识形态对个体观念和行为的深刻影响，以及在不平等体系中一些女性可能被系统性地纳入并支持这一体系的事实。

　　妇女若想获得真正的解放，就要从文化上清除父权制对男人和女人的影响。对父权制意识形态的批判，是为了使女性摆脱长期以来束缚和支配她们头脑的父权制思想，使她们意识到自己的能力和力量。打破新自由主义的意识形态霸权，批判阻碍女性提高觉悟的消费主义观念，从性别视角看待平等、自由、合作、共享和政治责任，关注种族、阶级、宗教等的差异。同时要与父权制意识形态争夺文化领导权，从性别的角度出发，重估一切科学和价值体系，重视女性自身的经验和感情，承认这些经验和感情的价值，从理论上和实践上批判父权制的文化，为建立一个性别平等的社会进行斗争。

---

① 参见［法］西蒙娜·德·波伏瓦：《第二性》第 1 卷，郑克鲁译，上海译文出版社 2015 年版，第 14—15 页。

参考文献

中文文献

一、著作

《马克思恩格斯文集》第 1 卷，人民出版社 2009 年版。

《马克思恩格斯文集》第 2 卷，人民出版社 2009 年版。

《马克思恩格斯文集》第 3 卷，人民出版社 2009 年版。

《马克思恩格斯文集》第 4 卷，人民出版社 2009 年版。

《马克思恩格斯文集》第 5 卷，人民出版社 2009 年版。

《马克思恩格斯文集》第 8 卷，人民出版社 2009 年版。

《马克思恩格斯文集》第 9 卷，人民出版社 2009 年版。

《马克思恩格斯文集》第 10 卷，人民出版社 2009 年版。

《马克思恩格斯选集》第 1 卷，人民出版社 2012 年版。

《马克思恩格斯选集》第 2 卷，人民出版社 2012 年版。

《马克思恩格斯选集》第 3 卷，人民出版社 2012 年版。

《马克思恩格斯选集》第 4 卷，人民出版社 2012 年版。

《马克思恩格斯全集》第 2 卷，人民出版社 1957 年版。

《马克思恩格斯全集》第 10 卷，人民出版社 1962 年版。

《马克思恩格斯全集》第 16 卷，人民出版社 1964 年版。

《马克思恩格斯全集》第 21 卷，人民出版社 1965 年版。

《马克思恩格斯全集》第 35 卷，人民出版社 1971 年版。

《马克思恩格斯全集》第 36 卷，人民出版社 1974 年版。

《马克思恩格斯全集》第 37 卷，人民出版社 1971 年版。

《马克思恩格斯全集》第 38 卷，人民出版社 1972 年版。

《马克思恩格斯全集》第 39 卷，人民出版社 1974 年版。

《马克思恩格斯全集》第 45 卷，人民出版社 1985 年版。

《列宁选集》第 2 卷，人民出版社 2012 年版。

《列宁选集》第 3 卷，人民出版社 2012 年版。

《列宁选集》第 4 卷，人民出版社 2012 年版。

《马克思主义来源研究论丛》第 4 辑，商务印书馆 1983 年版。

《马克思主义来源研究论丛》第 15 辑，商务印书馆 1993 年版。

《马列主义研究资料》第 2 辑，人民出版社 1987 年版。

《欧文选集》第 1 卷，柯象峰等译，商务印书馆 1984 年版。

马克思：《资本论》第 1 卷，人民出版社 2004 年版。

涂赞琥：《恩格斯家庭·氏族和国家理论的研究》，武汉大学出版社 1986
年版。

李永采：《驱拨谬雾究真谛——恩格斯著〈家庭、私有制和国家的起源〉新辨
释》，东南大学出版社 1993 年版。

王政：《女性的崛起：当代美国的女权运动》，当代中国出版社 1995 年版。

蔡和森：《社会进化史》，东方出版社 1996 年版。

李银河主编：《妇女：最漫长的革命》，生活·读书·新知三联书店 1997 年版。

王政、杜芳琴主编：《社会性别研究选译》，生活·读书·新知三联书店 1998
年版。

罗钢、刘象愚主编：《后殖民主义文化理论》，中国社会科学出版社 1999
年版。

陈越编：《哲学与政治：阿尔都塞读本》，吉林人民出版社 2003 年版。

张彦修：《婚姻·家族·氏族与文明：〈家庭、私有制和国家的起源〉研究》，
中国社会科学出版社 2007 年版。

朱晓慧：《哲学是革命的武器——阿尔都塞意识形态理论研究》，学林出版社
2007 年版。

刘澄:《〈家庭、私有制和国家的起源〉导读》，天津人民出版社 2009 年版。

裔昭印等著:《西方妇女史》，商务印书馆 2009 年版。

郭沫若:《中国古代社会研究》，商务印书馆 2011 年版。

陈培永:《女性的星空——恩格斯〈家庭、私有制和国家的起源〉如是读》，广东人民出版社 2016 年版。

吴江:《解读〈家庭、私有制和国家的起源〉》，吉林出版集团有限责任公司 2014 年版。

崔立莉编著:《人类早期历史的科学审视:〈家庭、私有制和国家的起源〉解读》，现代出版社 2016 年版。

荣鑫、刘志洪编著:《〈家庭、私有制和国家的起源〉导读》，中国民主法制出版社 2017 年版。

江洋:《恩格斯〈家庭、私有制和国家的起源〉研究读本》，中央编译出版社 2017 年版。

聂锦芳:《在批判中建构"新哲学"框架——〈德意志意识形态〉文本学研究》，中国人民大学出版社 2018 年版。

顾保国:《国家的本质与消亡的必然:〈家庭、私有制和国家的起源〉新读》，红旗出版社 2020 年版。

[法] 孟德斯鸠:《论法的精神》(上)，张雁深译，商务印书馆 1995 年版。

[苏] 谢苗诺夫:《婚姻和家庭的起源》，蔡俊生译，中国社会科学出版社 1983 年版。

[英] E.罗伊斯顿·派克:《被遗忘的苦难》，蔡师雄等译，福建人民出版社 1983 年版。

[奥] 弗洛伊德:《精神分析引论新编》，高觉敷译，商务印书馆 1987 年版。

[法] 阿尔都塞:《列宁和哲学》，杜章智译，(中国台北)远流出版事业股份有限公司 1990 年版。

[德] 奥古斯特·倍倍尔:《妇女与社会主义》，葛斯、朱霞译，中央编译出版社 1995 年版。

[美] 贝蒂·弗里丹:《女性的奥秘》，程锡麟等译，北方文艺出版社 1999 年版。

　　[英] 特里·伊格尔顿:《历史中的政治、哲学、爱欲》,马海良译,中国社会科学出版社 1999 年版。

　　[美] 凯特·米利特:《性政治》,宋文伟译,江苏人民出版社 2000 年版。

　　[美] 贝尔·胡克斯:《女权主义理论:从边缘到中心》,晓征、平林译,江苏人民出版社 2001 年版。

　　[美] 罗斯玛丽·帕特南·童:《女性主义思潮导论》,艾晓明等译,华中师范大学出版社 2002 年版。

　　[奥] 奥托·魏宁格:《性与性格》,肖聿译,中国社会科学出版社 2006 年版。

　　[英] 约翰·斯图尔特·穆勒:《妇女的屈从地位》,汪溪译,商务印书馆 2007 年版。

　　[英] 玛丽·沃斯通克拉夫特:《女权辩护》,王蓁译,商务印书馆 2007 年版。

　　[美] 佩吉·麦克拉肯主编:《女权主义理论读本》,广西师范大学出版社 2007 年版。

　　[美] 贝尔·胡克斯:《激情的政治:人人都能读懂的女权主义》,金城出版社 2008 年版。

　　[美] 路易斯·亨利·摩尔根:《古代社会》(上、下),杨东莼等译,商务印书馆 2009 年版。

　　[美] 莉丝·沃格尔:《马克思主义与女性受压迫:趋向统一的理论》,虞晖译,高等教育出版社 2009 年版。

　　[美] 阿莉森·贾格尔:《女权主义政治与人的本质》,孟鑫译,高等教育出版社 2009 年版。

　　[美] 卡伦·霍妮:《女性心理学》,许科等译,上海锦绣文章出版社 2009 年版。

　　[法] 朱丽娅·克里斯蒂娃:《中国妇女》,赵靓译,同济大学出版社 2010 年版。

　　[法]西蒙·波伏瓦:《第二性》第 1 卷,郑克鲁译,上海译文出版社 2011 年版。

　　[澳] 杰梅茵·格里尔:《女太监》,欧阳昱译,上海文艺出版社 2011 年版。

　　[南] 普雷德拉格·弗拉尼茨基:《马克思主义史》第 1 卷,胡文建等译,黑龙江大学出版社 2015 年版。

［日］渡边雅男：《马克思的阶级概念》，李晓魁译，社会科学文献出版社2015年版。

［奥］威尔海姆·赖希：《法西斯主义大众心理学》，张峰译，上海三联书店2017年版。

［英］唐纳德·萨松：《欧洲社会主义史——二十世纪的西欧左翼》，姜辉等译，社会科学文献出版社2017年版。

［瑞士］巴霍芬：《母权论》，孜子译，生活·读书·新知三联书店2018年版。

［古希腊］荷马：《奥德赛》，陈中梅译，上海译文出版社2018年版。

［日］上野千鹤子：《厌女：日本的女性嫌恶》，王兰译，上海三联书店2015年版。

［日］上野千鹤子：《父权制与资本主义》，邹韵、薛梅译，浙江大学出版社2020年版。

［日］上野千鹤子、铃木凉美：《始于极限》，曹逸冰译，新星出版社2022年版。

［美］玛莎·Ａ．弗里曼等：《〈消除对妇女一切形式歧视公约〉评注》（上），戴瑞君译，社会科学文献出版社2020年版。

［意］西尔维娅·费代里奇：《对女性的恐惧：女巫、猎巫和妇女》，陈超颖译，上海人民出版社2023年版。

［美］卡伦·奥芬：《欧洲妇女解放史1700—1950》，朱晓慧等译，复旦大学出版社2024年版。

二、论文

申文元：《"两种生产"理论新探》，《晋阳学刊》1986年第1期。

王贵明：《试论人类自身生产的历史作用——对马克思主义两种生产理论的探讨》，《探索》1986年第5期。

孙美堂：《关于"两种生产"真正含义的辨析》，《东岳论丛》1986年第3期。

严国珍：《关于"人类自身的生产"理论的重新探讨》，《复旦学报》（社会科学版）1989 年第 2 期。

崔新京：《两种生产理论的哲学探讨》，《辽宁大学学报》（哲学社会科学版）1990 年第 6 期。

陈思：《两种生产理论与唯物史观》，《探索》1991 年第 5 期。

李长林：《〈家庭、私有制和国家的起源〉新译本献疑》，《湖南师范大学社会科学学报》1998 年第 5 期。

杨军：《对恩格斯"起源论"的三个误解》，《吉林大学社会科学学报》2006 年第 2 期。

曹天禄、殷向阳：《不破哲三：列宁对马克思恩格斯国家观的误读》，《社会主义研究》2006 年第 5 期。

李宏伟：《历史上关于"两种生产"理论的争论及思考》，《云南省委党校学报》2007 年第 5 期。

贺萧、王政：《中国历史：社会性别分析的一个有用的范畴》，《社会科学》2008 年第 12 期。

梅荣政、陈留根：《唯物史观的丰碑——读恩格斯〈家庭、私有制和国家的起源〉》，《高校理论战线》2008 年第 4 期。

高兰天：《恩格斯婚姻家庭伦理思想及其现代价值——以〈家庭、私有制和国家的起源〉文本解读为依据》，《南京医科大学学报》（社会科学版）2011 年第 1 期。

闫薇：《马克思主义女权主义：概念、发展与意义》，《吉林师范大学学报》2009 年第 3 期。

罗月婵：《"两种生产"视域下的马克思主义妇女解放理论——重读〈家庭、私有制和国家的起源〉》，《求索》2012 年第 7 期。

张三元：《两种生产理论的当代阐释》，《湖北行政学院学报》2013 年第 4 期。

林君一、毛维国：《论婚姻家庭对女性地位的影响——从恩格斯〈家庭、私有制和国家的起源〉看女性解放》，《重庆交通大学学报》（社会科学版）2014 年第 3 期。

［美］埃莉诺·柏柯·利科克：《保卫恩格斯》，何国强译，《青海民族大学学报》2015 年第 2 期。

辛向阳：《〈家庭、私有制和国家的起源〉中的国家理论及其思想意义》，《思想理论教育导刊》2015 年第 7 期。

李亚强：《对人类文明演进历程的探析——〈家庭、私有制和国家的起源〉文本研读》，《云南社会主义学院学报》2017 年第 2 期。

林峰：《"两种生产一体论"究竟是不是恩格斯的思想?》，《东岳论丛》2018 年第 1 期。

白燕妮：《〈家庭、私有制和国家的起源〉导读及当代价值》，《求知》2018 年第 7 期。

吴枞：《〈家庭、私有制和国家的起源〉写作缘起新探——将无产阶级女性纳入革命运动》，《安阳师范学院学报》2019 年第 3 期。

外文文献

Bloom, Solomon F., "The 'withering away' of the state", *History of Ideas*, Jan.1946, Vol.7.

Sanderson, John, "Marx and Engels on the state", *The Western Political Quarterly*, Dec.1963, Vol.16.

Dyer, Philip W., "The conception of the state in the philosophy of Marx and Engels", *Journal of Thought*, July 1972, Vol.7.

Reiter, Rayna R., *Toward an anthropology of women*, New York: Monthly Review,1975.

Eisenstein, Zillah R.(ed.), *Capitalist patriarchy and the case for socialist feminism*, New York: Monthly Review Press, 1979.

Matarese, Susan, *Two views of equality: liberal and Marxist perspectives on the "woman question"*, University of Minnesota, 1979.

Fisher, Elizabeth, *Women's creation: sexual evolution and the shaping of society*, New York: McGraw-Hill Book Co, 1979.

Dunayevskaya, Raya, *Rosa Luxemburg, women's liberation, and Marx's philosophy of revolution*, New Jersey: Humanities Press, 1981.

Walby, Sylvia, *Theorizing patriarchy*, UK: Blackwell Publishers Ltd, 1990.

Firestone, Shulamith, *The dialectic of sex: the case for feminist revolution*, New York: Farrar, Straus & Giroux, 2003.

Longman, Phillip, "The return of patriarchy", in *Foreign Policy*, Mar.- Apr., 2006.

Freedman, Estelle B.(ed.), *The essential feminist reader*, New York: The Random House Publishing Group, 2007.

Allen, N. J. H., Dunbar, Callan R. and James, W., (eds.), *Early human kinship*, Oxford: Blackwell, 2008.

Leacock, Eleanor Burke, *Myths of male dominance*, Chicago: Haymarket Books, 2008.

Henry, John, "The theory of the state: the position of Marx and Engels", *Forum for Social Economics*, 2008, Vol.37.

Anderson, Margaret; Hysock, Dana, *Thinking about women*, New Jersey: Pearson Education, Inc.2009.

Hollander, Samuel, "Marx and Engels on constitutional reform vs. revolution: their 'revisionism' review", *A journal of Social and Political Theory*, March 2010, Vol.57.

Eller, Cynthia, *Gentlemen and amazons: the myth of matriarchal prehistory,1861-1900,* University of California Press, 2011.

Evans, Mary & Williams, Carolyn H.(eds), *Gender: The key concepts,* New York: Routledge, 2013.

Barrett, Michele, *Women's oppression today: the Marxist/feminist encounter* (3rd edition), London, New York: Verso, 2014.

Evans, Mary (eds.), *The SAGE handbook of feminist theory*, London: SAGE Publications Ltd, 2014.

Disch, Lisa & Hawkesworth, Mary (eds.), *The Oxford handbook of feminist theory*, Oxford University Press, 2016.

Bullough, Vern L.& Bullough, Bonnie, *Sin, sickness, and sanity: a history of sexual attitudes,* New York: Routledge, 2019.

Rippon, Gina, *The gendered brain: The new neuroscience that shatters the myth of the female brain*, London: The Bodley Head, 2019.

Arruzza, Cinzia; Bhattacharya, Tithi; Fraser, Nancy, *Feminism for the 99%: a manifesto*, New York: Verso, 2019.

Anderson, Kevin B.(eds.), *Raya Dunayevskaya's intersectional Marxism: race, class, gender, and the dialectics of liberation*, Cham: Palgrave Macmillan, 2021.

Saito, Kohei (ed.), *Reexamining Engels's Legacy in the 21st Century*, Cham: Palgrave Macmillan, 2021.

责任编辑：曹　歌
封面设计：胡欣欣
版式设计：吴　桐
责任校对：张红霞

图书在版编目（CIP）数据

恩格斯《家庭、私有制和国家的起源》研究：以性别理论为视角 /
　朱晓慧 著 . — 北京：人民出版社，2025.4
ISBN 978 - 7 - 01 - 026610 - 7

I. ①恩…　II. ①朱…　III. ①《家庭、私有制和国家的起源》- 恩格斯著作
　研究　IV. ① A811.24

中国国家版本馆 CIP 数据核字（2024）第 108206 号

恩格斯《家庭、私有制和国家的起源》研究
ENGESI JIATING SIYOUZHI HE GUOJIA DE QIYUAN YANJIU
——以性别理论为视角

朱晓慧　著

人民大版社 出版发行
（100706　北京市东城区隆福寺街 99 号）

北京新华印刷有限公司印刷　新华书店经销

2025 年 4 月第 1 版　2025 年 4 月北京第 1 次印刷
开本：710 毫米 ×1000 毫米 1/16　印张：20.75
字数：272 千字

ISBN 978 - 7 - 01 - 026610 - 7　定价：98.00 元

邮购地址 100706　北京市东城区隆福寺街 99 号
人民东方图书销售中心　电话（010）65250042　65289539